Für meine geniale Frau Alice

NUESRET KAYMAK

# Kalligraphie

Schreiben als Kunst

REGIONALIA

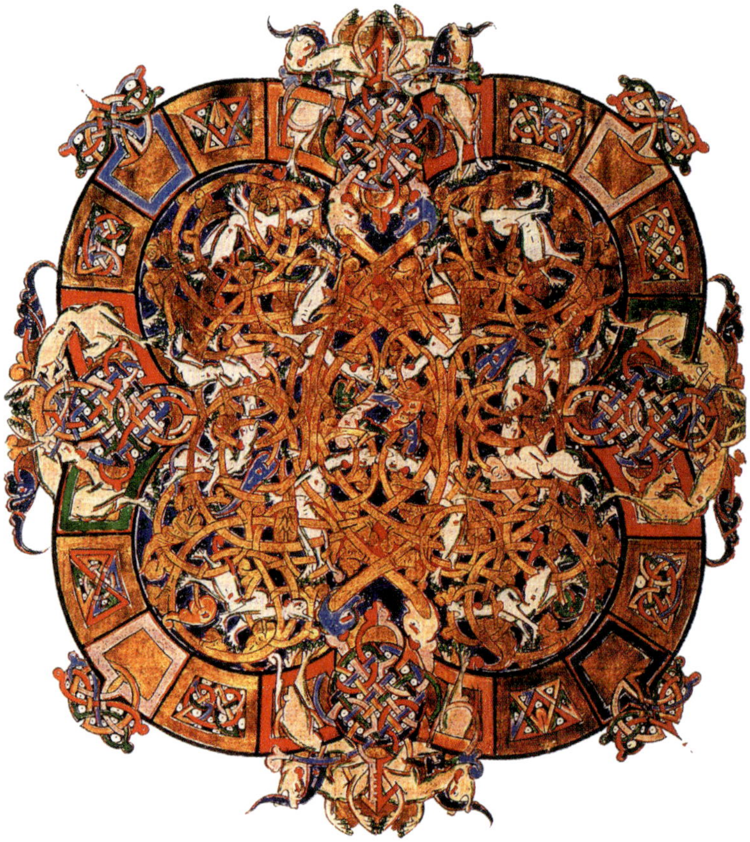

NUESRET KAYMAK

# Kalligraphie

## Schreiben als Kunst

REGIONALIA

Haftungsausschluss:
*Teilweise werden gefährliche Instrumente wie Schneidemesser und Chemie eingesetzt, mit denen man sich verletzen kann. Autor und Verlag übernehmen keine Haftung für Schäden.*

9. Auflage 2025

Nuesret Kaymak, Kalligraphie – Schreiben als Kunst


ein Imprint der Kraterleuchten GmbH, Gartenstraße 3, 54550 Daun
Verlagsleitung: Sven Nieder

Bei Fragen zur Produktsicherheit wenden Sie sich an:
gpsr@kraterleuchten.com



Lektorat: Kristina Scherer, Köln
Einbandgestaltung: agilmedien, Niederkassel
Layout & Satz: Atelier Kaymak, Aachen und agilmedien, Niederkassel

FSC MIX Papier aus verantwortungsvollen Quellen FSC® C014138 www.fsc.org

Gedruckt in der Europäischen Union, Finidr, CZ

ISBN: 978-3-939722-59-5
www.regionalia-verlag.de

# INHALT

# EINFÜHRUNG

**Die Kalligraphie als Kunst des Schönschreibens von Hand ist die anspruchsvollste Ausdrucksform in der schriftlichen Artikulation. Sie spiegelt die höchste Wertschätzung gegenüber dem geschriebenen Wort wider; und nicht umsonst greift man auf diese Kunst zurück, wenn anlässlich von Ehrungen und Auszeichnungen Urkunden gefertigt werden.**

Bevor Rohrfeder und Papier in Gebrauch kamen, wurde lange Zeit auf Tierhäuten und Tontafeln geschrieben. Vorrangig hier ist die summerische Keilschrift (3150–1800 v. Chr.), eine auf feuchte Lehmtafeln und in Stein geritzte Bilderschrift, die wir von den alten Ägyptern als Hieroglyphenschrift kennen.

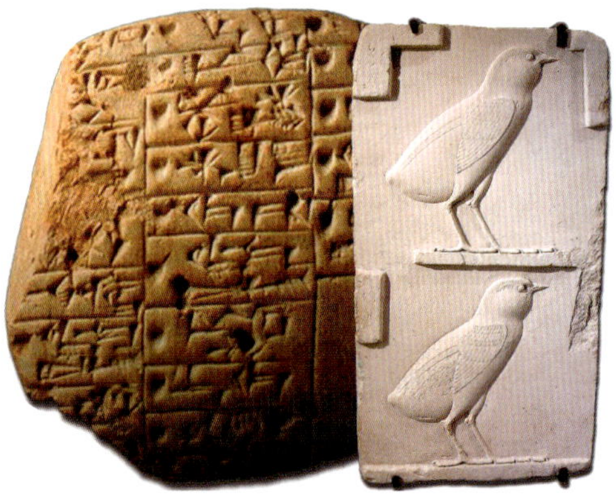

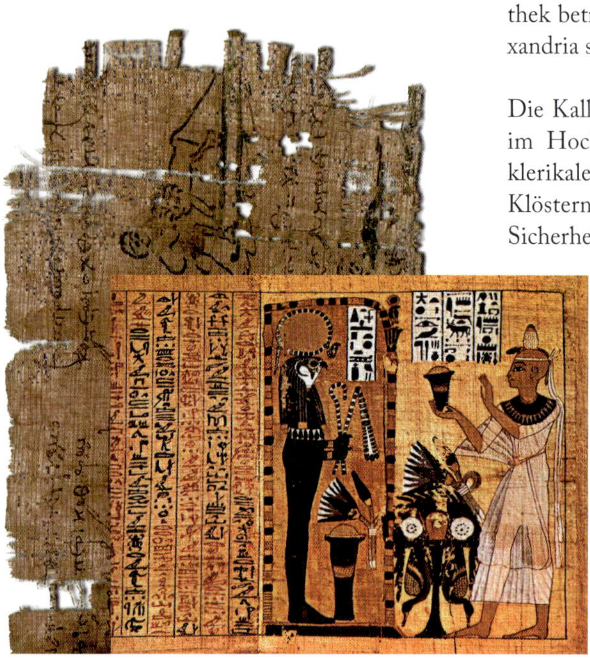

Durch die Erfindung des Papyrus – dem „Papier des Altertums“ – kam es zu einer ausschweifenden Entwicklung der Kalligraphie. Die gesamte Prozedur des Schreibens und der Lagerung vereinfachte sich, und man benötigte immer mehr ausgebildete Schreiber. Dies führte zu einer ersten wahren Blüte der Schönschrift und des Wissens. Die antike Bibliothek von Alexandria hatte der Überlieferung nach über 700.000 Papyrus-Schriftrollen mit Aufzeichnungen aus allen möglichen Wissensgebieten der damaligen Zeit und war kulturelles Zentrum.

Das Pergament – die mit Bimsstein und Kreide präparierte Tierhaut – entstand eigentlich aus der Not heraus als Papierersatz und wurde noch bis ins Ende des Mittelalters verwendet: Der Legende nach verbot der ägyptische König Ptolemaios (180–145 v. Chr.) die Ausfuhr von Papyrus ins griechische Pergamon, weil dessen Herrscher König Eumenes II. (197–159 v. Chr.) eine Bibliothek betrieb, die in Konkurrenz zu jener in Alexandria stand.

Die Kalligraphie hatte später ihre Sternstunden im Hochmittelalter und wurde besonders im klerikalen Bereich für Bibelabschriften in Klöstern eingesetzt und kultiviert, wobei mit Sicherheit auch das Aufkommen der ersten Universitäten zur erhöhten Nachfrage an umfangreichen Manuskripten führte und die Kalligraphie in die endgültige Form und Reife brachte, so wie sie uns heute geläufig ist. Die „Kunst des schönen Schreibens“ war in diesen Zeiten mit den aufwendigen Verzierungstechniken die einzige Form der Buchreproduktion.

Die Herstellung eines umfangreichen Buches dauerte im Mittelalter gewöhnlich ein halbes Jahr. Erst in Johannes Gutenbergs Buchdruck (um 1450) fand die Kalligraphie ihren Meister und wurde durch die vergleichbar rasante Vervielfältigungstechnik jäh gebremst. Der mechanische Buchdruck hatte die aufwendigen, teuren Manuskripte verdrängt. Erst 300 Jahre später besann man sich wieder auf die Kalligraphie als Kunstform, die vielerlei Möglichkeiten birgt, die die neue Typografie nicht bieten kann.

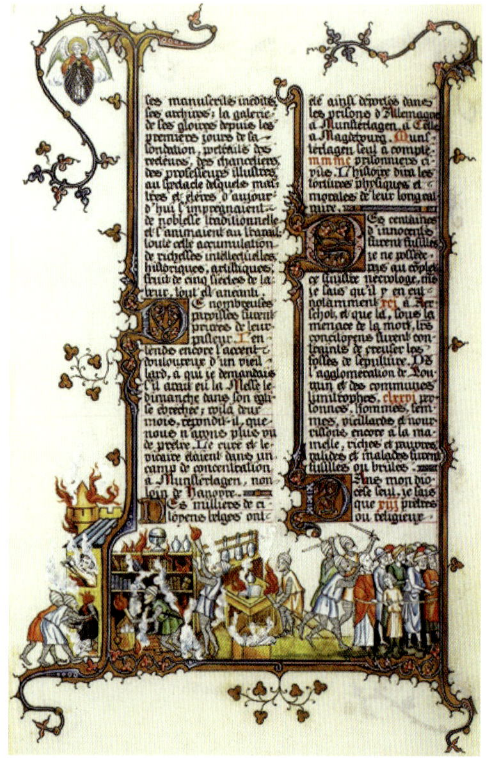

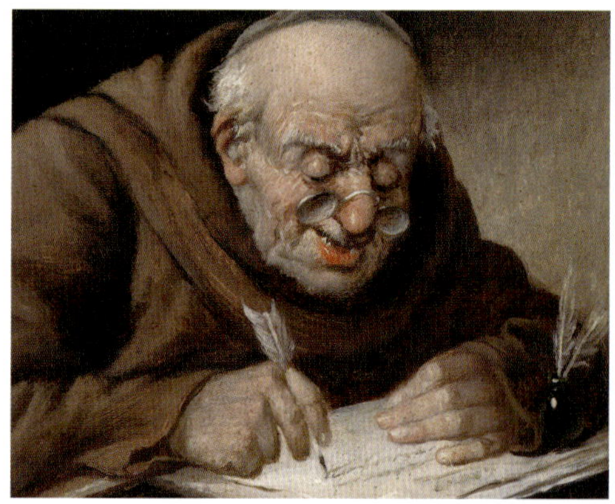

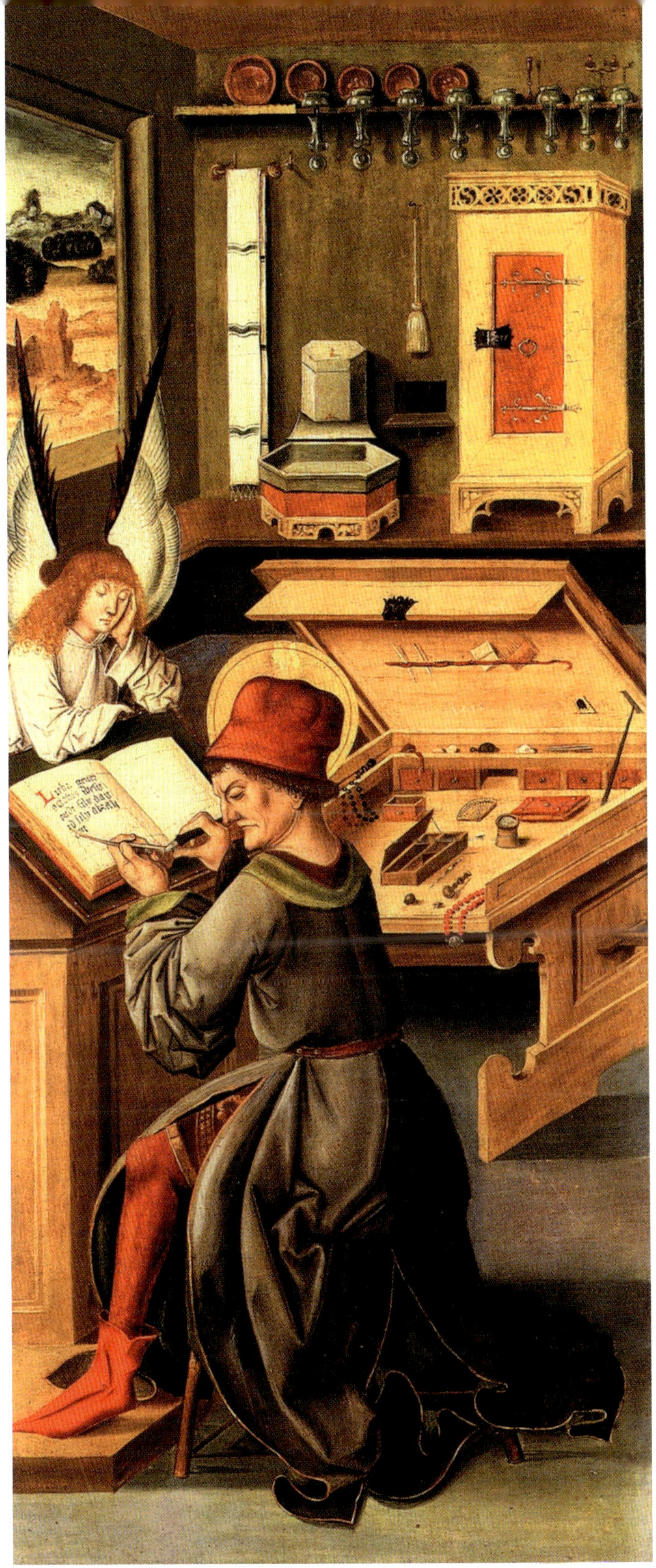



# GRUNDAUSSTATTUNG

Der Berufsstand des „Schreibmeisters" oder „Copisti" – wie der Kalligraph in seiner Blütezeit im Mittelalter genannt wurde – war einer der angesehensten Berufsstände, und nur Mitglieder der männlichen sozialen und politisch-klerikalen Elite durften ein Scriptorium absolvieren. Entsprechend gut ausgestattet waren die vorrangig klösterlichen Schreibwerkstätten.

Die Grundausstattung für den heutigen Kalligraphen besteht aus:

- einer Schreibunterlage
- dünnem Papier für Vorarbeiten (idealerweise ein Layoutblock mit dünnem Papier)
- einer Schneideunterlage mit Teppichmesser
- einem Lineal und Dreiecklineal
- harten und weichen Bleistiften (HB, 2B)
- einem Spitzer
- einem Federhalter mit verschiedenen Federn
- einem Pinsel, Tusche und ggf. farbiger Tinte
- einem Tuscheradierer
- einem Wasserbehälter
- Reinigungsflüssigkeit
- Küchenpapier
- und natürlich hochwertigem Papier für die eigentlichen Schriftausführungen

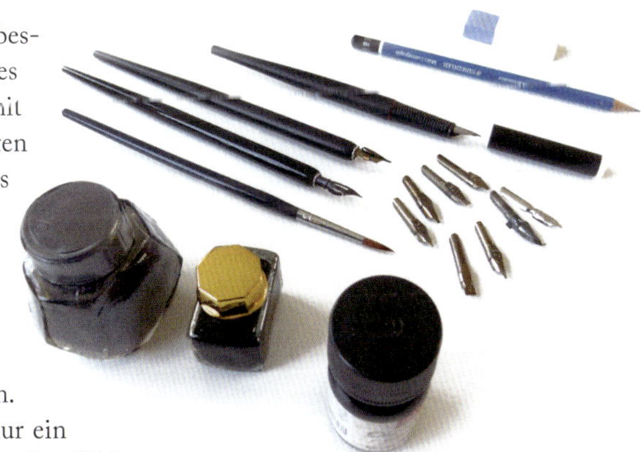

Die Schreibunterlage ist im besten Fall ein rechtwinkliges Zeichenbrett, an dem man mit einer Reißschiene arbeiten kann. Damit wir bestens schreiben können, präparieren wir das Brett, indem wir mehrere Bögen Papier (drei genügen) auflegen und an den Rändern mit Klebeband gut befestigen. Damit schaffen wir nicht nur ein angenehmes, weiches Schreibgefühl, sondern vermeiden damit auch, dass Maserungen und Strukturen in den Schriftarbeiten verewigt werden.

Idealerweise verwenden wir Schreibfedern mit Reservoirs, die mit in Tusche getauchten Pinseln aufgefüllt werden und die Gefahr von unangenehmen Tuschetropfen und Klecksen reduzieren. Wer für den Anfang ganz sauber arbeiten möchte, kann sich einen praktischen Kalligraphiefüller kaufen. Füller mit Tuschepatronen gibt es in unterschiedlichen Stärken günstig im Handel. Die Tusche sollte möglichst wasserlöslich sein, um unnötigen Federverschleiß zu vermeiden.

# ANTIQUA

**Die Antiqua ist die bekannteste Schriftart, was daran liegt, dass wir diese Schrift ständig um uns herum wahrnehmen: Sie ist mit ihren Varianten wohl die am häufigsten genutzte Druck- und Schreibschrift der westlichen Hemisphäre überhaupt.**

Die handgeschriebene Antiqua wurde relativ spät entwickelt, denn die Buchdruckkunst war schon mächtig im Einsatz, bevor sich diese Variation der Handschriften überall ausbreitete. Richtig berühmt wurde die Schrift aber erst durch Buchdrucker in Italien und deren aus Holz geschnitzten Druckbuchstaben im 15. Jahrhundert: Nicolas Jenson (um 1470) und später Aldus Manutius (gegen 1495) kombinierten in der Ausgestaltung ihrer Druckbuchstaben die von früher gewohnte handgeschriebene Minuskelschrift mit den eleganten Großbuchstaben der alten Römer und gewährleisteten damit eine bessere Lesbarkeit. Mit Erfolg: diese Schriftmischung finden wir noch heute überall um uns herum als Druckerzeugnis.

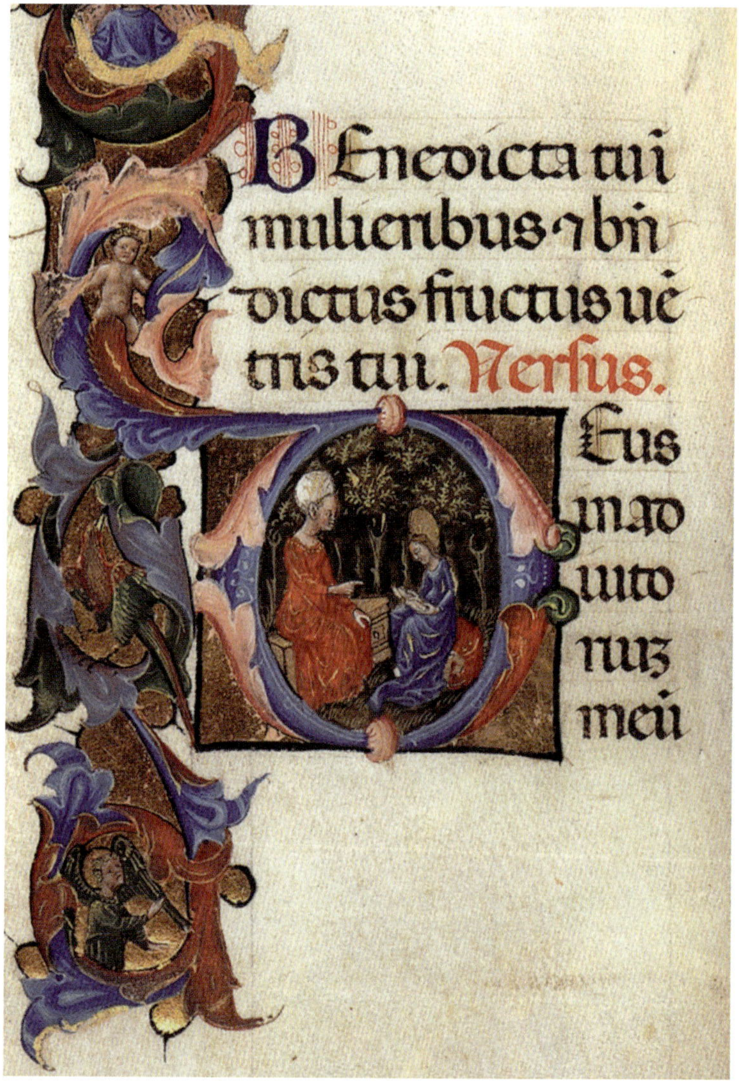

Antiqua

All die heute beliebten und oft eingesetzten Schriftarten in Drucksachen aller Art – wie die Bempo, Garamond, Caslon, Clarendon, Bodoni und die Jenson u.v.a. – entstanden als Varianten dieser einen, ersten Schriftmischung aus Italien und sind aus unserem Leben – selbst im Zeitalter von eBook und tablett-PC – nicht wegzudenken.

Die von Hand geschriebene Antiqua-Buchstaben gleichen unserer Wahrnehmung nach am ehesten denen der an Druckmaschinen erzeugten Buchstaben – daher war es nur eine Frage der Zeit, bis sich jemand die Mühe machte und diese Schriftmischung in die Schönschreibkunst integrierte: Der britische Lehrer für Kalligraphie, Edward Johnston (1872–1944), entwickelte für seine Schüler diese einfach zu handhabende Handschrift als Anfängerschrift – und trug dabei nicht unwesentlich zur Wiederbelebung der Schreibkunst bei.

Die Antiqua ist leicht und problemlos zu erlernen und kann zügig geschrieben werden. Die Kehrseite der Medaille allerdings ist jedoch, dass geringste Fehler sofort erkannt werden, sodass wir besonders viel Acht geben müssen, wollen wir schöne Ergebnisse erzielen.

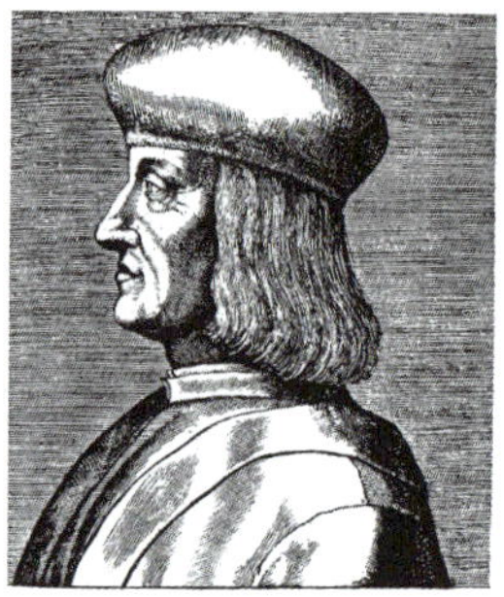

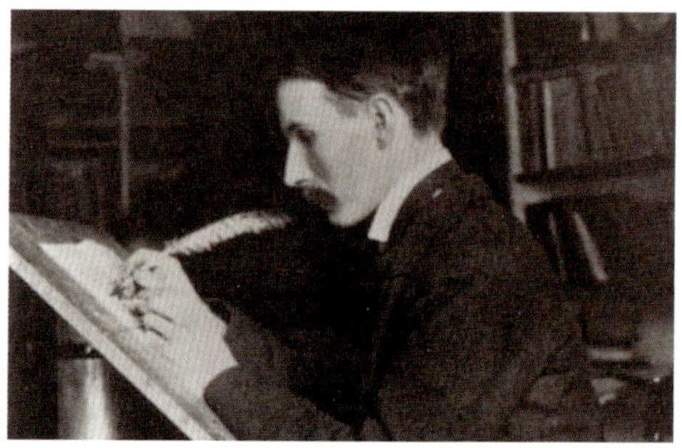

*links: Aldus Pius Manutius (1449 - 1515)*
*rechts: Edward Johnston (1872 - 1944)*

# BASISWISSEN

Die Federhaltung

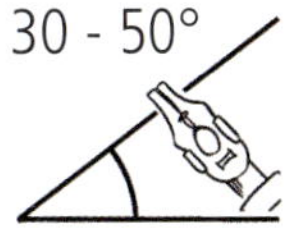


Wir schreiben meistens im 30- bis 45-Grad-Winkel, d.h., wir setzen die Federspitze NIE waagerecht oder senkrecht zur Grundlinie an. Ausnahme: „Federtreppen" zur Ermittlung der Buchstabengröße. Diese werden im 90-Grad-Winkel erstellt.

Bevor es ans Schreiben geht, sehen wir uns den Aufbau dieser schönen Schrift an und lernen dabei ein paar Grundlagen kennen, die auch für alle anderen Schriftarten gelten.

## Aufbau:

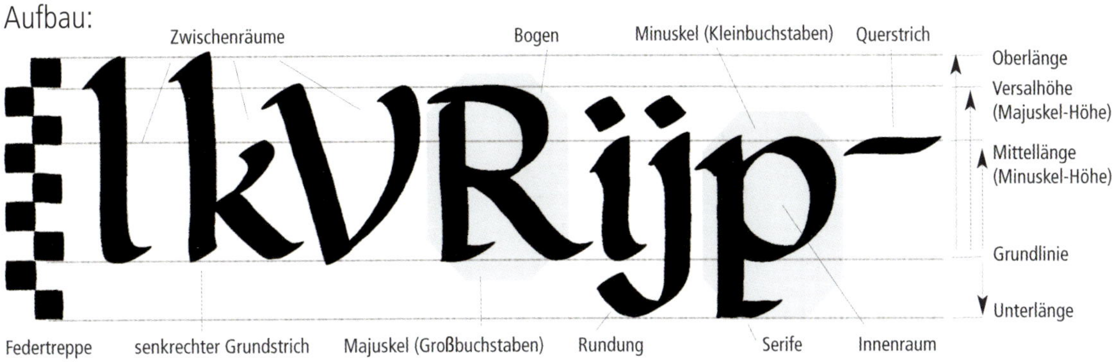


## Hilfslinien:

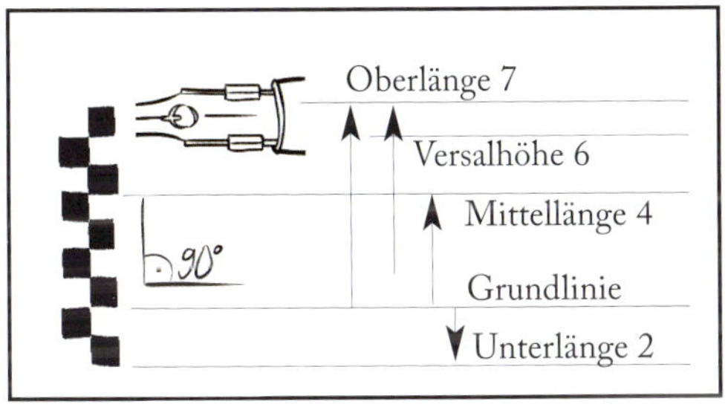


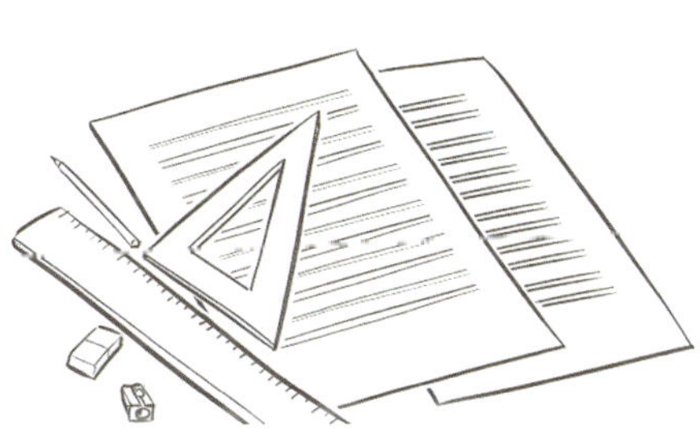

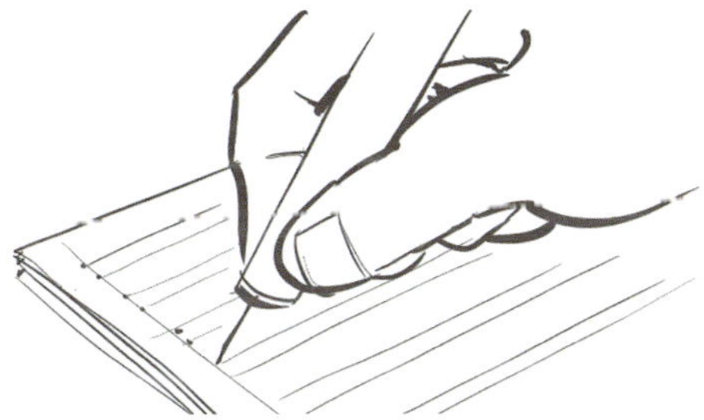

Jede Schrift hat ihre eigenen, speziellen Abmessungen. Die jeweils richtigen Linienabstände ermitteln wir ganz einfach mit der entsprechenden Feder, mit der wir das Schriftstück anlegen möchten, und einer Federtreppe, die zur Orientierung dient.

Wir benutzen nun Lineal und ein Winkeldreieck und arbeiten anhand der richtig ermittelten Abmessungen ein Linienblatt aus. Dieses können wir an einem Kopierer beliebig oft vervielfältigen, sodass praktischerweise immer ein Vorrat an Linienblättern bereitliegt.

Wir können aber auch auf die Methode der alten Meister zurückgreifen, unter die bereits erstellte Vorlage mehrere Papierblätter legen und jeweils am Zeilenanfang und Ende durchstechen. Die Einstichlöcher werden mit Bleistift und Lineal (!) verbunden.

## Erste Schreibübungen und Grundstriche:

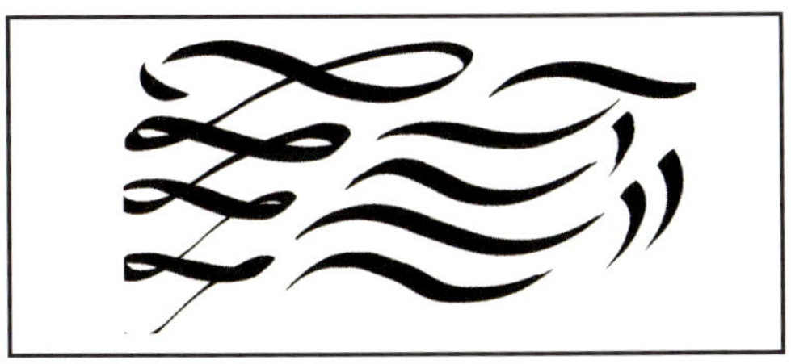

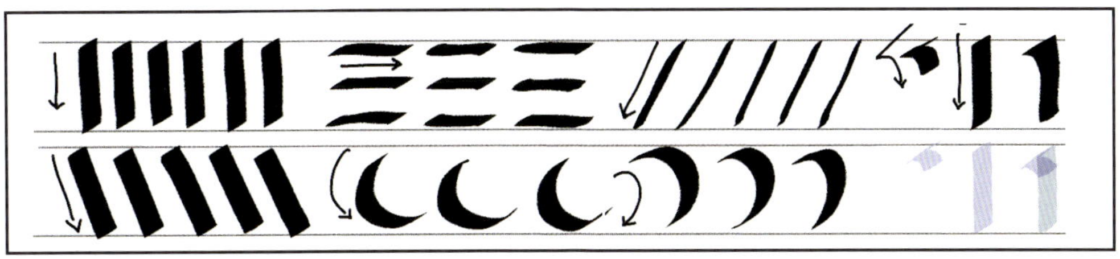

Nun beginnen wir im nächsten Schritt mit dem „Aufwärmen". Wir ziehen Schleifen und Schnörkel, wobei wir die Feder im 45-Grad-Winkel halten und sie locker aus dem Handgelenk ziehen und Bögen malen. Dann wechseln wir über zu den Grundstrichen und üben abwechselnd, senkrechte, waagerechte und dünne, schräge Linien zu ziehen, wobei der Druck auf die Feder und damit die Strichführung insgesamt gleich bleiben soll.

Als nächstes üben wir die Rundungen. Es ist wichtig, ein sicheres Gefühl für die Linie zu bekommen. Die Rundungen ziehen wir von links nach rechts und umgekehrt. Als Letztes der Trick mit sauber abgeschlossenen Zierabschlüssen: So macht man sie passend.

# TECHNIK LINIENFÜHRUNG

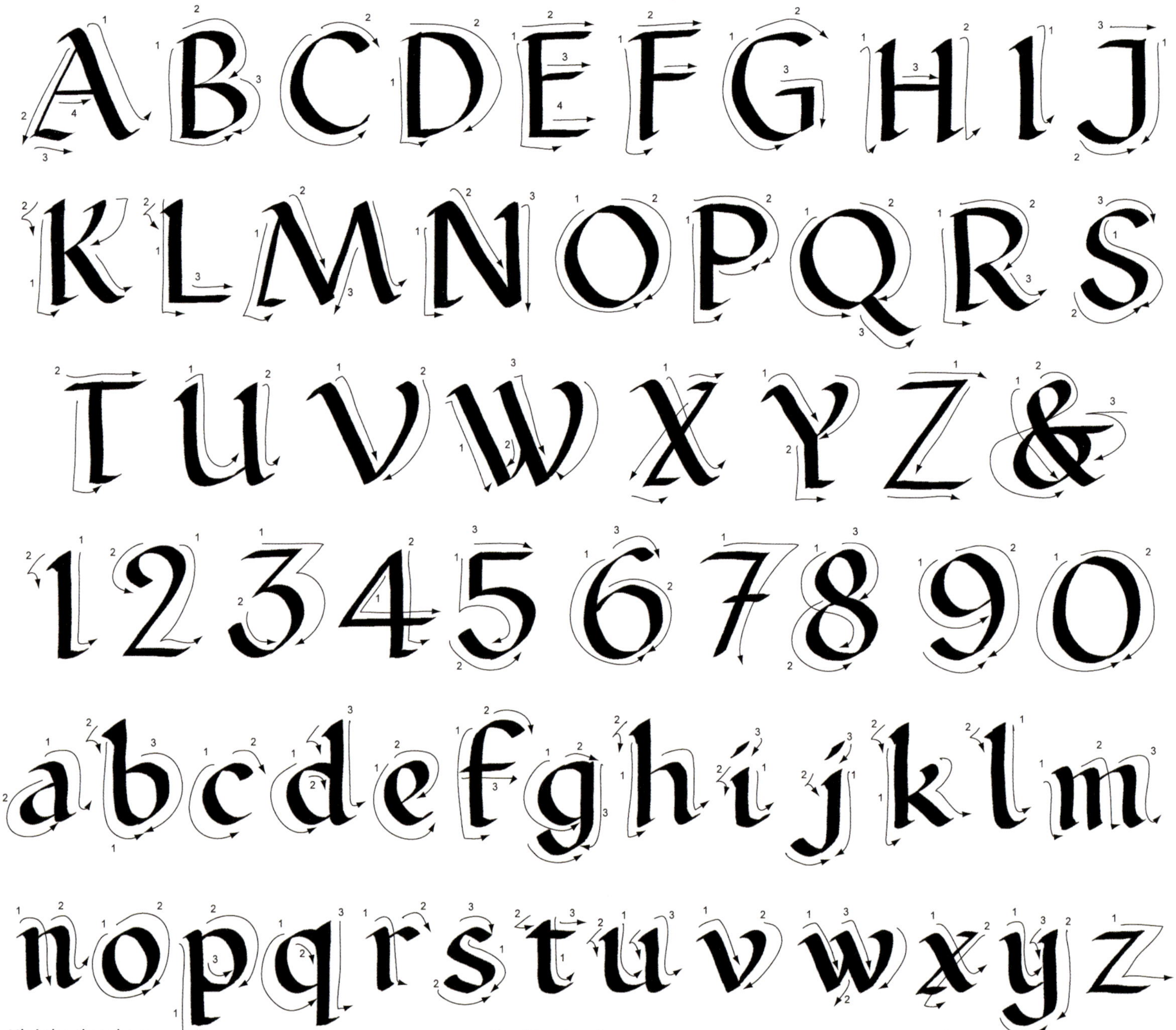

Kleinbuchstaben Großbuchstaben Serifen

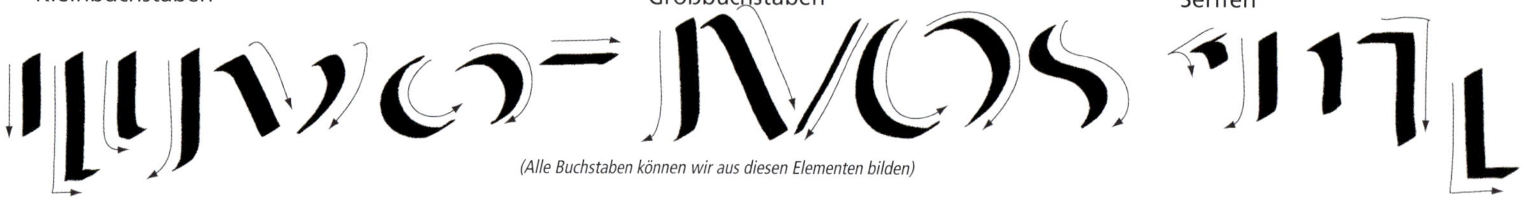

*(Alle Buchstaben können wir aus diesen Elementen bilden)*

# ANLEITUNG GLÜCKWUNSCHKARTE

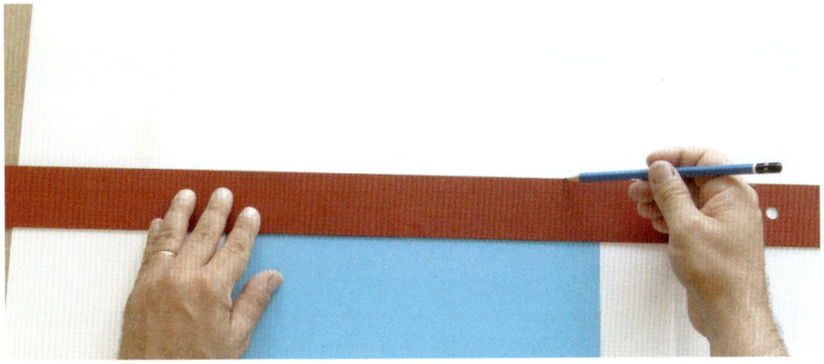

Wir gehen gleich in die Praxis und schreiben dem netten Nachbarn von nebenan einen Geburtsgruß. Dazu legen wir sauber gezogene Hilfslinien über die bereits gelernte Federtreppenmethode an. An Material nehmen wir Layoutpapier, welches sich anbietet, weil es günstig, dünn und vielseitig verwendbar ist.

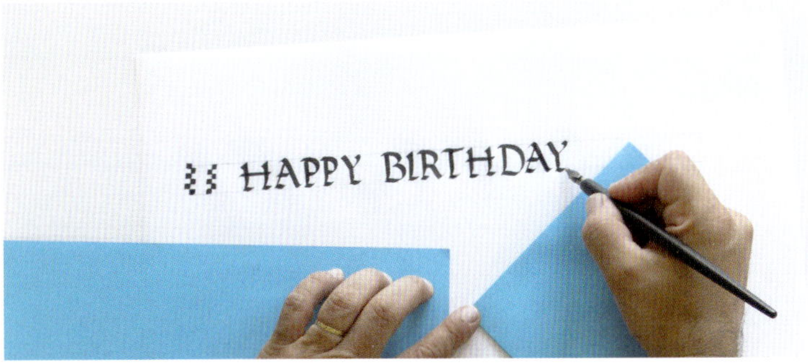


Wir benutzen eine Bandzugfeder der Größe 3 – mit ihr lässt sich die Antiqua sehr gut schreiben. Als Unterlage benötigen wir Papier, da unsere Haut beim Auflegen auf das Papier Fett absondert und damit den Tuschefluss unterbricht. Wir ziehen sorgfältig Strich für Strich und konzentrieren uns ganz auf das Schreiben.

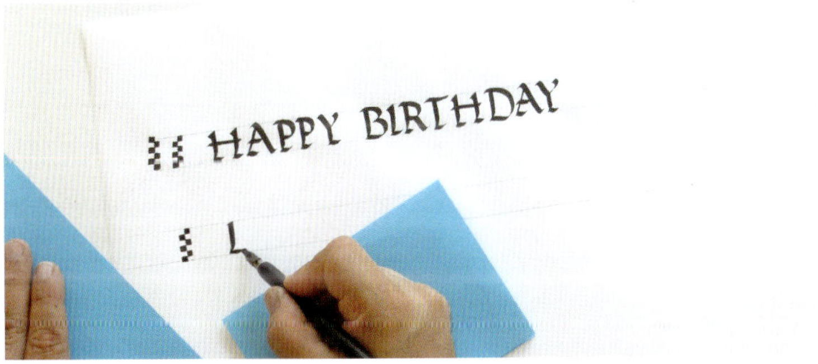


Die Zeichenabstände dürfen nicht zu eng, aber auch nicht zu weit auseinanderliegen. Um dies zu testen, kneifen wir ab und zu die Augenlider zusammen und begutachten die weißen Freiräume zwischen den Buchstaben: Sind sie überall ungefähr gleich, haben wir die idealen Abstände.

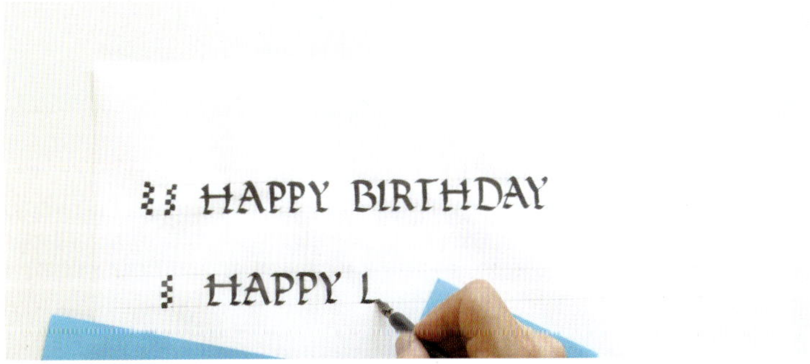


Zunehmend bemerken wir, dass sich diese Schrift leichter und angenehmer schreiben lässt und wir zügig vorankommen. Der allseits bekannte Spruch „Übung macht den Meister“ lässt sich hier bestens nachvollziehen.

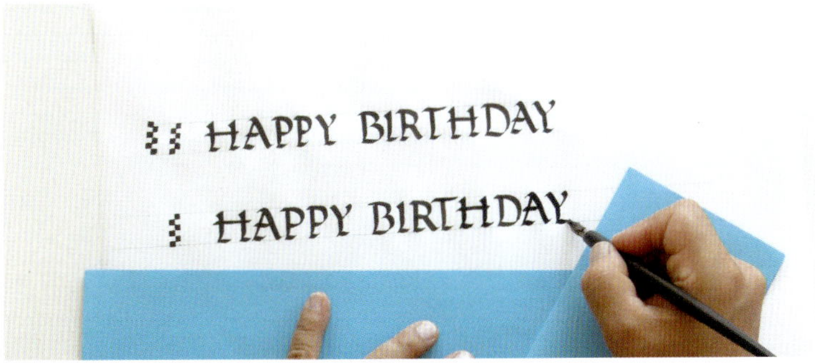


Wir schreiben den Schriftzug so oft, bis er uns gefällt. Nun haben wir zwei Möglichkeiten, den Geburtstagsgruß zu präsentieren:
a) Wir schneiden die Zeile aus, legen sie auf den Kopierer und kopieren sie auf entsprechend großes Marmorpapier. Den Schriftzug behalten wir dann als Vorlage für andere Einsätze.

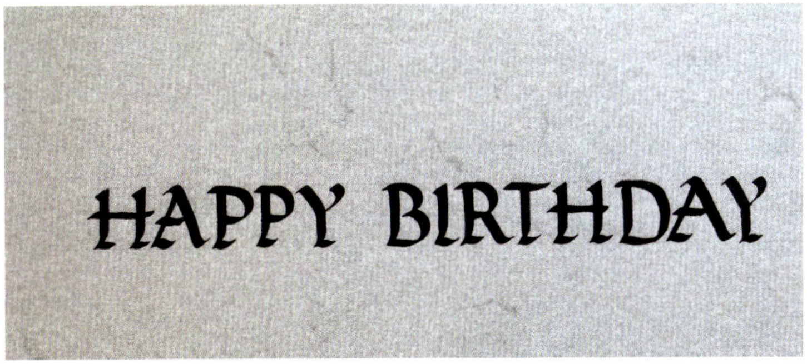


Oder die etwas anspruchsvollere Methode b):
Wir legen die bereits ausgemessenen Hilfslinien direkt auf dem Marmorpapier an und schreiben unseren Geburtstagsgruß darauf. Damit bekommt der Nachbar eine Originalausführung, die gleichzeitig ein Einzelstück, ein Unikat ist.

# KURSIVSCHRIFT

**Nachdem wir uns mit der Antiqua vertraut gemacht haben, betrachten wir nun ihre „Schwesternschrift“: die Kursivschrift oder „Kursive“. Denn eigentlich ist die Kursive die schräg geschriebene Antiqua – nur mit mehr Dynamik; sie ist deswegen wie geschaffen für den schnellen Einsatz.**

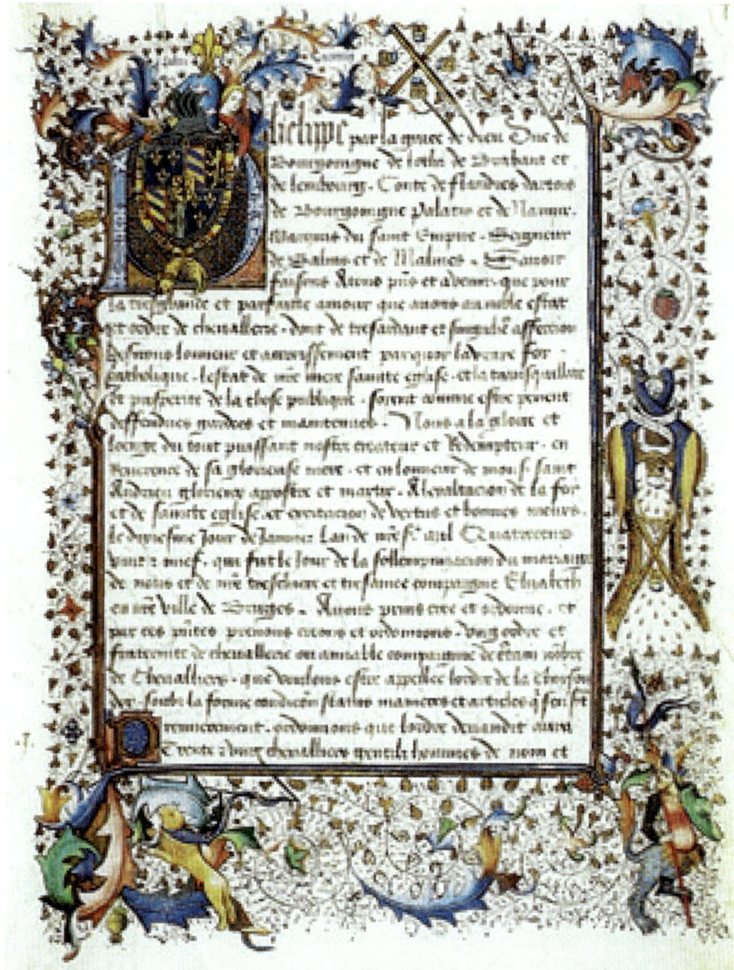

Die Kursive – benannt nach dem lateinischen currere (= rennen, eilen) – macht ihrem Namen alle Ehre: Sie ist die Schrift in der Kalligraphie, die man am schnellsten mit der Feder schreiben kann, sozusagen der echte Renner unter den Schriften. Man sieht sie häufig in der Gastronomie und im Handel, wo viel Publikumsverkehr herrscht, wo sie auf Kreidetafeln thront und von Plakaten und Postern auf neue Angebote aufmerksam macht.

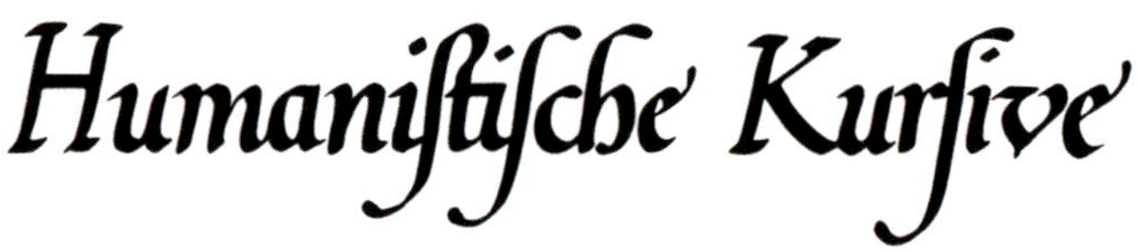


Man benutzt in aller Regel diese Schrift, wenn es darum geht, Lebensfreude, Kraft und Vitalität auszudrücken.

Natürlich brauchen wir etwas Übung, um ebenso dynamisch wie der Gastwirt von nebenan oder die Bäckereiverkäuferin schreiben zu können, die das womöglich schon jahrelang machen – aber der Lohn lässt nicht lange auf sich warten: Je sicherer die Federführung wird, desto besser werden die Ergebnisse und umso mehr Laune bereitet das Schreiben.

Auf den nächsten Seiten lernen wir die Kursive näher kennen und schreiben eine Einladungskarte zum Gartenfest.

Diese Hilfsmittel erleichtern uns die Arbeit zum Schreiben der Kursiven – aber auch aller anderen Schriften – ungemein:

- stabiles, nicht zu dünnes und schweres Zeichenbrett als Unterlage
- langes Lineal
- Reißschiene
- Winkeldreieck
- Bleistift
- Radiergummi
- etwas Kreppband, um die Papierbögen zu befestigen
- Layoutblock in DIN A3

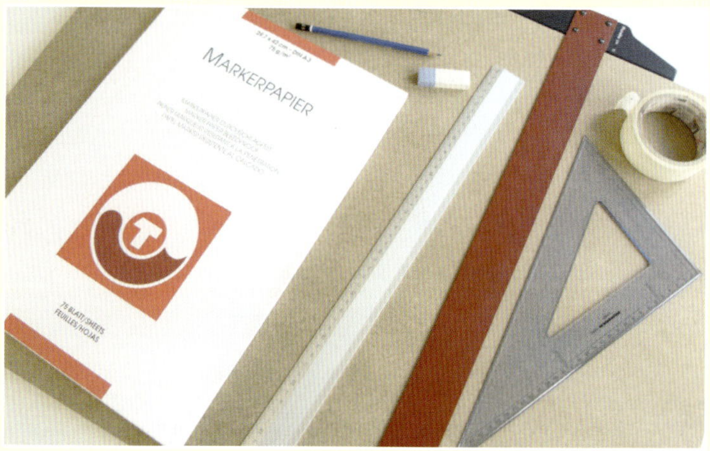

# TECHNIK KLEINBUCHSTABEN

Achtung!
Die Schrift wird insgesamt um ca. 5 Grad leicht gekippt geschrieben. Die Federneigung beträgt 45 Grad.

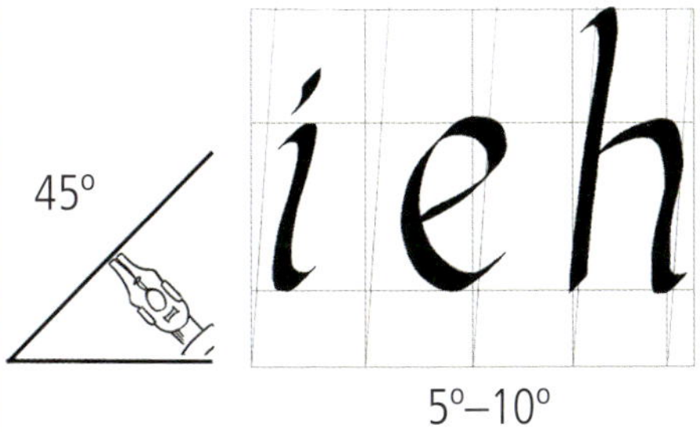


Achtung!
Anders als bei der Antiqua, in der die Feder abgestrichen wird, müssen wir bei der Kursive die Feder teilweise nach oben „schieben".

Das betrifft vor allem Buchstaben mit Bögen:
„a, d, g, q, u, y" und „n, b, h, k, m, r".

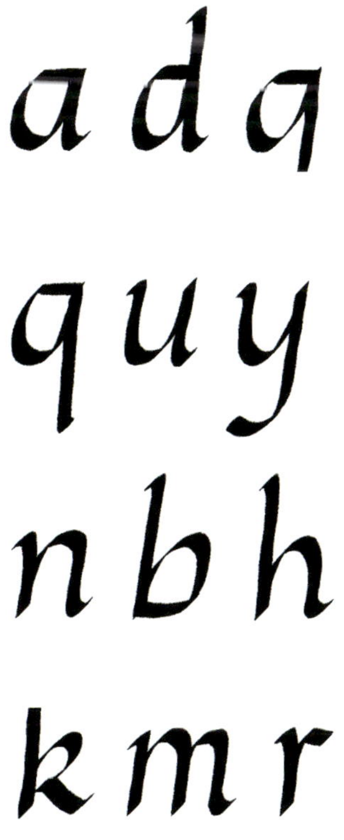


Kleinbuchstaben

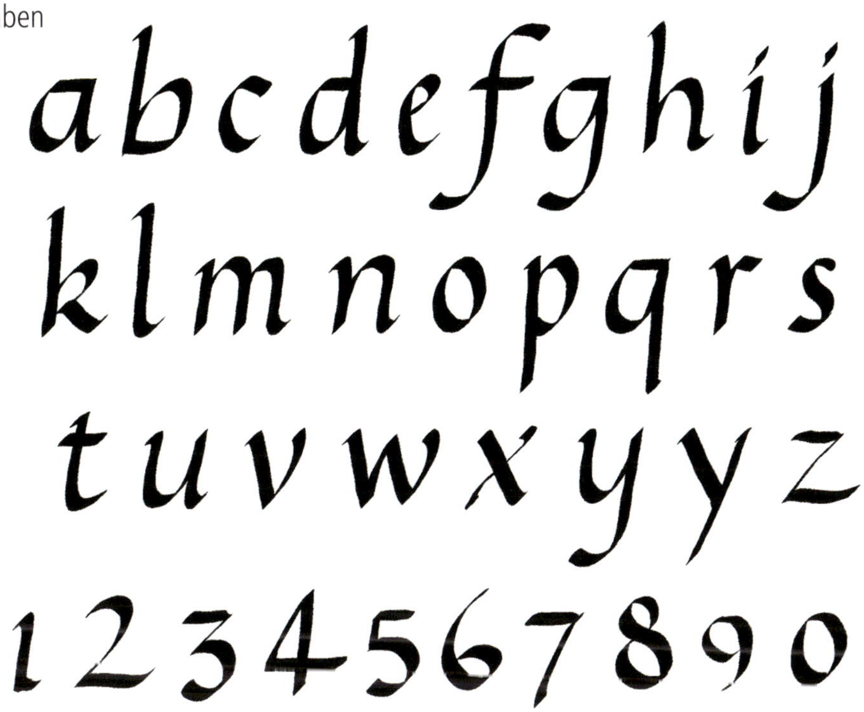


Schreibanleitung Kleinbuchstaben

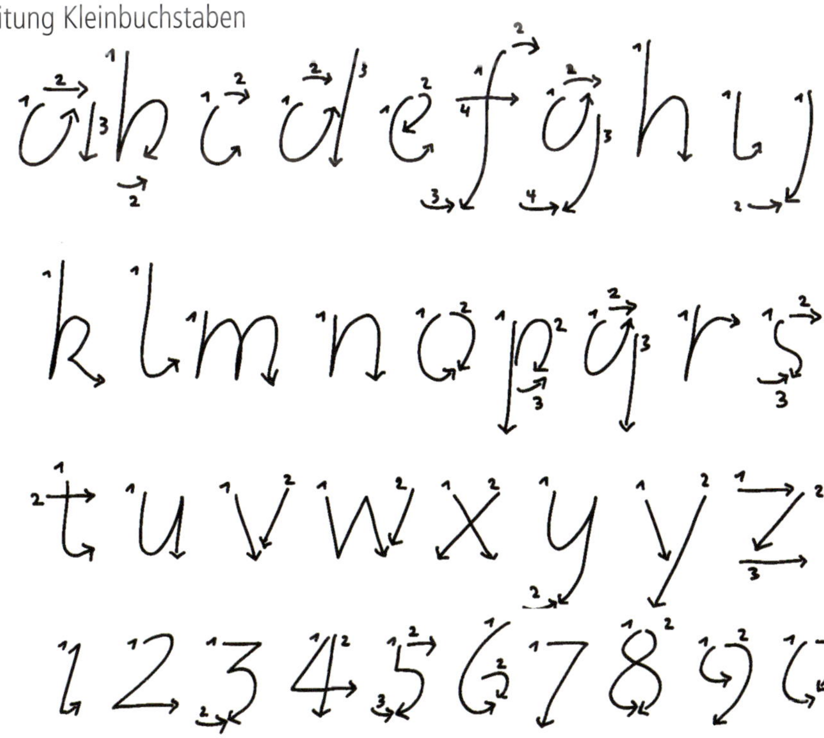

# TECHNIK GROSSBUCHSTABEN

Großbuchstaben

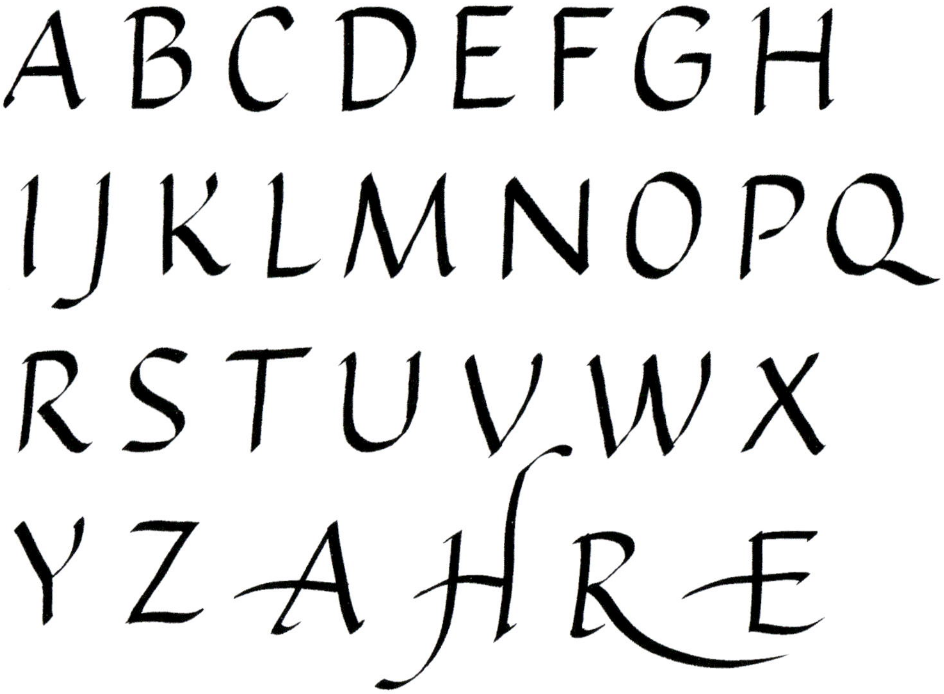

Schreibanleitung Großbuchstaben

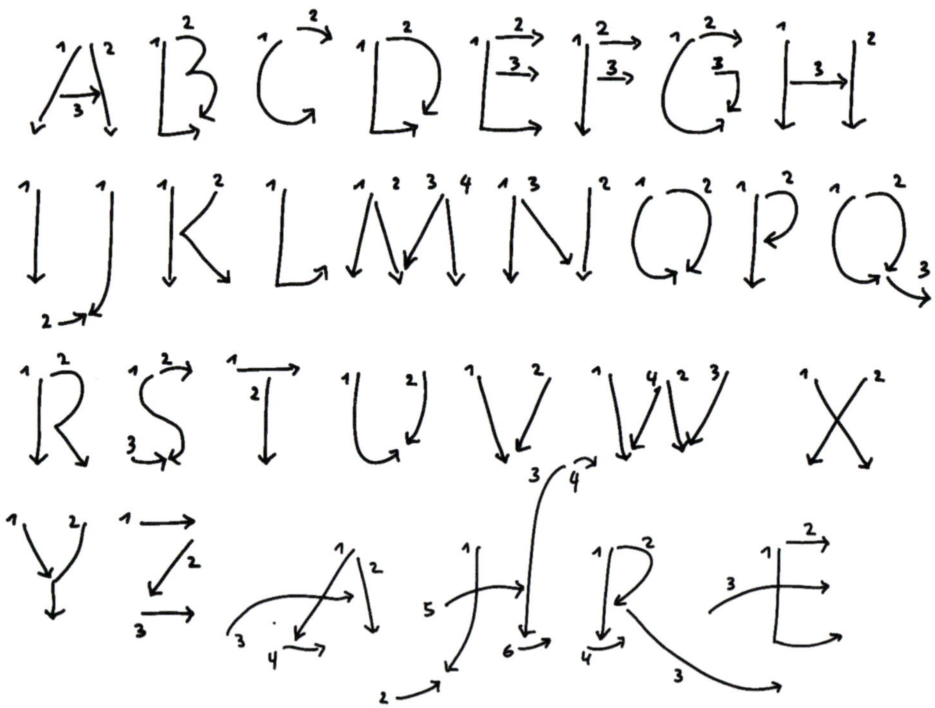

### Größe der Kursive

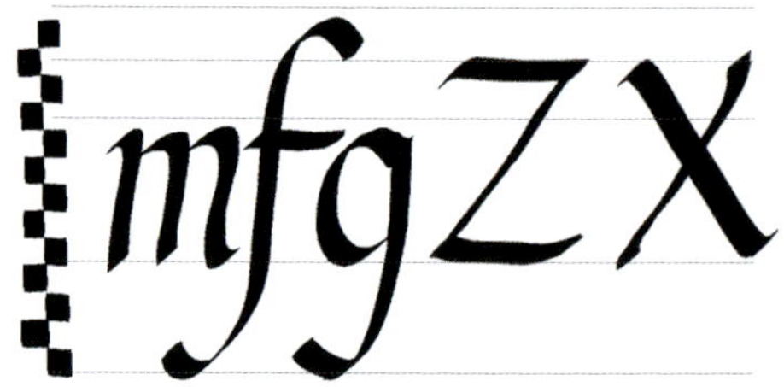

Wollen wir nur Versalien schreiben, legen wir eine Federtreppe mit sieben Federbreiten an. Soll es Groß- und Kleinschreibung geben, werden es 13 Federbreiten: fünf für die Kleinbuchstaben und je vier für Ober- und Unterlängen.

### Achtung!

Damit die diagonalen Striche und Querstriche stimmig wirken, verändern wir den Neigungswinkel unserer Schreibfeder etwas, damit die Striche nicht zu dünn ausfallen und das Schriftbild insgesamt stimmig wirkt.
Hier ein Beispiel für zu dünne Diagonalen:

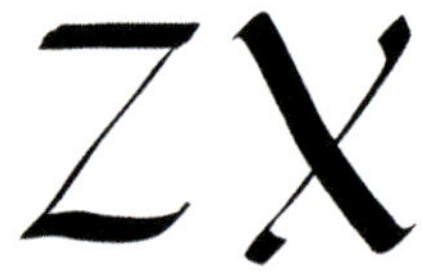

So macht man es richtig: Die Feder wird bei diagonalen Linien flacher gehalten und wirkt „stabiler“:

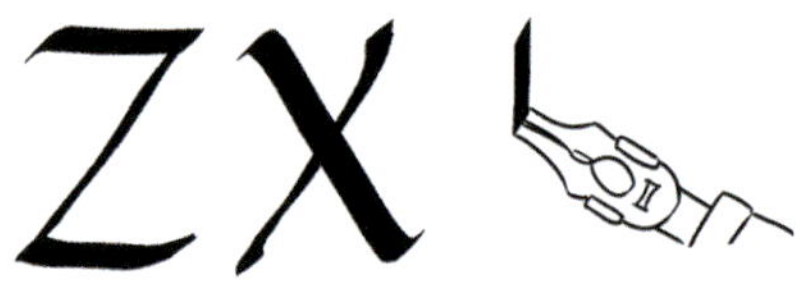

Beim zweiten Strich beim „N“ wird hingegen der Schreibwinkel stärker:

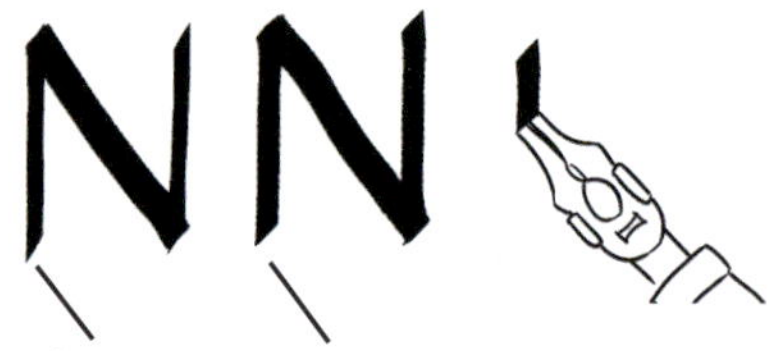

# ANLEITUNG EINLADUNGSKARTE

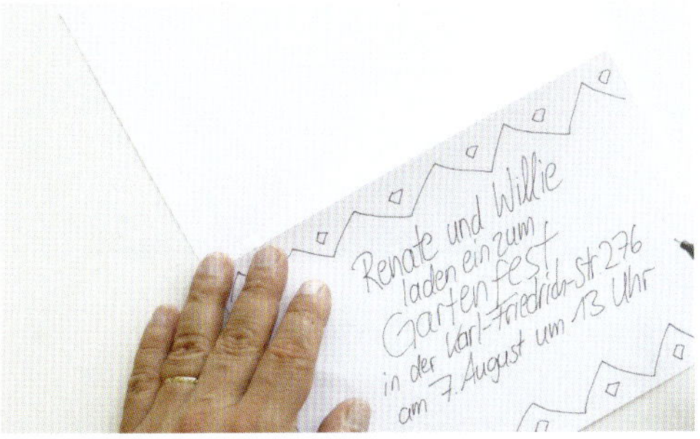


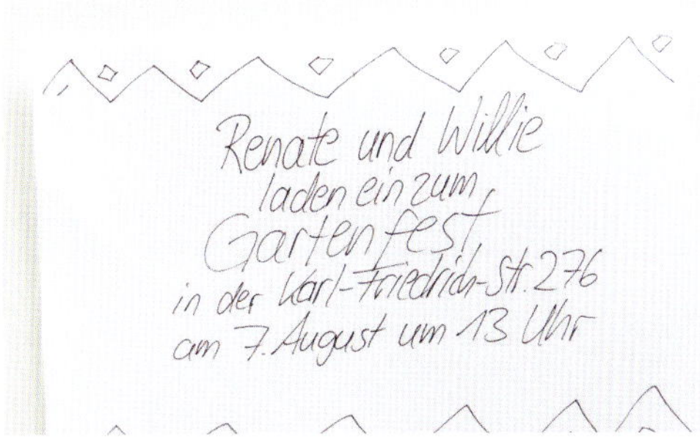


Das Endformat soll DIN A5 sein, daher falten wir einen Bogen Papier und schreiben mit Filzstift auf eine Hälfte den Einladungstext, wie wir ihn uns vorstellen. In diesem Stadium sollen nur der Stand und die Schriftgröße geklärt werden. Als Nächstes legen wir auf einem A5-Rechteck ein Achsenkreuz an, indem wir eine senkrechte und waagerechte Linie mittig mit Bleistift ziehen. Das wird uns später helfen.

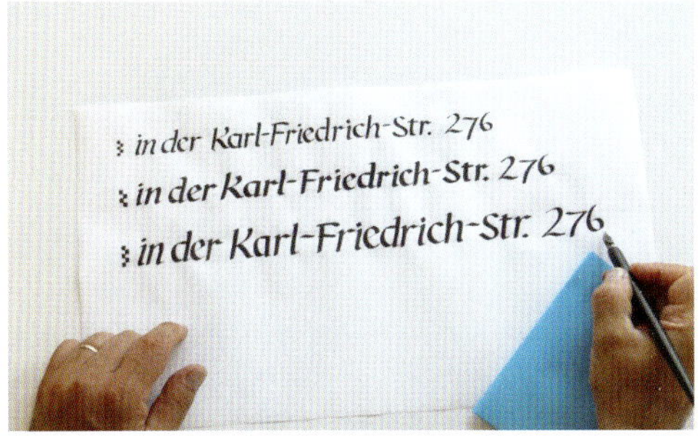


Haben wir uns dann für einen Entwurf entschieden, nehmen wir unterschiedliche Bandzugfedern, z. B. 3, 4 und 5, mit denen wir in verschiedenen Schriftgrößen schreiben werden. Auf einem Blatt Layoutpapier legen wir wieder eine der Federgröße entsprechende Federtreppe an und ziehen die hierfür benötigten Hilfslinien mit dünnem Bleistift.

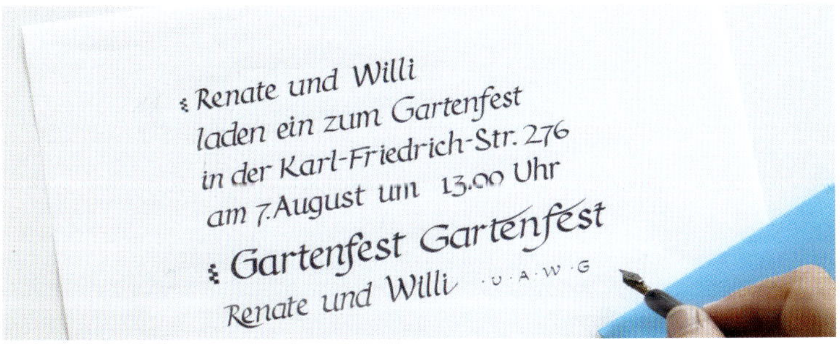


Wir haben uns in unserem Fall auf die Federgrößen 2,1 und ½ eingependelt und schreiben nun alles an Text an einem Stück nieder – die Anordnung ist hier noch unwichtig. Wichtig ist jedoch, dass die Größen im richtigen Verhältnis zueinander stehen und dass die Wörter vollständig in der jeweils gewünschten, gleichen Zeile sitzen.

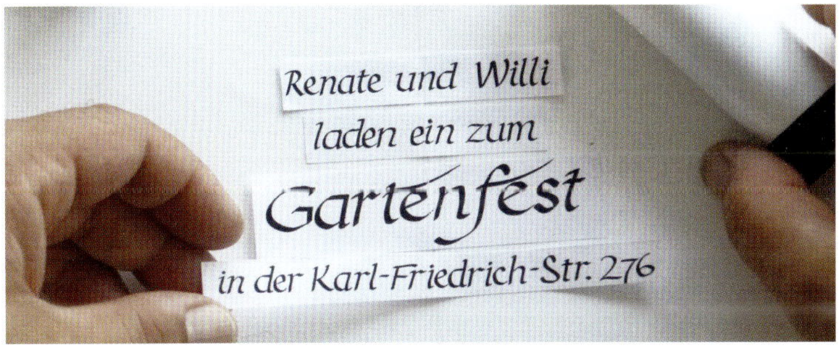


Danach geht es zum Kopierer: wir verkleinern solange die Schrift, bis sie unserem ersten Filzstiftentwurf entspricht. Jetzt schneiden wir die einzelnen Zeilen aus, falten die Zeilen in der Mitte – um sie dann mit der Falzkante mittig auf die senkrechte Achse zu platzieren. Hier arbeiten wir noch mit Augenmaß und ohne Lineal.

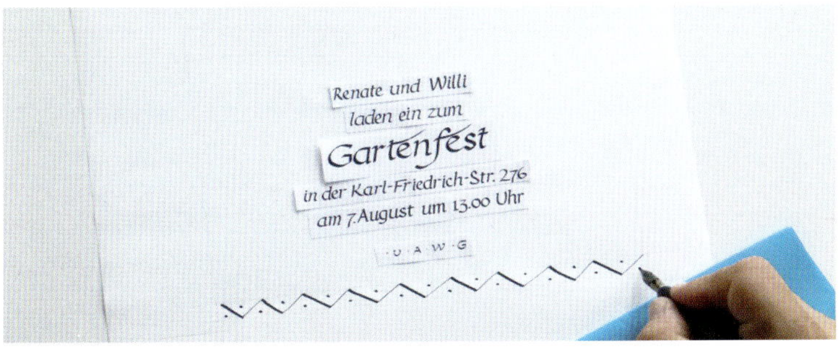


Nachdem wir unserem Entwurf entsprechend die ausgeschnittenen Schriftzeilen angebracht haben, zeichnen wir noch rasch die dekorativen Linien ein. Dafür eignet sich eine Bandzugfeder sehr gut.

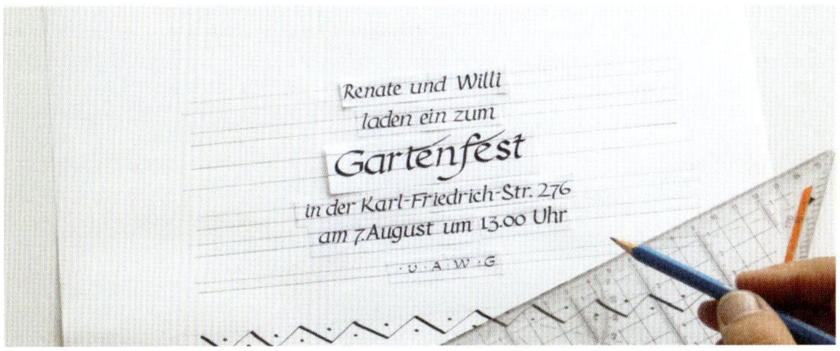


Nun vervollständigen wir unseren Hauptentwurf, indem wir die Hilfslinien direkt auf den Klebeentwurf anbringen. Das soll uns helfen, die für die endgültige Ausarbeitung richtigen Zeilenabstände rechnerisch genau zu ermitteln. Schließlich machen wir keine halben Sachen.

# ANLEITUNG EINLADUNGSKARTE

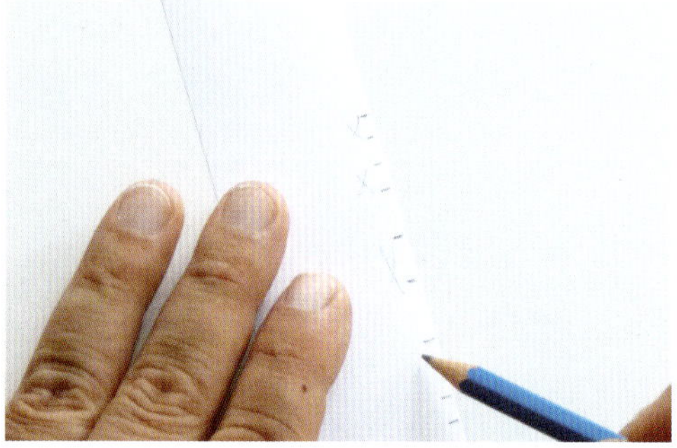

Mittels Federtreppe ziehen wir Hilfslinien und schreiben den Textinhalt an einem Stück herunter. Hier üben wir noch, bis wir die Feder ruhig und gerade führen.

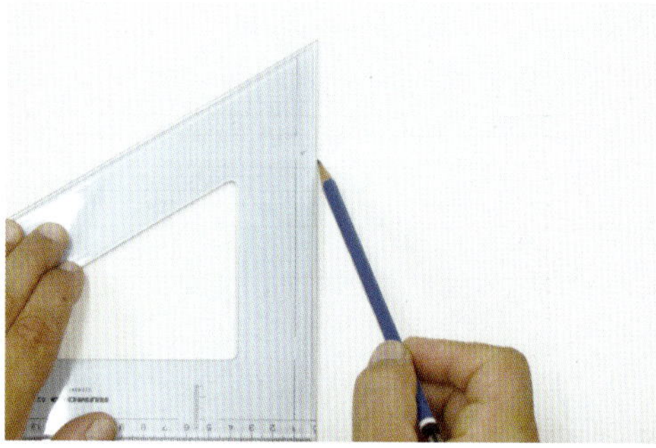

Als Nächstes setzen wir die neuberechneten Markierungspunkte auf ein neues A5-Rechteck. Das Winkeldreieck ergänzt die Reißschiene auf perfekte Weise, um wie im Klebeentwurf ein Achsenkreuz anzulegen.

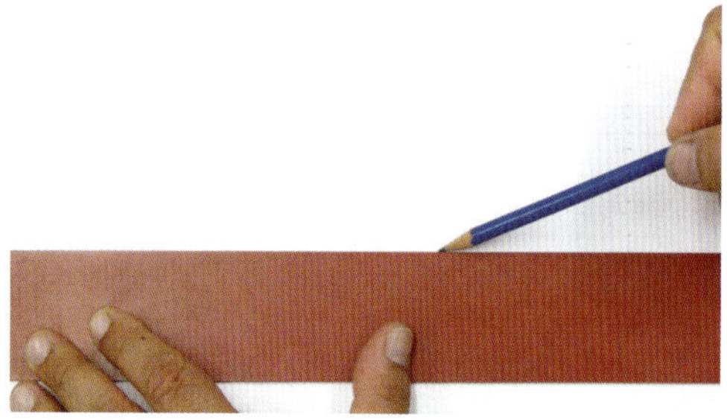

Jetzt können wir mithilfe der Reißschiene die Hilfslinien ziehen und sind damit einen großen Schritt weiter gekommen mit unserer handgeschriebenen Einladung.

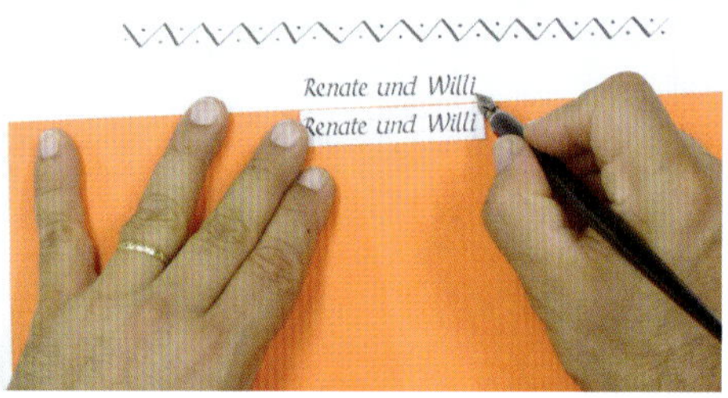


Nun werden auf Grundlage des Klebeentwurfs auf dem Marmorpapier Hilfslinien gezogen und wieder alles sauber geschrieben. Für die Verzierungen nehmen wir den wasserfesten Filzstift.

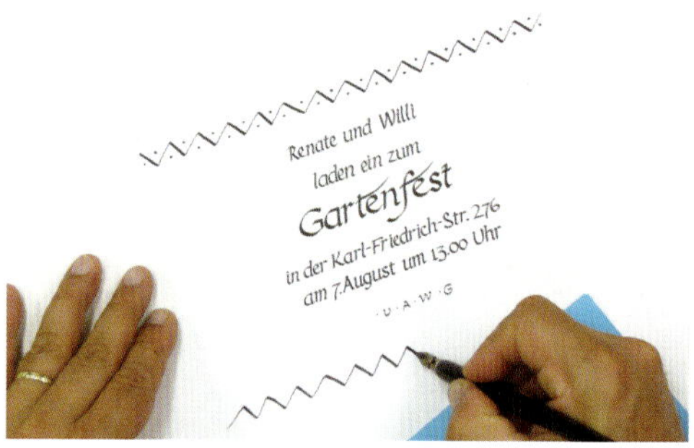

Jetzt schreiben wir Zeile für Zeile sauber nieder, wobei wir die jeweiligen Textstreifen als Orientierung nutzen. Abschließend vervollständigen wir die Dekorationslinien unten.

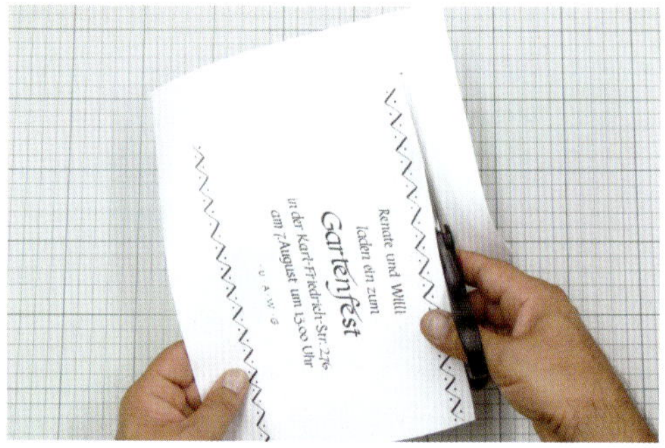

Sobald die Schreibtinte getrocknet ist, radieren wir die Bleistiftlinien aus und schneiden das DIN-A5-Format zurecht. Jetzt können wir die Ausarbeitung als Vorlage zum Kopieren oder für die Druckerei nutzen.

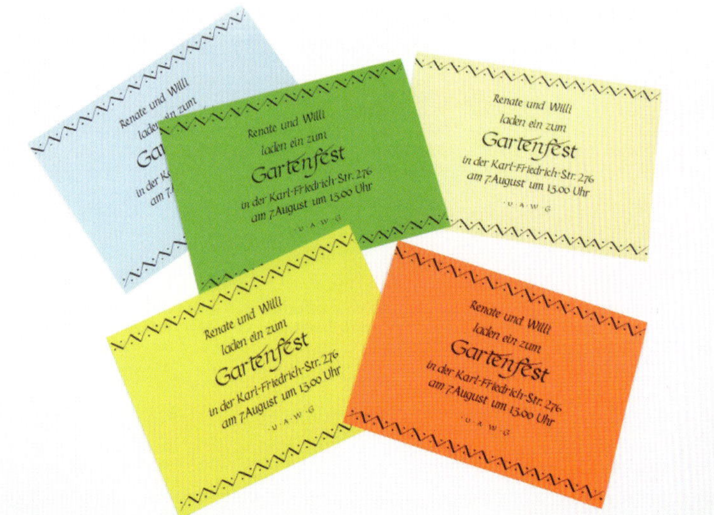

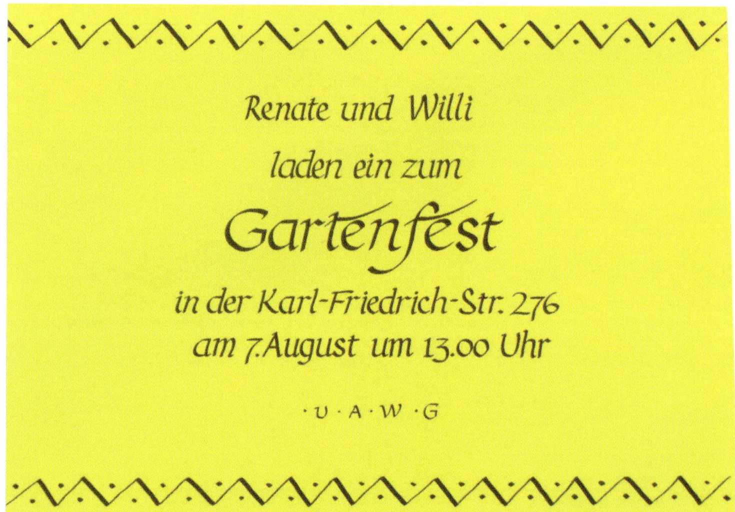

# TEXTURA

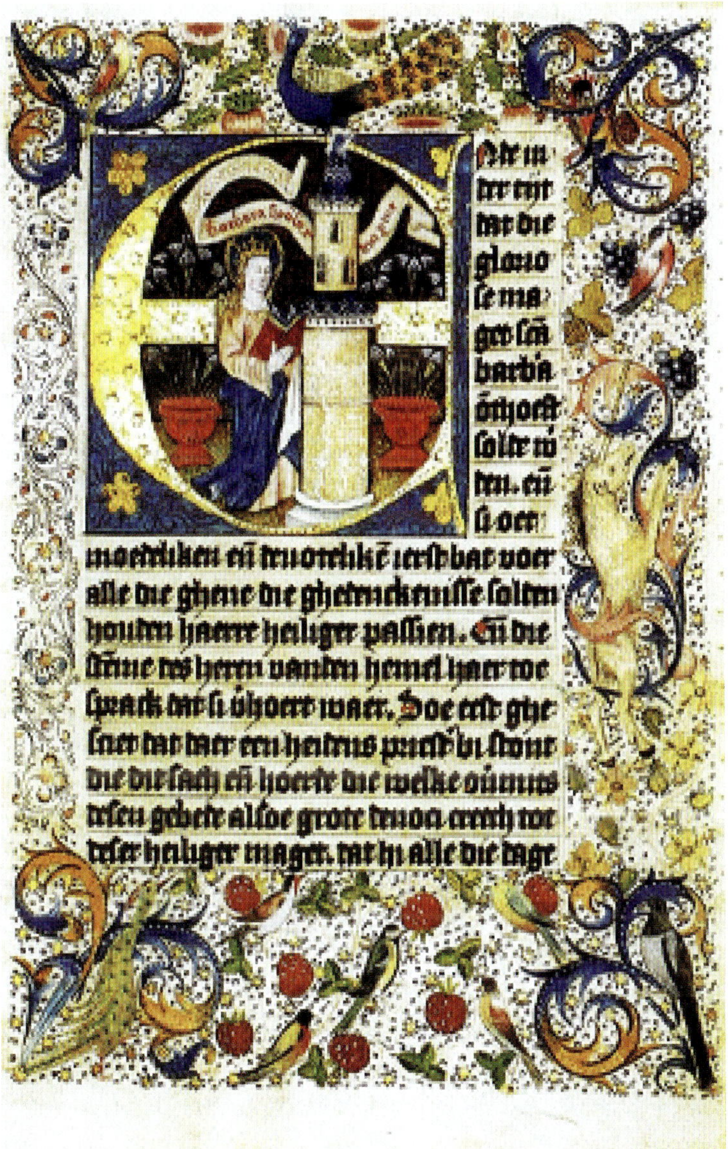

**Sie ist die bekannteste unter den Schönschriftarten und aufgrund ihres wuchtigen Charakters – bedingt durch die eng aneinanderliegenden Buchstaben – auch die prägnanteste.**

Es waren rein pragmatische Gründe, die diese Schrift entstehen ließen. Die Nachfrage nach handgeschriebenen Büchern wuchs ständig an, jedoch die Menge an beschreibbarem Material, an Pergament, reichte nicht mehr aus – und trieb die Preise nach oben. Aus purer Not heraus waren also die Schreiber gezwungen, soviel Material einzusparen, wie es nur ging. Sie mussten förmlich zaubern und tricksen, um die Inhalte irgendwie noch auf dem wenigen Pergament unterzubringen. Sie mussten die Buchstaben förmlich übereinanderstapeln. Die Zeilenabstände wurden kleiner und die Buchstaben eng nebeneinander gesetzt, um Platz zu sparen. Diese „Gitterschrift", wie sie zeitweise auch genannt wurde, bekam so ihren Namen: Textura, vom lateinischen textura „Gewebe".

## Textura Quadrata

Die Textura war durch ihre eckig anmutende Optik als Kopierschrift wie geschaffen. Das Ergebnis ist uns allen wohlbekannt: Die in Textur geschriebenen Seiten sehen aus wie gedruckt. Kein Wunder also, dass in Johannes Gutenbergs erstem gedruckten Buch, der Gutenberg-Bibel, auf 1282 Seiten eben jenes Schriftbild als Vorlage diente und verwendet wurde. Allerdings ergab sich mit der Verwendung der Texturschrift ein Problem: Die Textseiten wirkten aufgrund der Massigkeit jetzt enorm düster und etwas langweilig. Quasi aus der Not geboren und um den Leser bei der Stange zu halten, vermutlich auch aus Langeweile heraus, begannen die findigen Schreiber, farbige Initialen und hier und da ein kleines Bild einzuarbeiten. Die Wirkung war enorm und die Nachfrage rief bald auch neue Berufe auf den Plan: Illuminatoren, Vergolder, Insignien- und Miniaturmaler begannen die Schreibwerkstätten zu bevölkern.

Die Textura ist nicht schwer zu handhaben. Auf den nächsten Seiten lernen wir sie kennen und erarbeiten uns ein Schriftblatt.

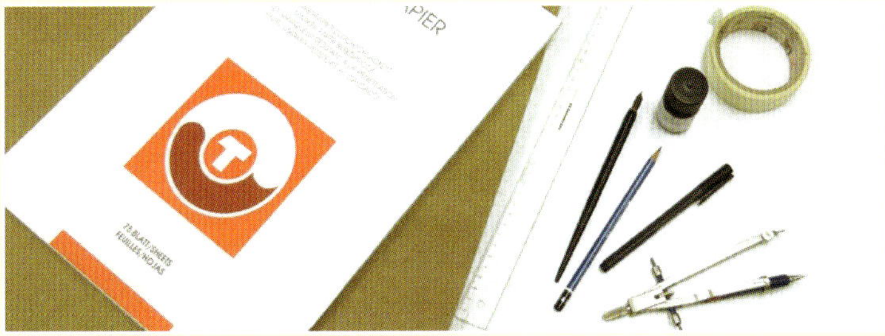

Hierzu benötigen wir:

- Reißbrett,
- Layoutblock
- Bleistift
- dünner Filzstift
- wasserfeste Tinte
- langes Lineal
- Zirkel
- Federhalter und Bandzugfeder Gr. 2

# SCHRIFTHÖHE UND HILFSLINIEN

Großbuchstaben

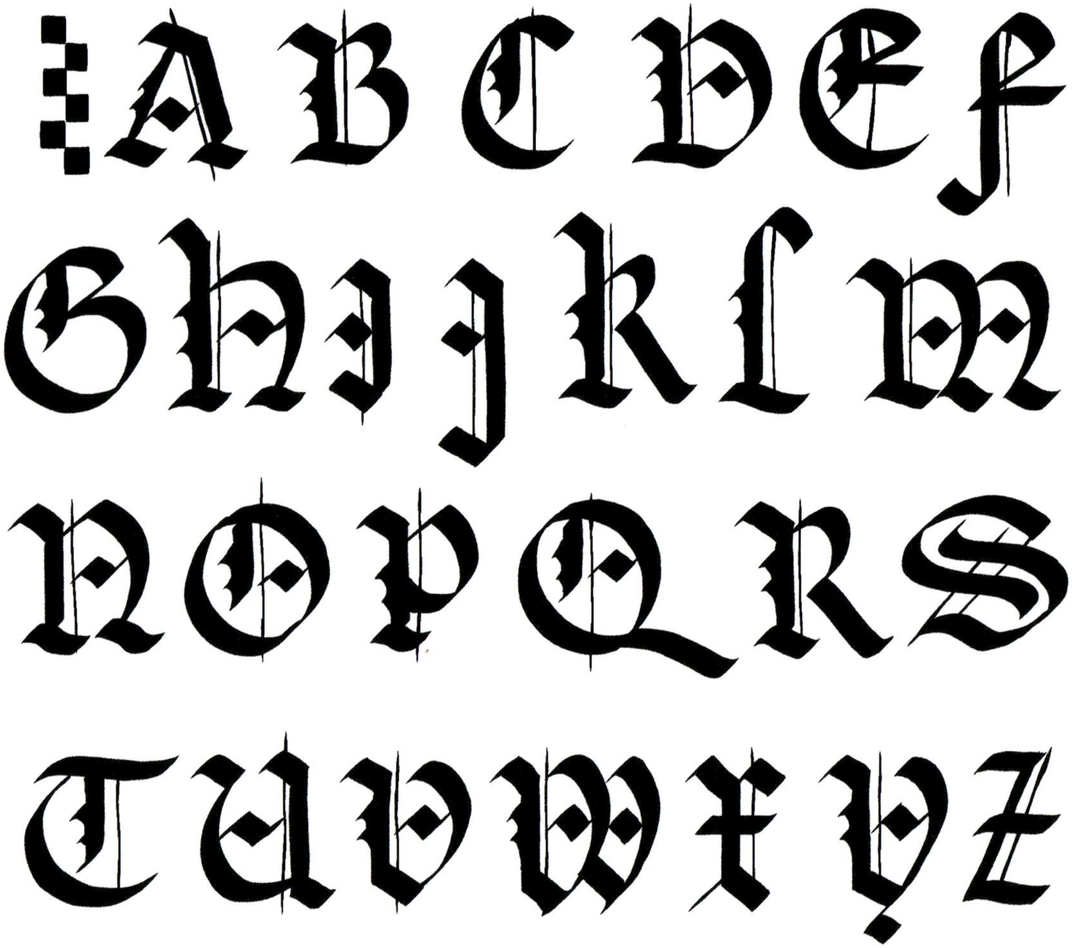

Kleinbuchstaben

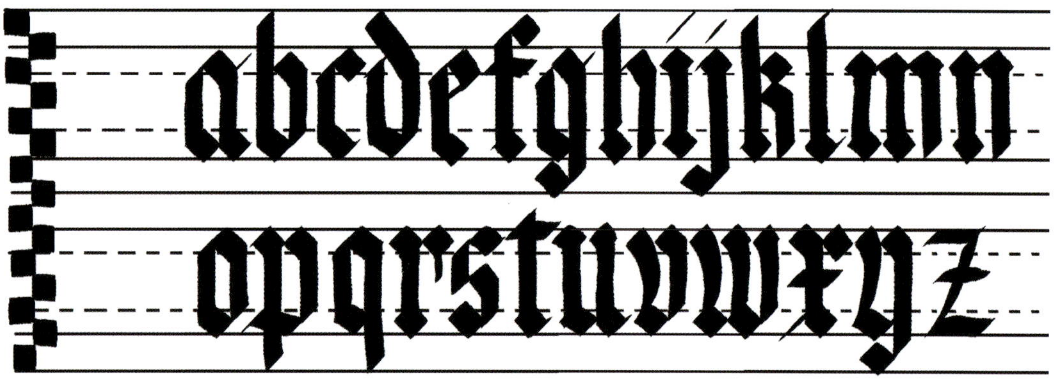

## Die richtige Schrifthöhe berechnen

Die Schrifthöhe der Textura ist leicht zu ermitteln: Die Großbuchstaben sind mit fünfeinhalb Federbreiten nur eine Winzigkeit höher als die Kleinbuchstaben mit viereinhalb Federbreiten.

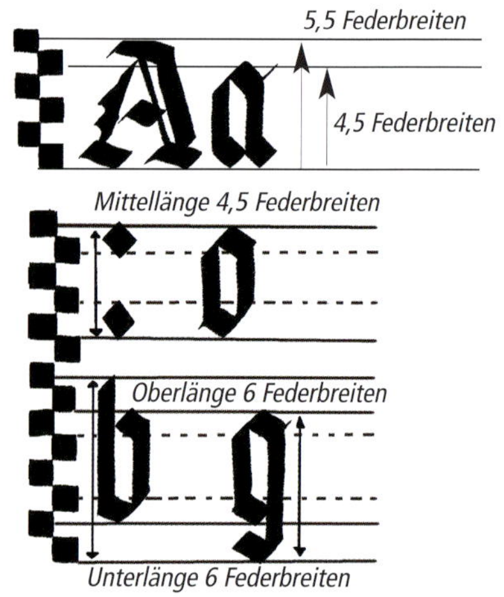


## Tipp: Hilfslinien schneller anlegen

Um zeitsparend Zeilen anzulegen, benötigen wir eine rechtwinklige Tischplatte oder ein rechtwinkliges Zeichenbrett, einen Stechzirkel und eine Reißschiene. Die erste Zeile legen wir wie gehabt mit Federtreppe und Hilfslinien an, fügen dann zusätzlich noch die Oberlängenlinie der zweiten Zeile ein.

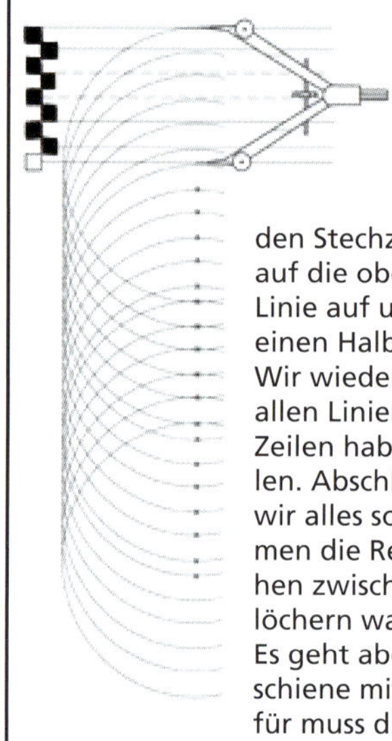

Dann nehmen wir den Stechzirkel, setzen ihn auf die oberste und unterste Linie auf und ziehen leicht einen Halbkreis nach unten. Wir wiederholen das mit allen Linien, bis wir so viele Zeilen haben, wie wir wollen. Abschließend radieren wir alles sorgfältig aus, nehmen die Reißschiene und ziehen zwischen den Einstichlöchern waagerechte Linien. Es geht aber auch ohne Reißschiene mit dem Lineal: Hierfür muss die Stechzirkel-Technik ein zweites Mal spiegelverkehrt angewendet werden. Die Einstichlöcher werden mit Linien vervollständigt.

# GROSS- UND KLEINBUCHSTABEN

## Großbuchstaben

Üben Sie zuerst die Grundstriche und danach Buchstaben in ähnlichen Formen.

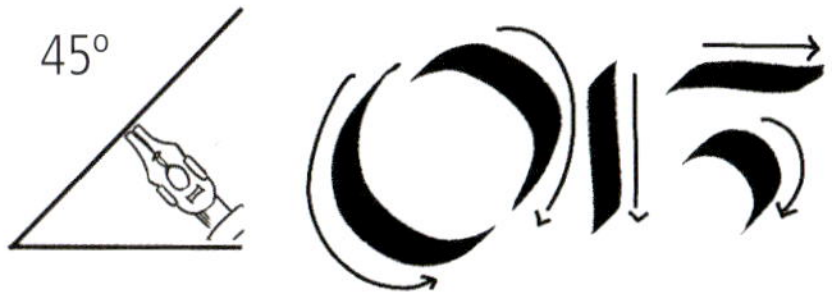


## Zierstriche

Wie der Name schon sagt, dienen diese zur Zierde und werden erst am Schluss ergänzt. Wem die Bandzugfeder hierfür zu unhandlich und zu groß ist, sollte eine Spitz- oder Zeichenfeder verwenden.

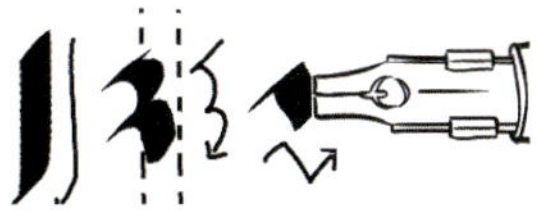

## Kleinbuchstaben

Fast alle Kleinbuchstaben bestehen aus schrägen (1) und senkrechten (2) Linien. Zu Beginn üben wir diese mit Ziehen/Absetzen/Ziehen in drei Schritten, wechseln dann aber später mit etwas Übung zu einer einzelnen Abstrichbewegung (3 und 4).

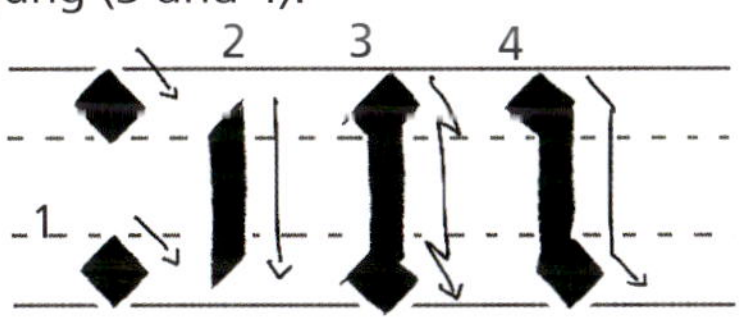


Querstriche (5) ziehen wir etwas flacher als 45 Grad, sonst werden sie zu massiv. Die Bögen (6) und (7) werden ganz normal in 45 Grad gezogen.

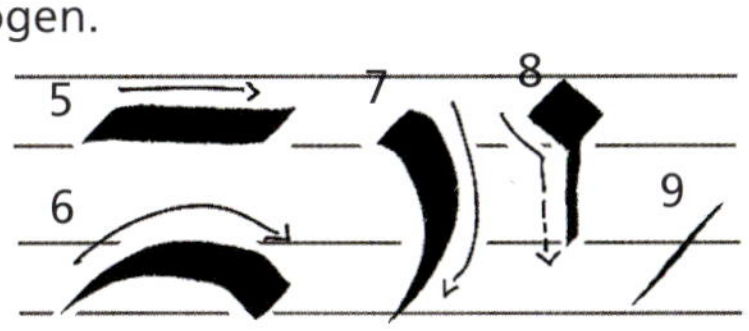


Der Auffüllstrich (8) soll im „c“ und im „r“ helfen, allzu große Zwischenräume zu vermeiden. Haarstrich (9) wird in der Breite hin- und hergezogen.

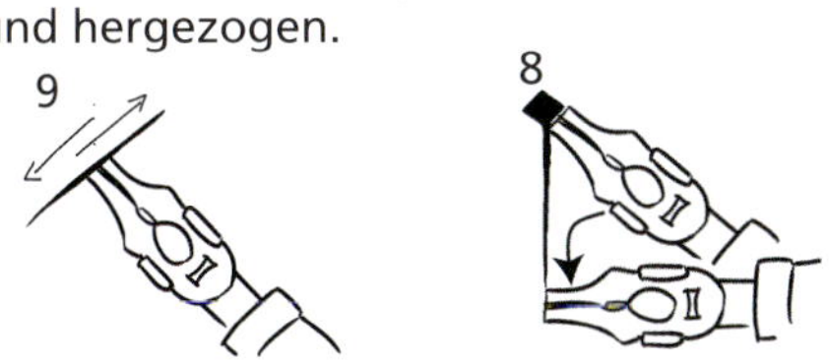


Schreibanleitung Großbuchstaben

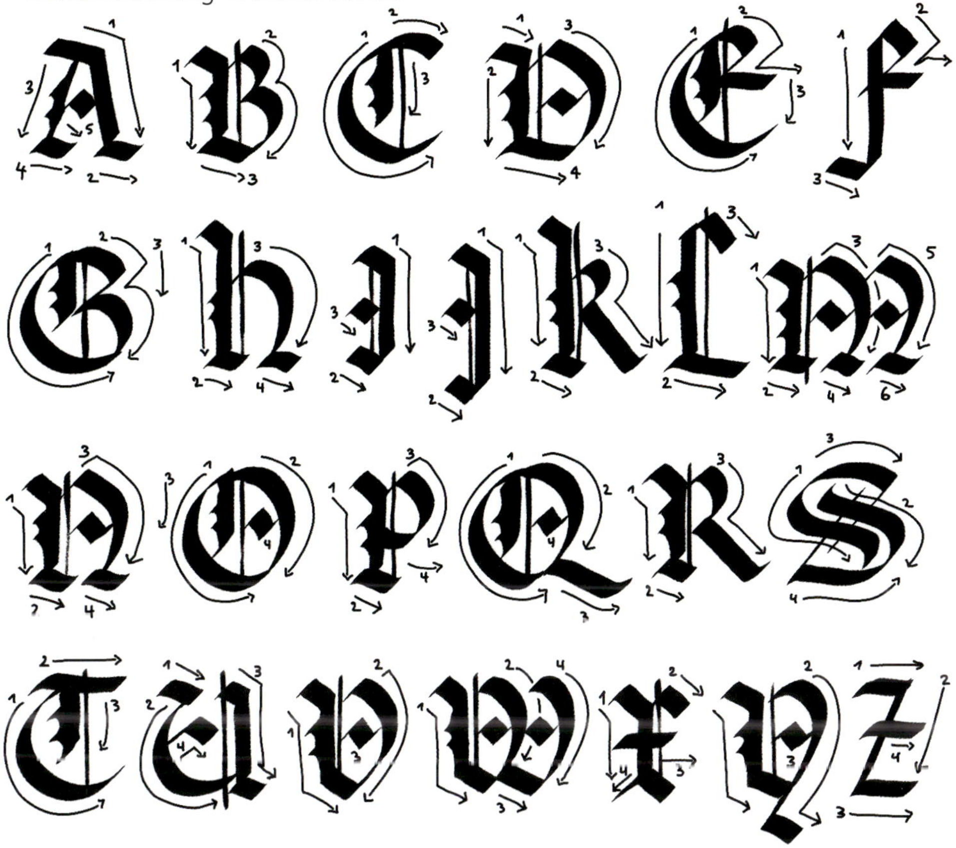

Schreibanleitung Kleinbuchstaben

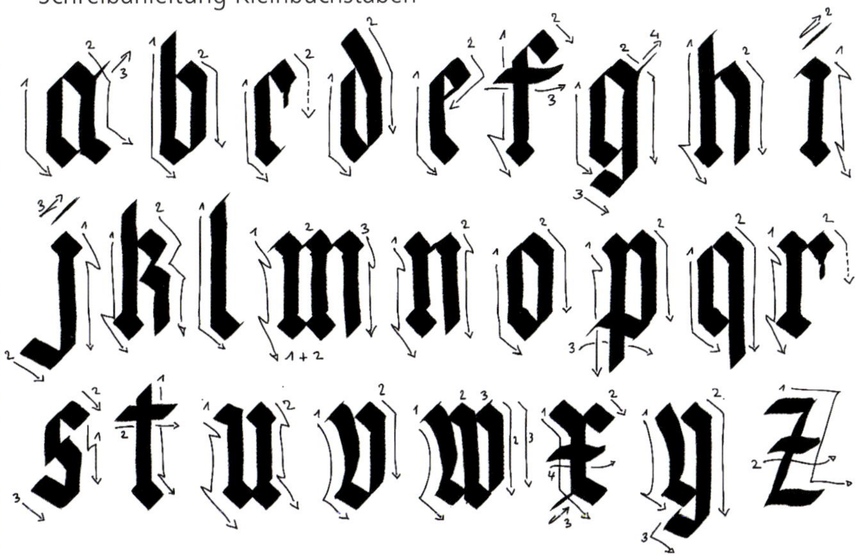

# ANLEITUNG SIEGERURKUNDE

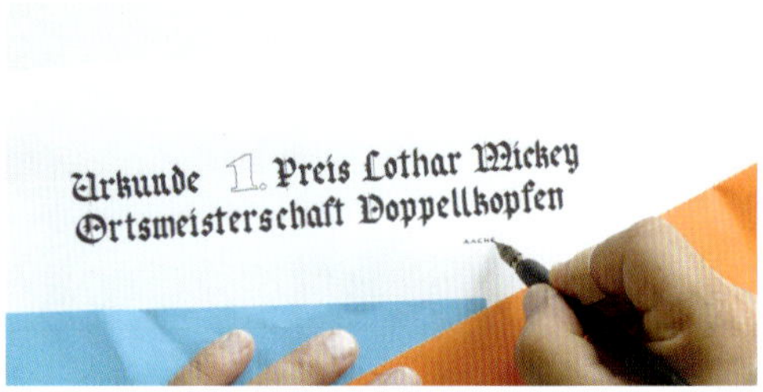


Mittels Federtreppe ziehen wir Hilfslinien und schreiben den Textinhalt an einem Stück nieder. Hier üben wir noch, bis wir die Feder ruhig und gerade führen.

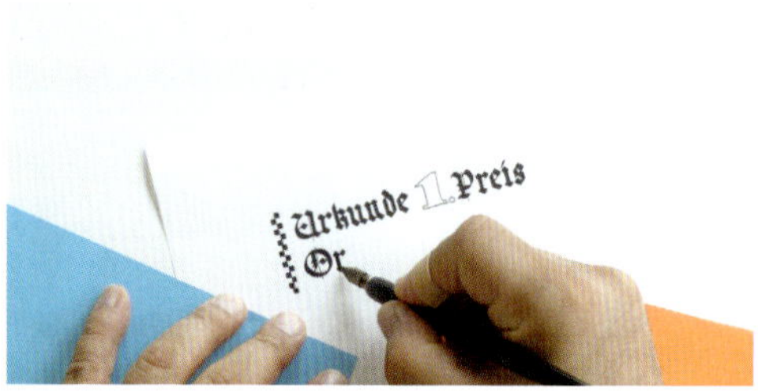


Sind wir relativ sicher im Schreiben, ziehen wir auf einem zweiten Blatt Layoutpapier erneut Hilfslinien und schreiben erneut den Text – dieses Mal recht fein.

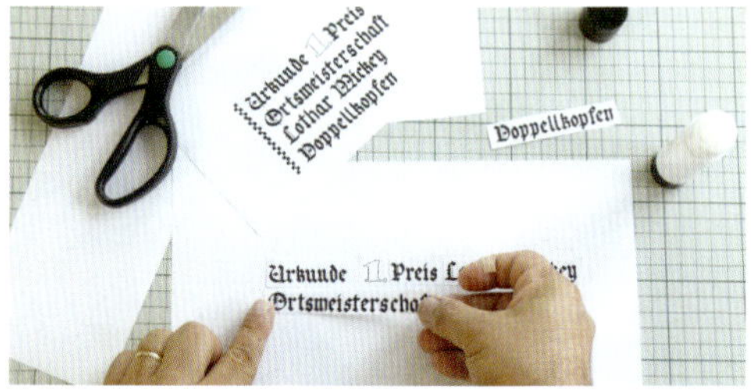


Jetzt kopieren wir das Blatt und schneiden die Wörter aus, die wir mit Montagekleber wieder auf einem Entwurfsbogen mit Achsenkreuz montieren.

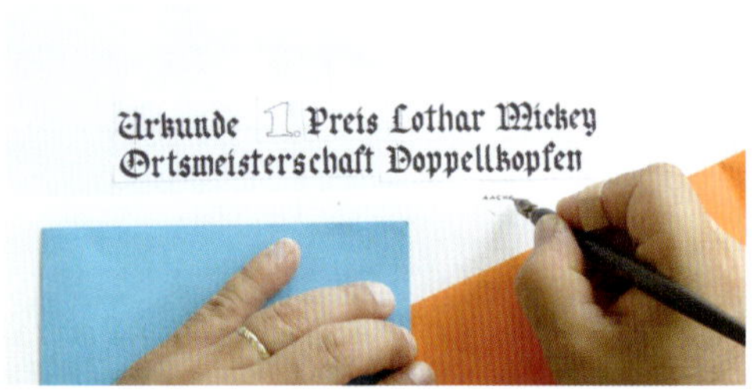


Wir korrigieren die Freiräume zwischen den Wörtern, ziehen die Hilfslinien direkt auf den Montagebogen und vervollständigen den Entwurf mit Ort und Datum.

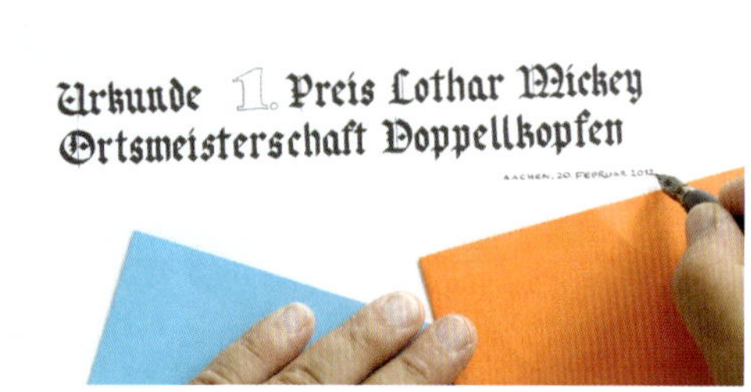


Jetzt fertigen wir den Hauptentwurf an: Wir schreiben alles anhand der Klebevorlage auf einen Layoutbogen und achten darauf, sauber zu schreiben.

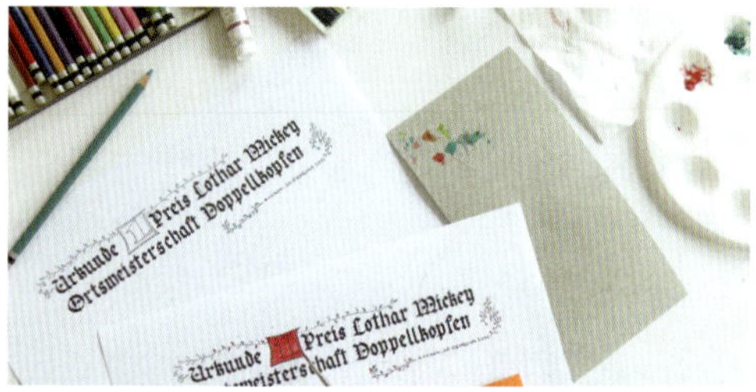

Nun kommt der dekorative Teil: Wir kopieren unseren Entwurf ein paar Mal und probieren verschiedene Dekorationen aus. Wir nehmen hierzu rankende Blätter.

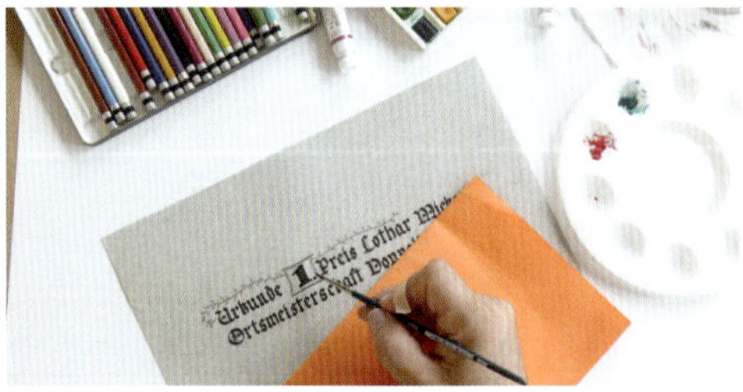

Nun werden auf Grundlage des Klebeentwurfs auf dem Marmorpapier Hilfslinien gezogen und wieder alles sauber niedergeschrieben. Für die Verzierungen nehmen wir den wasserfesten Filzstift.

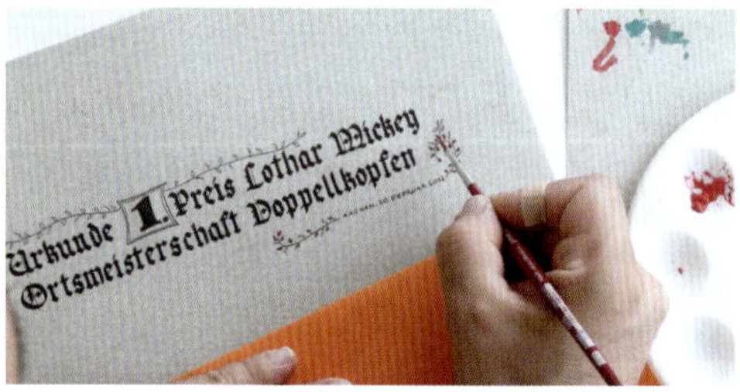

Als Farbe eignet sich die mit Wasser verdünnbare Gouache wegen ihrer deckenden Eigenschaft sehr gut.

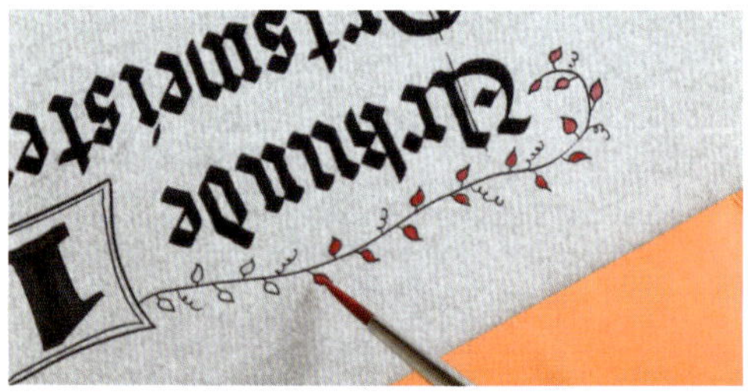

Wir verdünnen sie gerade soviel, dass sie noch deckend ist, wir sie aber noch präzise mit dem Haarpinsel verarbeiten können.

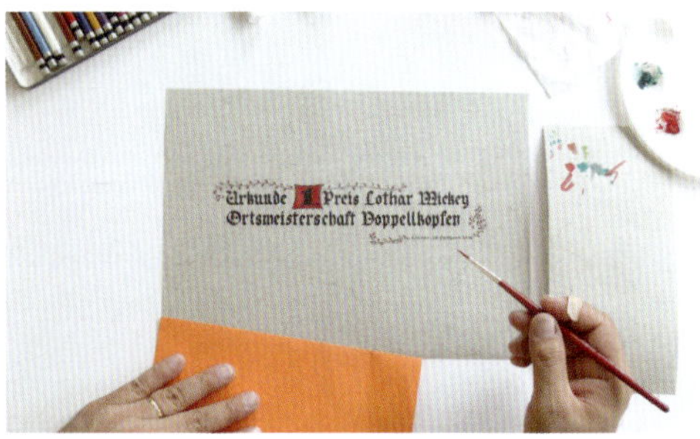

Nachdem wir nun auch die Farbe ergänzt haben, schneiden wir im allerletzten Schritt das Schriftblatt auf ein schönes Endformat zurecht. Wir achten darauf, dass wir uns oben zu unten an das Verhältnis 2:3 halten.

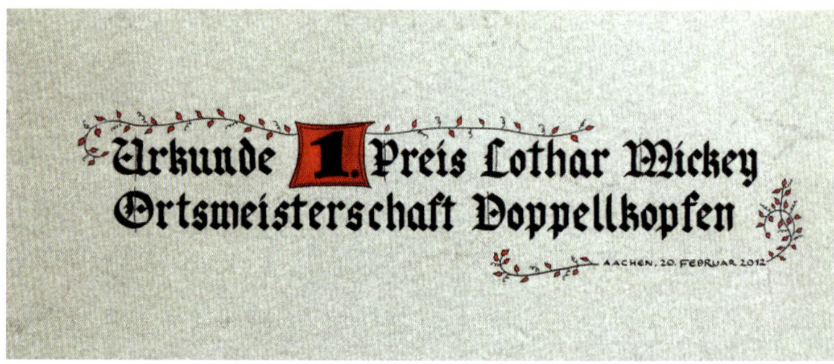

# UNZIALSCHRIFT

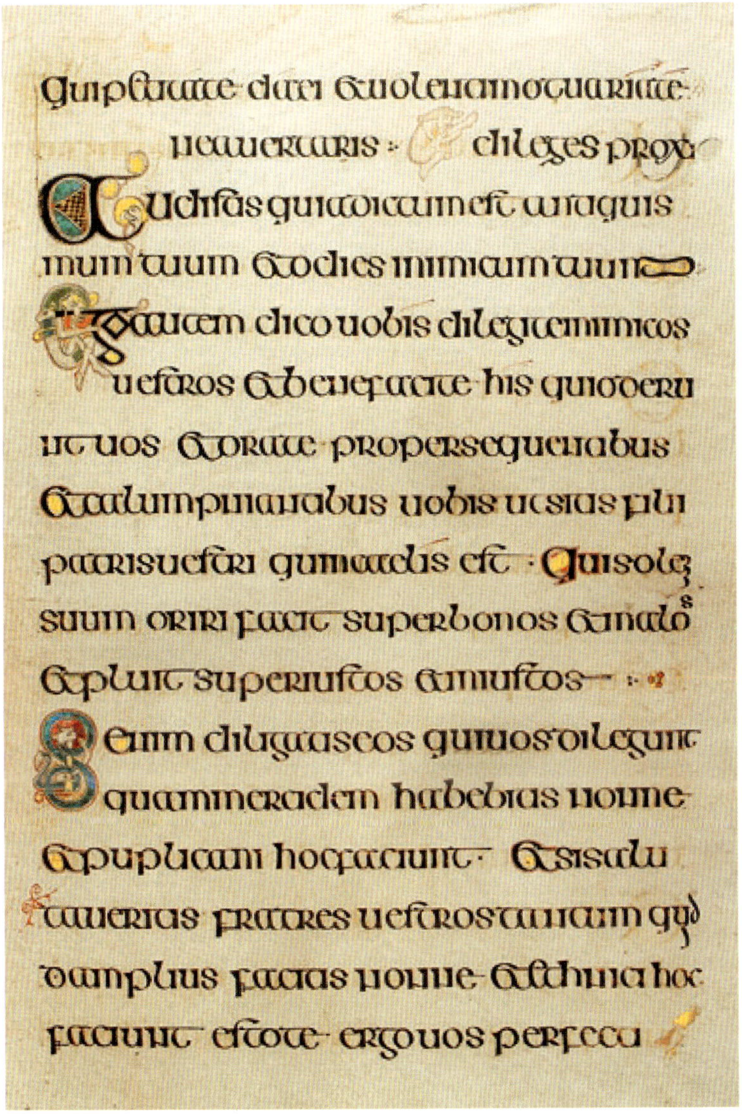

**Die Unzialschrift ist eine reine Großbuchstabenschrift, die zwischen dem 2. bis 6. Jahrhundert aufgrund ihrer klaren runden Form besonders im klerikalen Bereich als Buchschrift eingesetzt wurde.**

Die Unziale ist vermutlich eine Ableitung aus der römischen Schreibkursive Capitalis Cursiva, die wiederum eine Ableitung aus der antiken römischen Steinschriftfamilie Capitals ist. Ihren Namen bekam die Unziale jedoch erst im 17. Jahrhundert von Jean Mabillon.

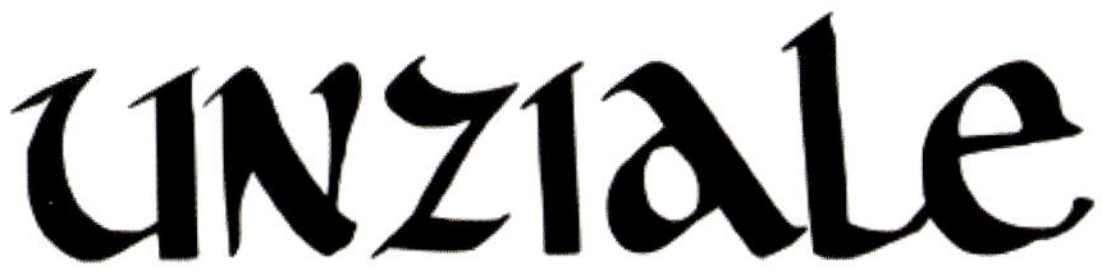


In dieser schönen, sachlich anmutenden Schreibschrift wurde z.B. die bedeutendste neutestamentarische Handschrift, der Codex Vaticanus Graecus, geschrieben, die als eine der besterhaltenen Manuskripte auf Pergament gilt.

Die Unziale ist die erste Wahl, wenn es um eine ernsthafte und besinnlich stimmende Schriftart geht. Natürlich gibt es auch für die Unziale – wie bei anderen Schriften auch – noch unzählige Varianten mit modifizierten Ober- und Unterlängen. Die Grundform bleibt bei allen Varianten jedoch immer gleich.

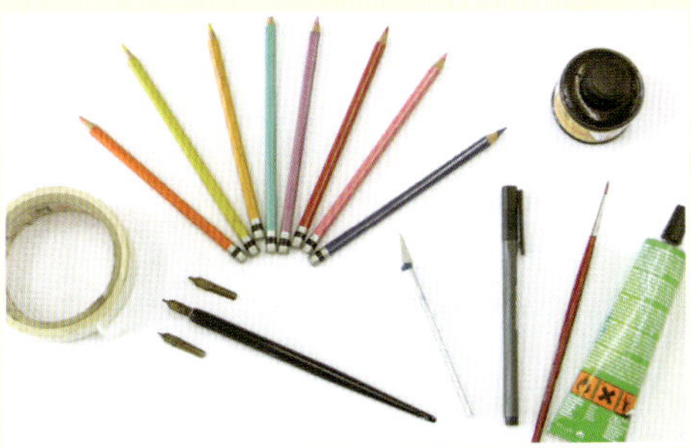

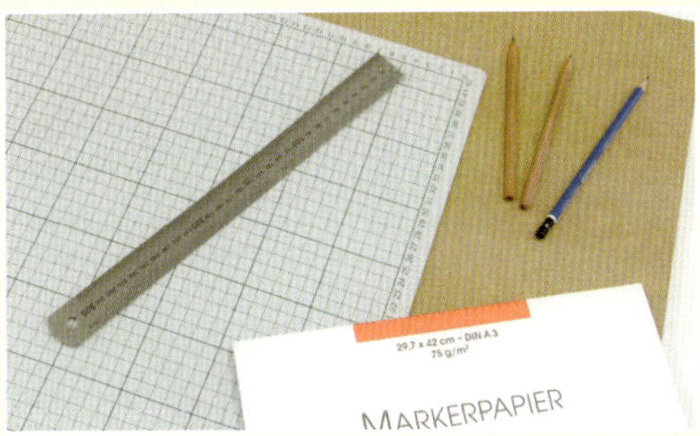


Hierzu benötigen wir:

- Reißbrett
- Schneideunterlage
- Layoutblock
- Aquarellkarton
- zwei HB-Bleistifte
- ein H-Bleistift
- dünnen Filzstift
- wasserfeste Tinte
- langes Metalllineal
- Montagekleber
- Schneidemesser
- Klebeband
- Federhalter
- Aquarellstifte
- Aquarellpinsel Gr. 2
- Bandzugfedern Gr. 1½, 2½ und 3

# TECHNIK LINIENFÜHRUNG

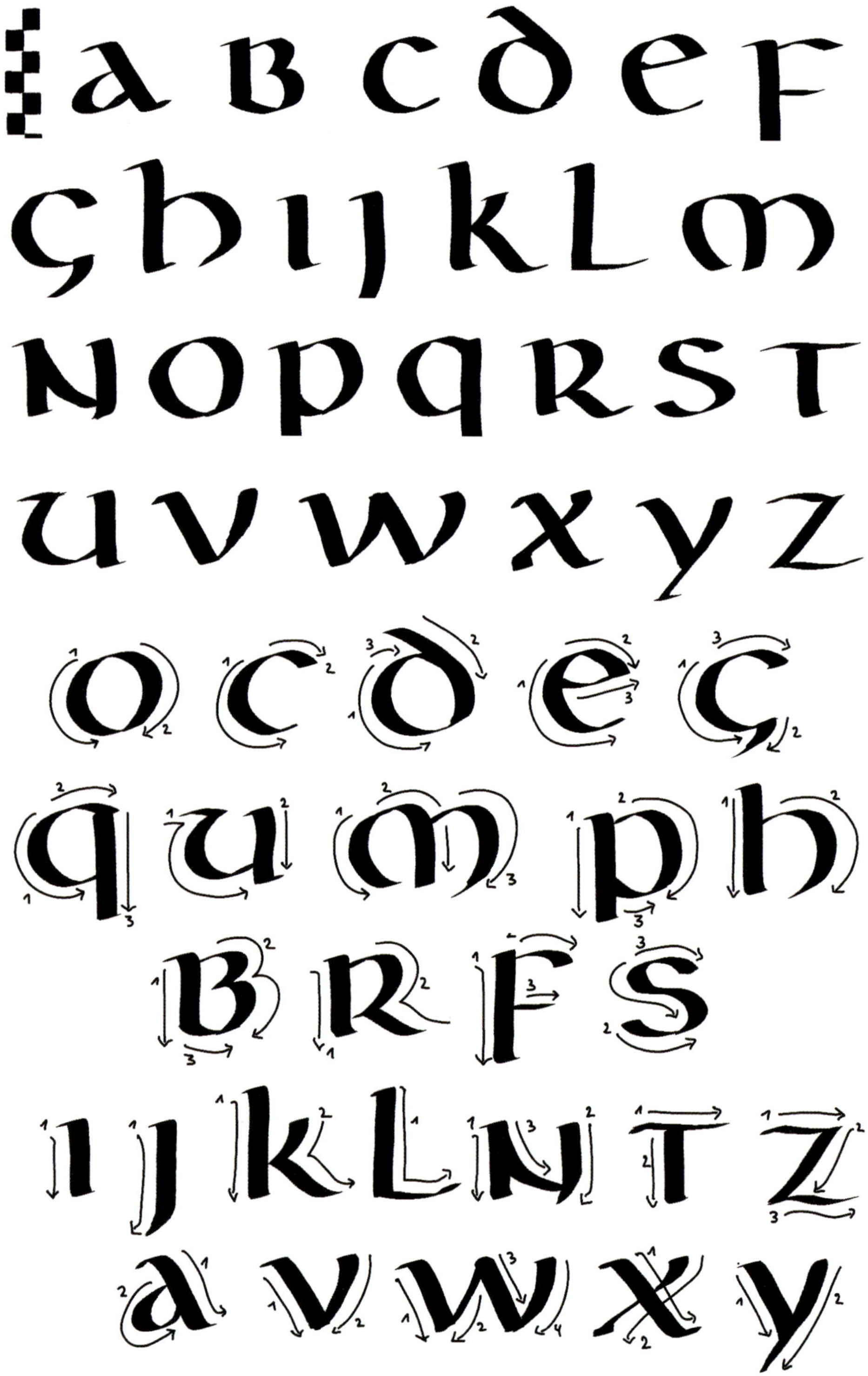

## Die richtige Schrifthöhe berechnen

0 - 5°

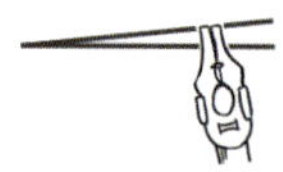

Die Buchstabenhöhe der Unziale beträgt einschließlich Ober- und Unterlängen sieben Federbreiten. Die Mittellänge ab der Grundlinie ist 3,5 Federbreiten hoch, Ober- und Unterlängen je 1,5 Federbreiten breiter.

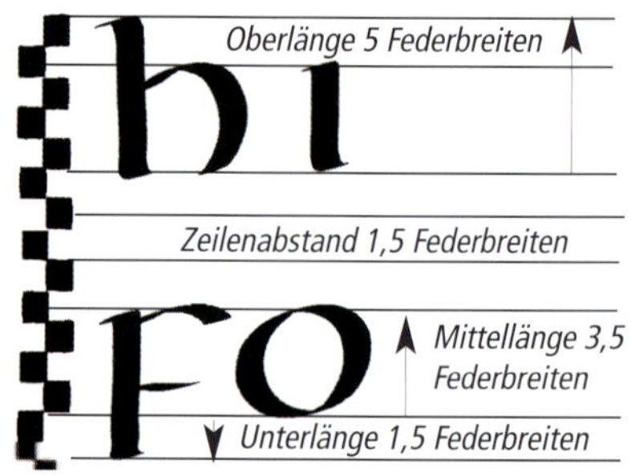


Für das Anlegen der Hilfslinien bietet es sich an, mit der obersten Hilfslinie anzufangen und nach unten hin abzuzählen.

## Kleine Schreibhilfe

Beim O, C, D, E und G sollte der Anfang des 2. Striches den 1. Strich überlappen, um Lücken zu vermeiden.

Das Gleiche ist bei den Buchstaben Q, U, M, P und H der Fall.

Die Bögen beim B und R sind runder als bei den flacher gehaltenen F- oder S - Bögen oben.

Die Diagonalstriche werden flacher angelegt, um die Buchstaben fülliger erscheinen zu lassen.

Die breiten Diagonalstriche werden mit steilerer Federhaltung zielstrebig und nicht zu langsam gezogen, wobei der Federwinkel ein klein wenig steiler angesetzt wird.

# TECHNIK DOPPELBLEISTIFT

## Anleitung: Doppelbleistift

1. Wir benötigen zwei HB-Bleistifte, ein Schneidemesser und ein Klebeband.

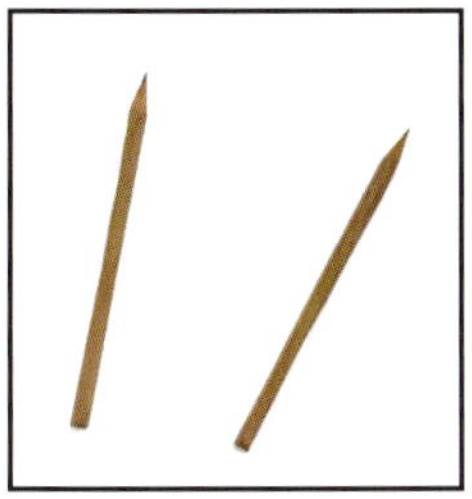

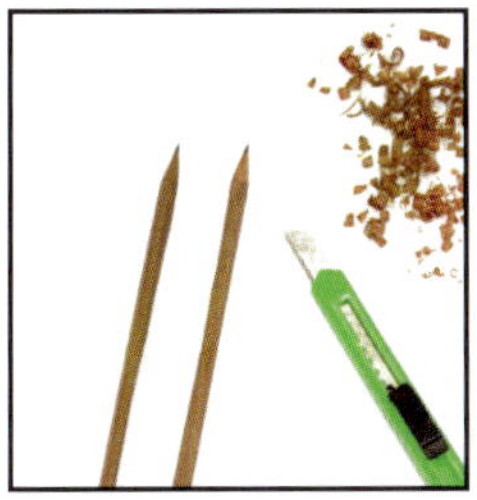

2. Mit dem Schneidemesser kappen wir vorsichtig eine Ecke vom Holzschaft beider Bleistifte.

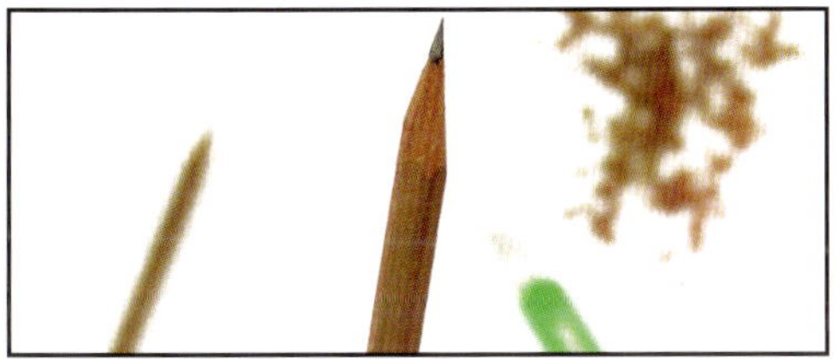

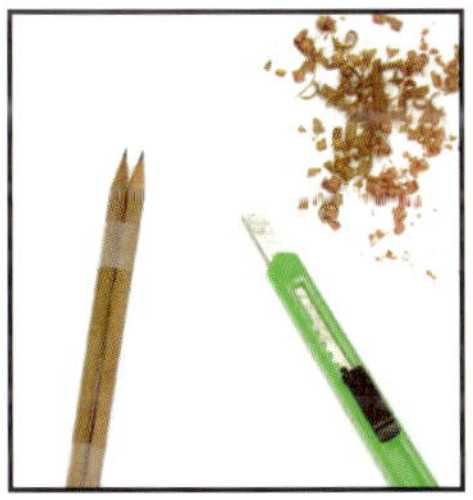

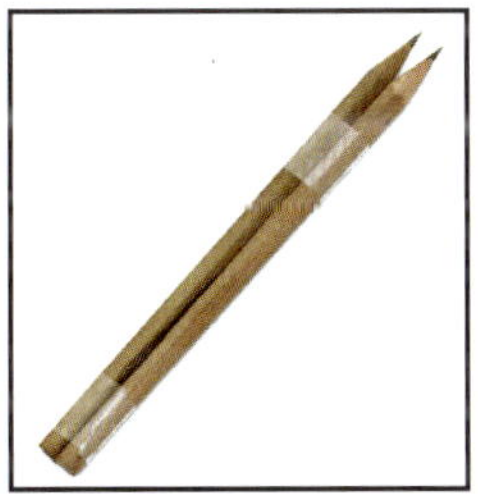

3. Die beiden Bleistifte aneinanderpressen und mit Klebeband fest umwickeln.

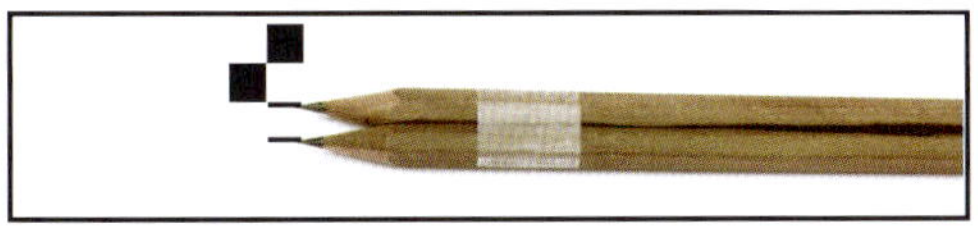

4. Die Bleistiftspitzen sind nun entsprechend unserer Federbreite.

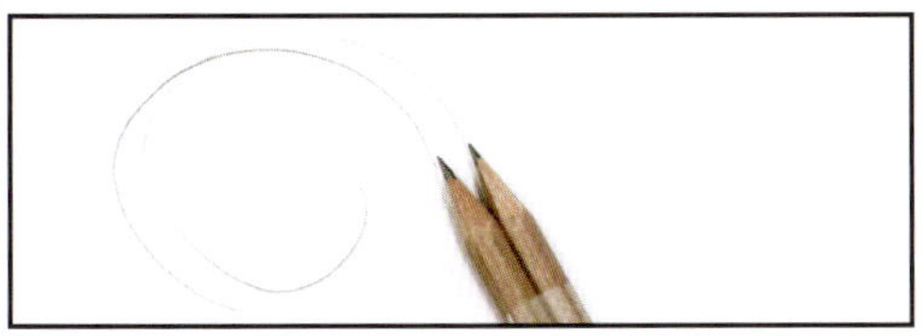

5. Beim Schreiben üben wir einen gleichmäßigen Druck auf beide Bleistifte aus.

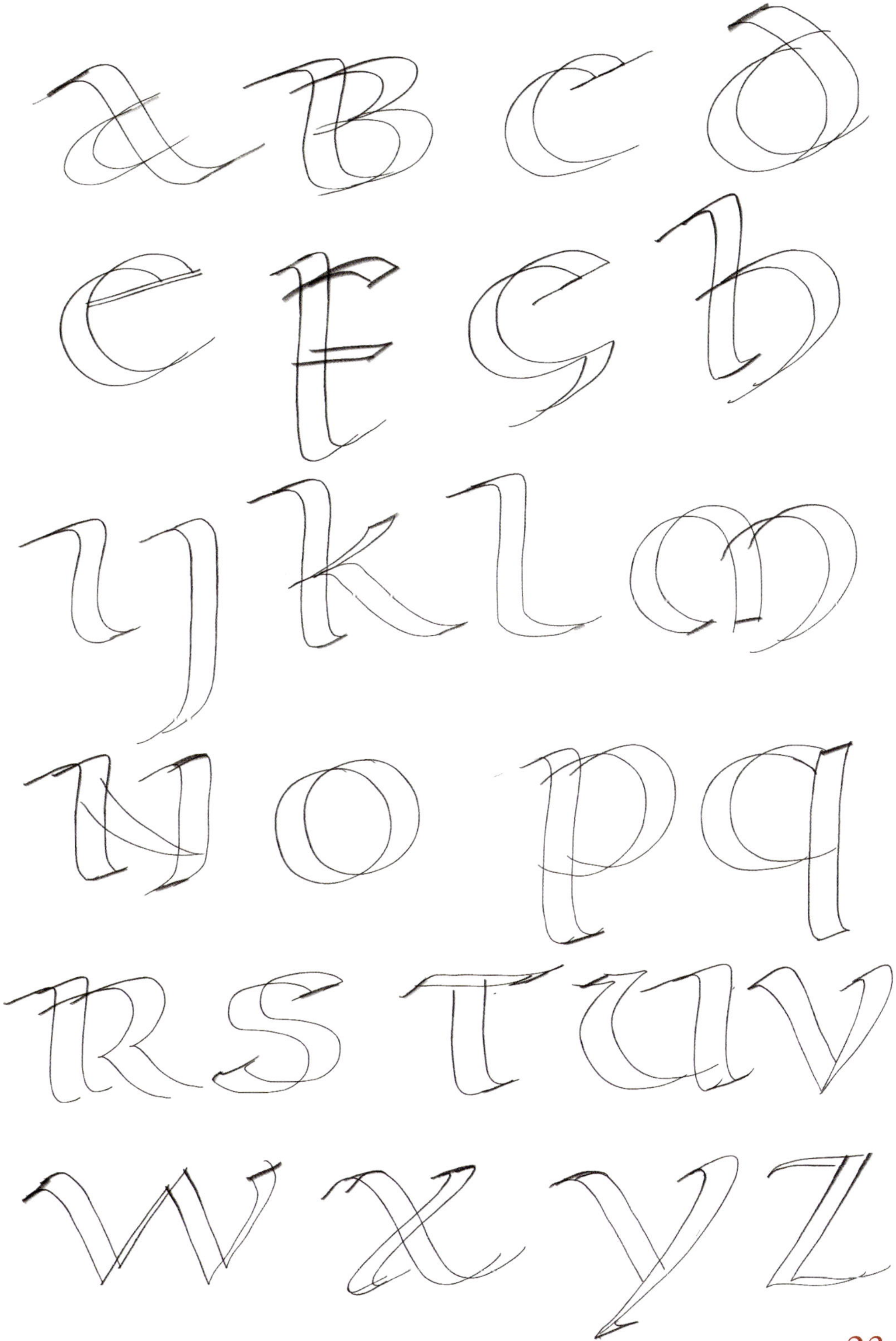

# ANLEITUNG DANKSAGUNGSKARTE

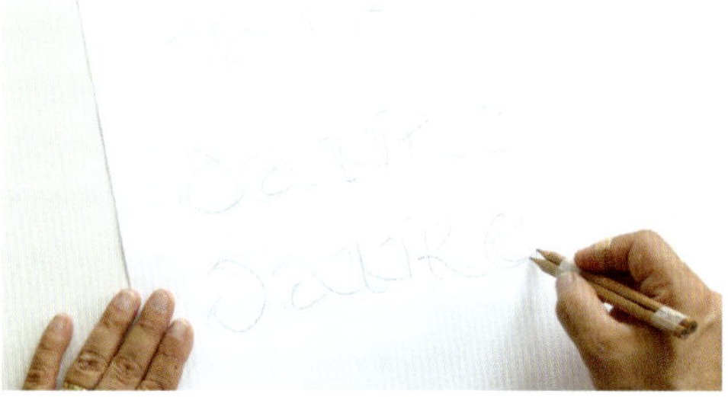

Wir schreiben das Wort „Danke“ auf ein A3-Bogen Layoutpapier, wobei wir an den Seiten ausgiebig viel Rand frei lassen. Die mehrfachen Versuche bringen uns förmlich in Schwung.

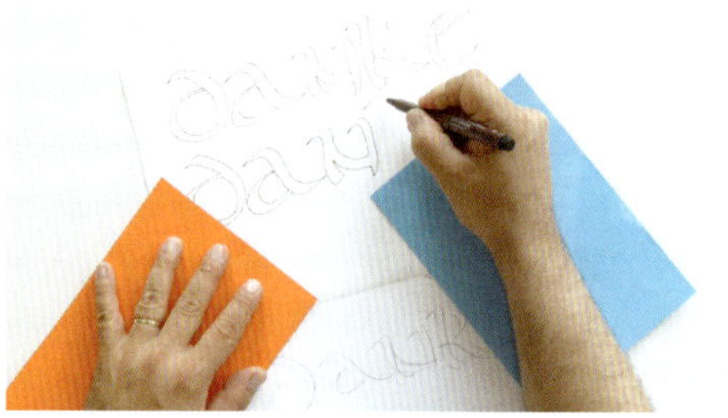

Als Nächstes zeichnen wir mit dünnem, wasserfestem Filzstift die Konturen nach, um damit die Vorarbeit für unsere nachfolgenden Farbversuche zu erledigen.

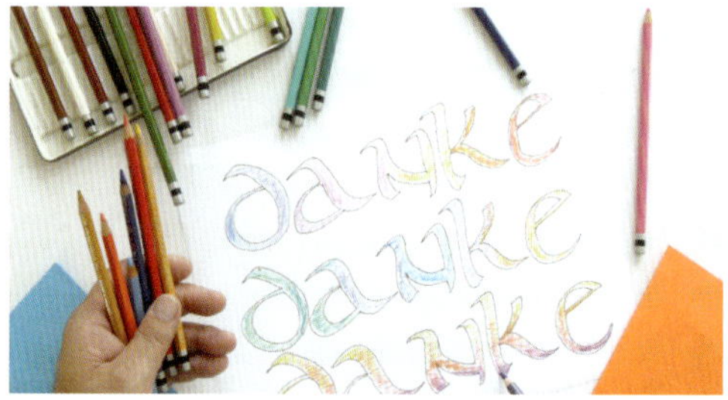

Mit Aquarellstiften schummern wir nun unterschiedliche Farbverläufe, um uns schließlich für eine Farbkombination zu entscheiden.

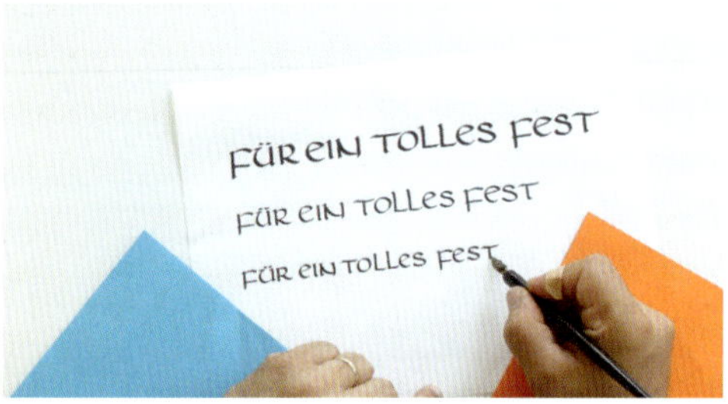


Auf Layoutpapier schreiben wir nun wie gehabt mit Bandzugfeder der Größe 1½, 2½ und 3 unseren Begleittext. Dann schneiden wir den Text in Streifen und platzieren den schönsten Schriftzug passend auf Aquarellpapier.

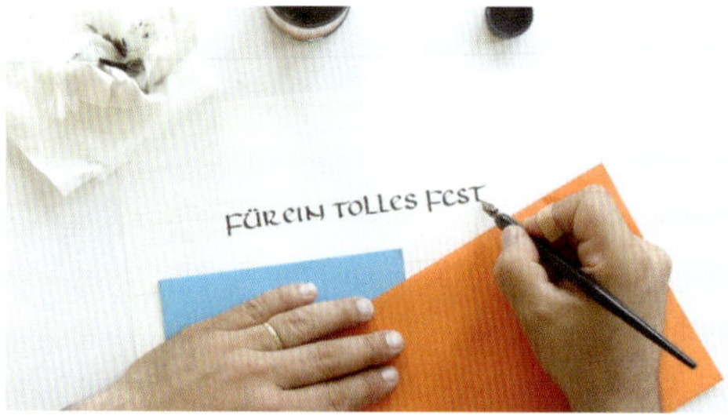


Wir ziehen feine Hilfslinien zur Orientierung und schreiben nun den Begleittext auf Aquarellkarton. Der ausgeschnittene Textstreifen dient als Vorlage. Die Reihenfolge ist Tusche vor Bleistift, weil sich ...

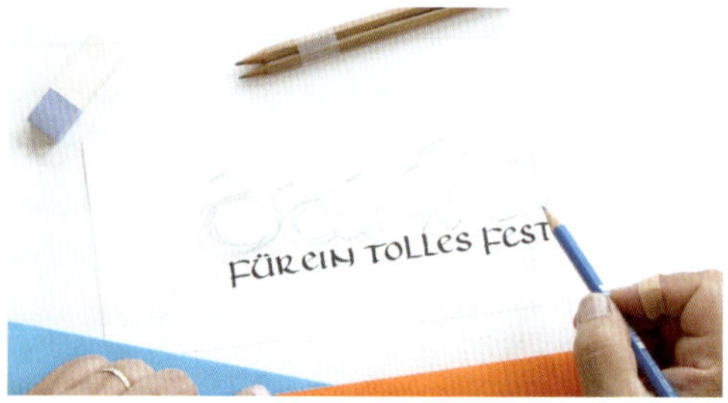


... einmal geschriebene Tusche nicht so einfach wegradieren lässt. Nun schreiben wir mit dem Doppelbleistift unseren Schriftzug, bis es passt. Notfalls korrigieren wir diesen oder legen ihn neu an.

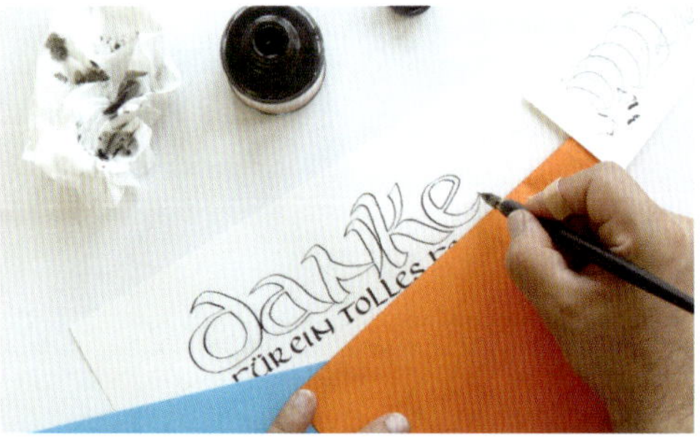

Dann ziehen wir die Bleistiftkonturen sauber mit Tuschefüller oder Zeichenfeder nach, um saubere Konturen anzulegen, die nach dem Trocknen die Aquarellfarben einfassen, mit denen wir unseren anfangs ausgewählten Farbverlauf anlegen.

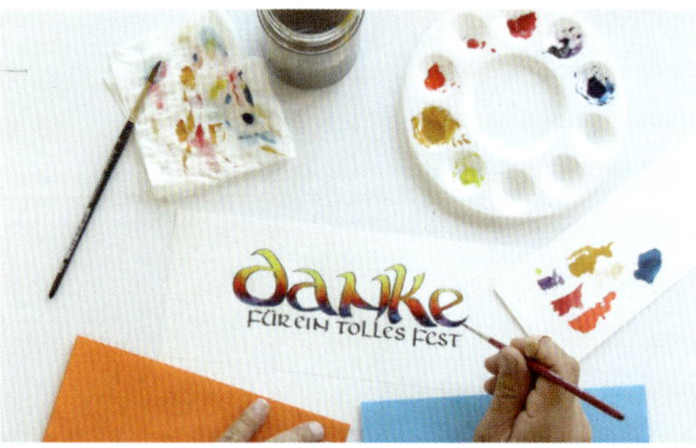


Wir lassen die Farben trocknen und schneiden unsere Karte zurecht. Die Ränder sollten großzügig gehalten werden, sodass der Schriftzug atmen und sich damit gut entfalten kann.

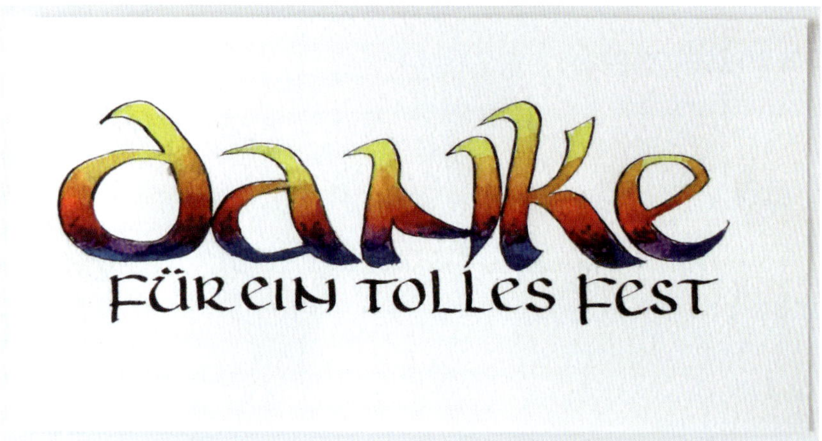

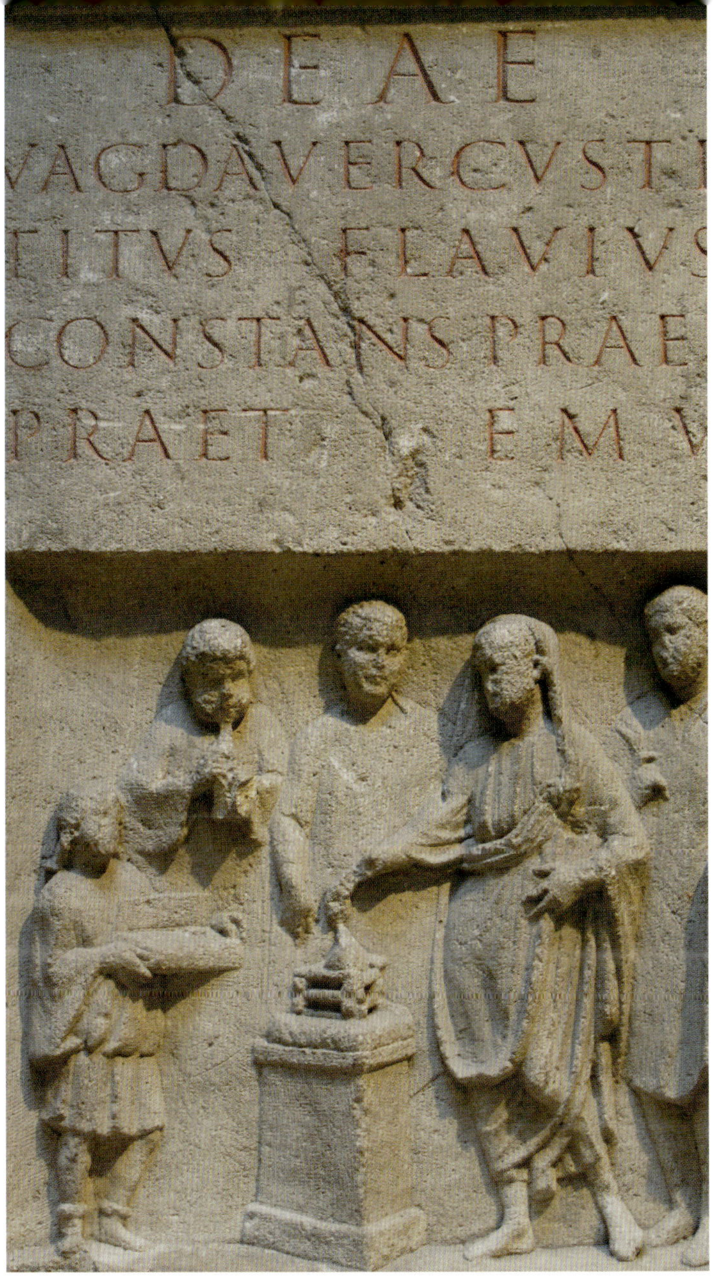


# RÖMISCHE VERSALIEN

**Die Römische Versalschrift ist eine reine Großbuchstabenschrift und die mit Abstand am besten lesbare von allen Schriften. Sie wird daher auch heute – nach fast zweitausend Jahren – noch oft verwendet: Beim Ausfüllen von Formularen, auf Grabsteinen und als monumentale Inschriften auf Kunstwerken und Bauten. Keine andere Schrift demonstriert so sehr Sachlichkeit, Macht und Eleganz. Dies ist auch der Grund, warum Behörden gerne mit Großbuchstaben arbeiten.**

Die in Stein gemeißelte Schrift mit Namen Capitalis Monumentalis hat es als damalige Amtsschrift weit gebracht: Selbst an den entferntesten Grenzen des römischen Reiches wurden in riesigen Ausmaßen in Stein geschlagene Botschaften angebracht, häufig an Bauten, und sollten den Betrachter einschüchtern und von der gewaltigen Macht und Größe Roms überzeugen. Damals wurden verhältnismäßig viele Votivsteine, Danksteine, aufgestellt, die gut erhalten geblieben sind. Der Eindruck der damaligen Macht, des Reichtums und der Würde des römischen Imperiums blieb somit über Jahrtausende erhalten.

## CAPITALIS MONVMENTALIS

Im Mittelalter benutzte man diese aus wenigen Strichen aufgebaute Schrift, um Wörter und wichtige Textabschnitte hervorzuheben. Die farbenfrohen und prunkvollen Verzierungskünste der Buchilluminatoren trugen dazu bei, dass sich römische Versalien als fester Bestandteil der Kalligraphie etablierten, wovon zahlreich erhaltene Manuskripte Zeugnis ablegen.

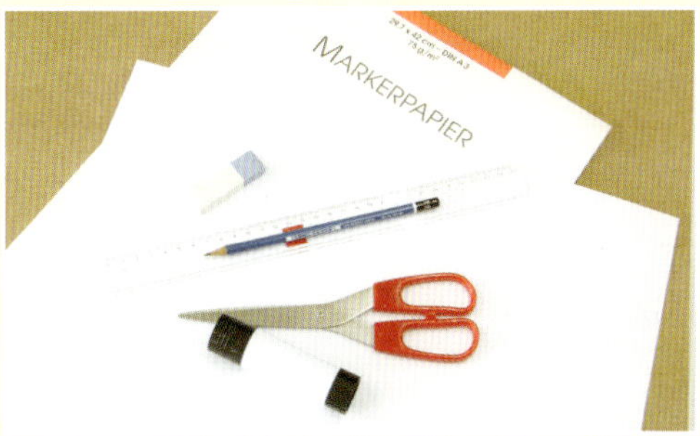


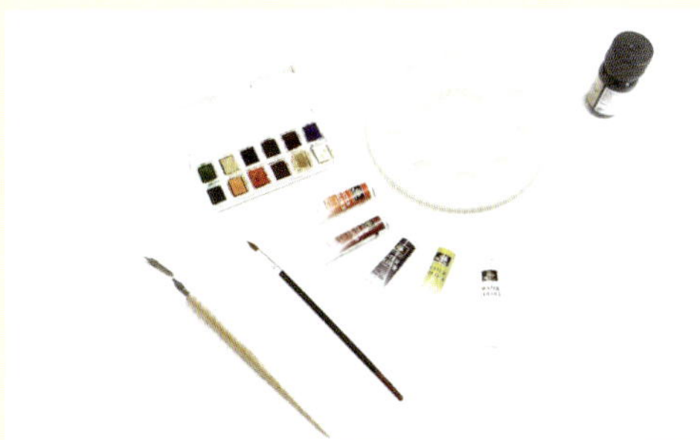

Hierzu benötigen wir:

- Reißbrett
- Layoutblock
- Zeichenkarton A4
- Bleistift
- wasserfeste Tinte oder Tusche
- langes Lineal
- Klebestift
- Schere
- feiner Haarpinsel
- verschiedene Gouachefarben
- Mischpalette
- Federhalter
- Bandzugfeder Gr. 1

# AUFBAU UND PROPORTIONEN

Römische Versalien sind leicht zu konstruieren: ein Kreis im Quadrat und Unterteilungen in Rechtecke – ein einfach anzuwendendes Prinzip. Alle Buchstaben können aus dieser Grundstruktur gebildet werden.

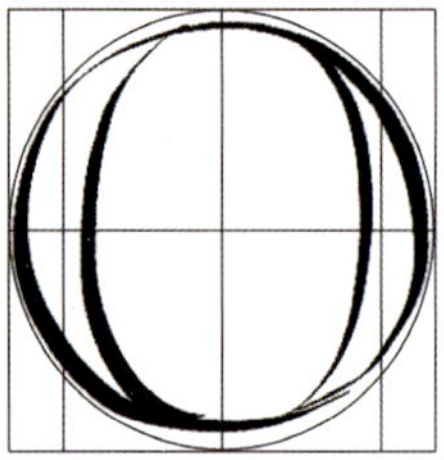

Ein Kreis im Quadrat – ein einfach anzuwendendes Prinzip. Alle Buchstaben können aus dieser Grundstruktur gebildet werden.

rechteckige Buchstaben

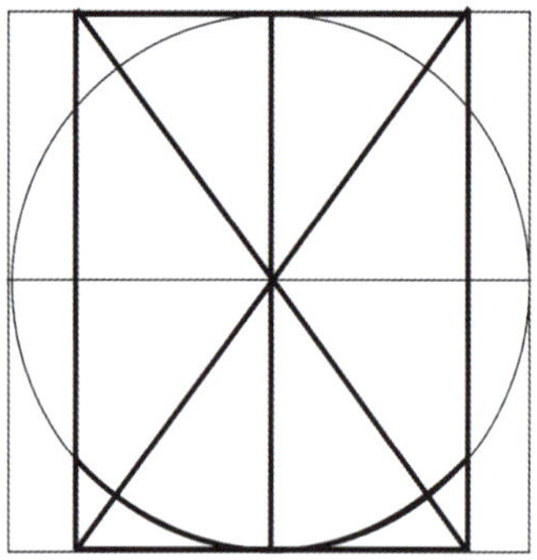

N T Z X Y U

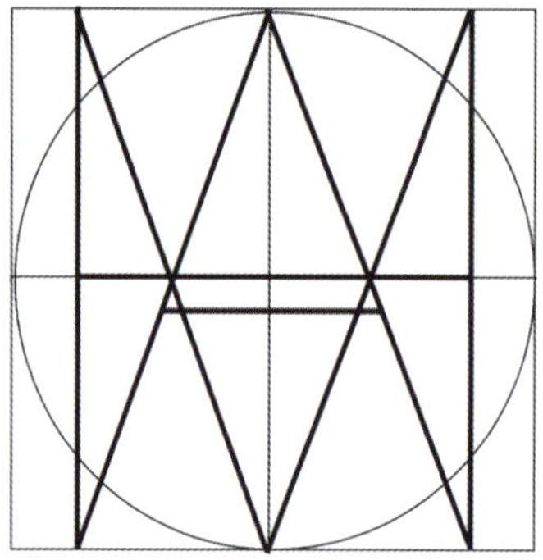

H A V

runde Buchstaben

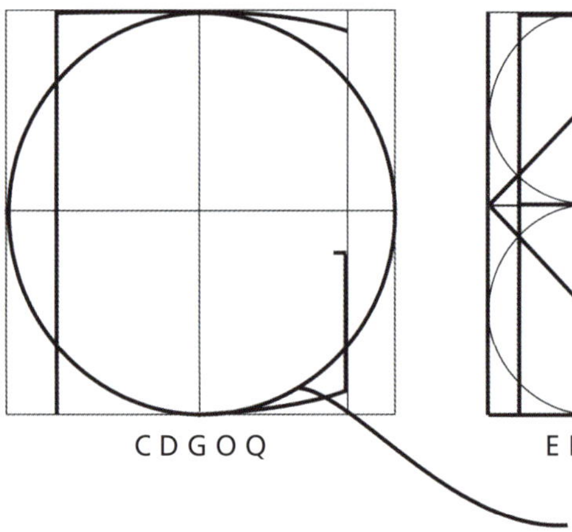

C D G O Q

schmale Buchstaben

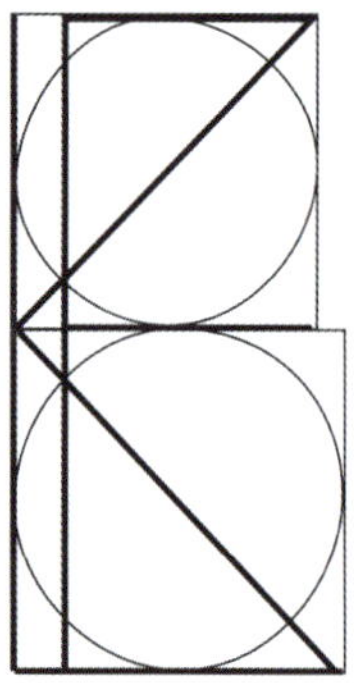

E L F K

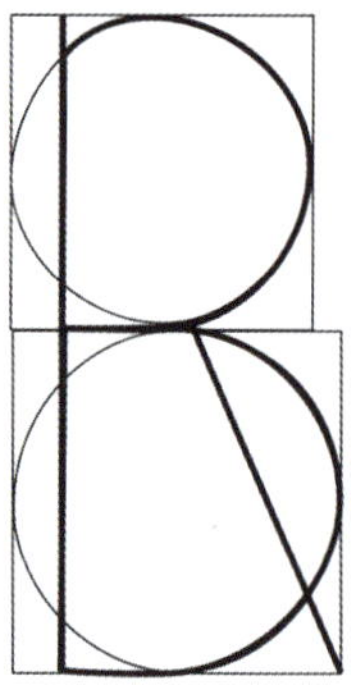

B P R

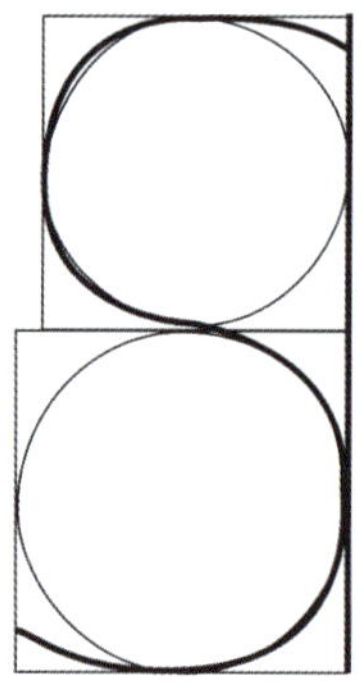

S J I

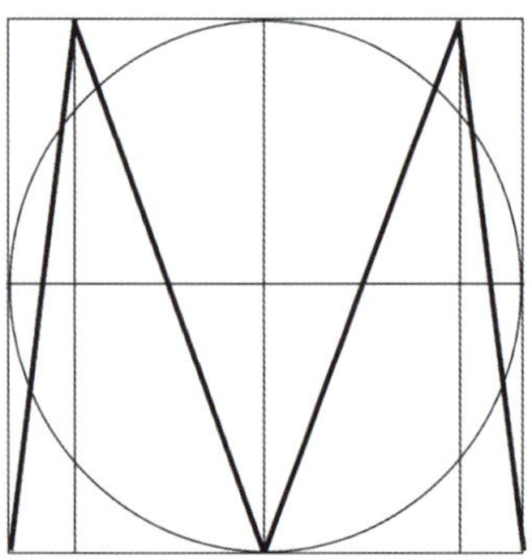

M

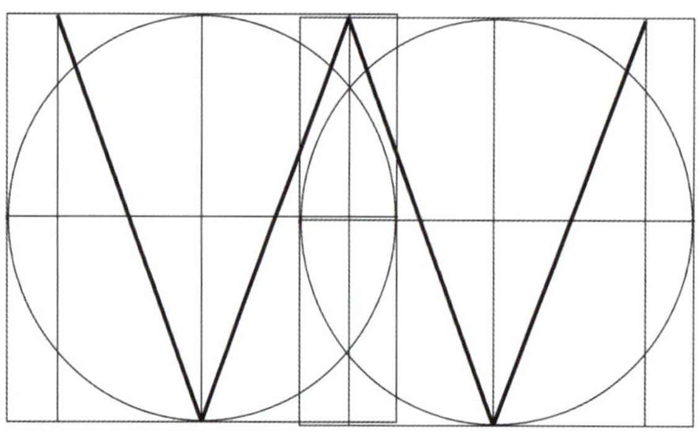

weite Buchstaben W

## Strichstärke

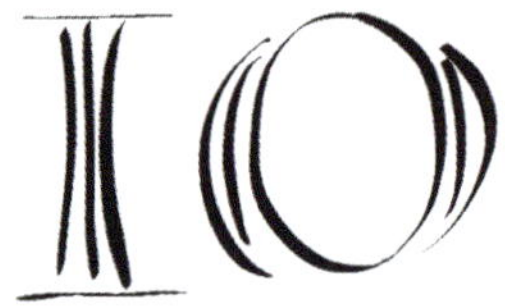

Der römische Versalbuchstabe wird mit drei Federzügen „aufgebaut“: erst die äußeren Striche, dann der mittlere, der die Lücken schließt und den Buchstaben massiv wirken lässt. Die Serifen werden als letzter Schritt mit der Zeichenfeder beigefügt.

## Zeichengröße

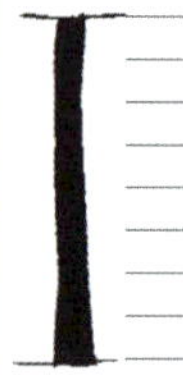

Die Buchstabenhöhe ergibt sich sozusagen aus der endgültigen Buchstabenbreite. Die Höhe der römischen Versalien ermitteln wir fast ebenso wie Zeichner, Maler und Bildhauer, die die optimale Körperlänge eines heldenhaften Menschen berechnen: acht Kopfgrößen (die normale Körpergröße beträgt siebeneinhalb Kopfgrößen). 3 Federbreiten x 8 = Zeichenhöhe

## Federhaltung

Insgesamt sollte die Feder etwas „mitgedreht“ und bei Rundungen etwas flacher gehalten werden:

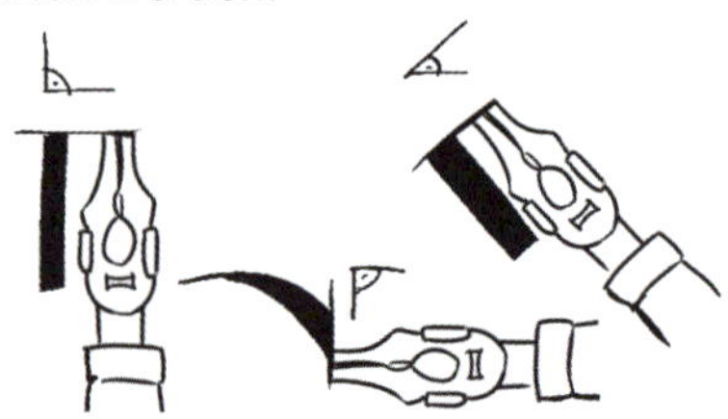

## Abstände

Bei allen Buchstabenabständen achten wir darauf, dass die Zwischenräume optisch ausgeglichen und ungefähr gleich groß sind. Optimal ist ein Abstand von fünf Achteln einer Buchstabenbreite.

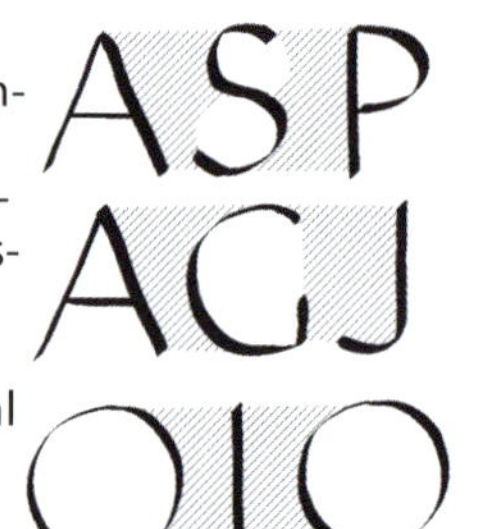

# ANLEITUNG ADRESSMITTEILUNG

Rechteckige Großbuchstaben

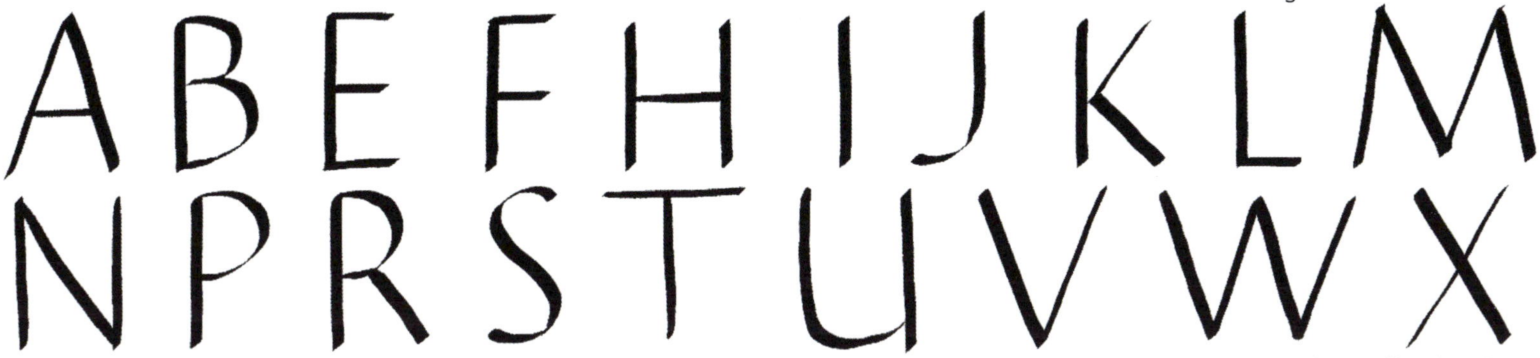

Runde Großbuchstaben

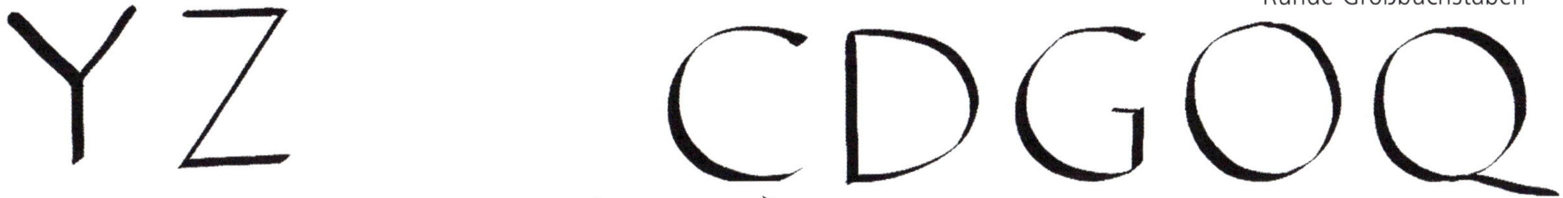

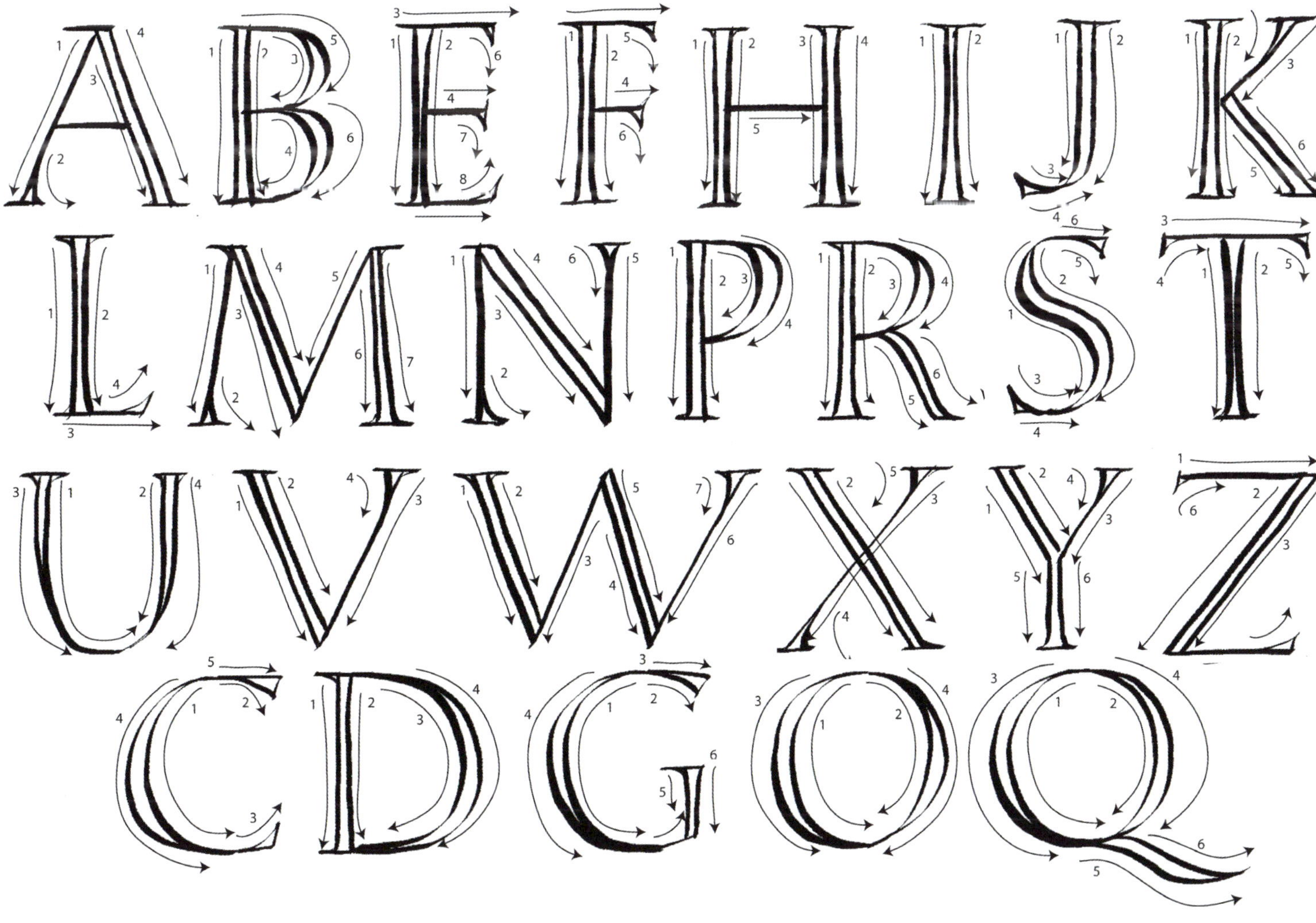

# ANLEITUNG ADRESSMITTEILUNG

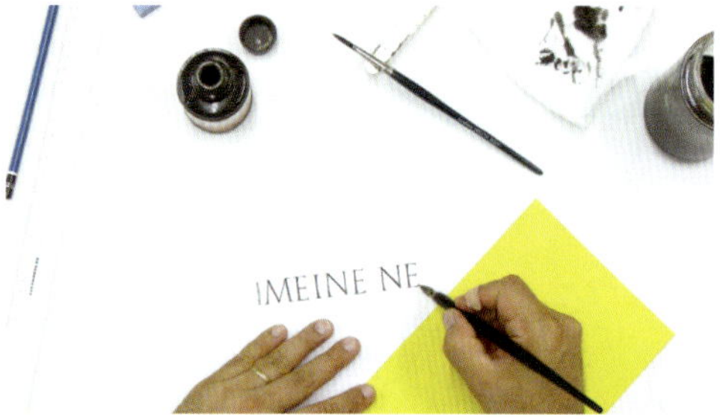


Auf Layoutpapier legen wir mit einer Feder Größe 1 die Federtreppe an und ziehen die Hilfslinien. Dann arbeiten wir die einzelnen Buchstaben Strich für Strich aus.

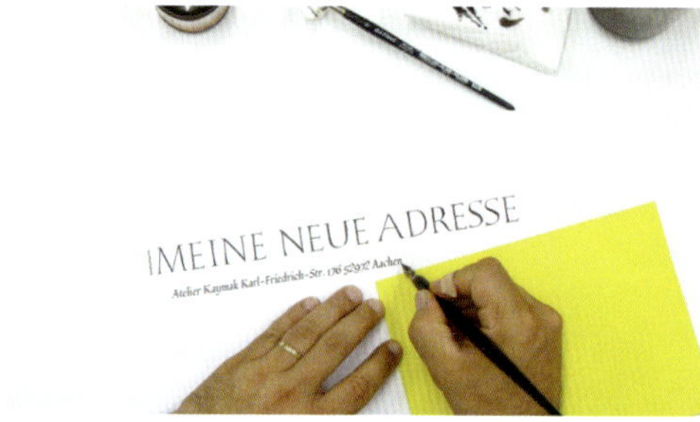


Wir schreiben alles am Stück und ergänzen noch die Adresszeile darunter, wobei wir auch hier Hilfslinien ziehen und mit der gleichen Feder in Kursiv schreiben.

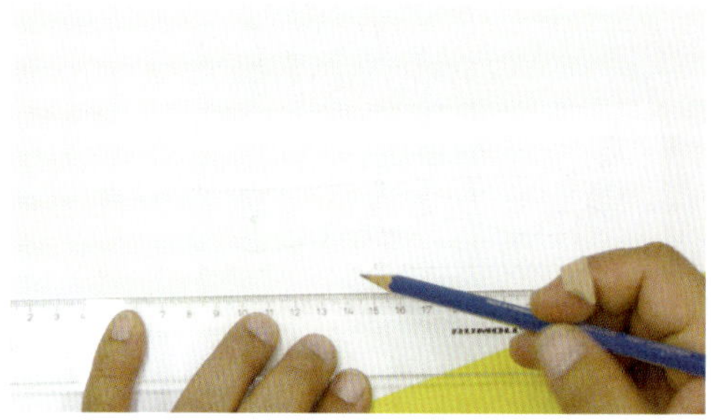

Nun nehmen wir einen zweiten Bogen Layoutpapier und entwerfen ornamentale Dekorationslinien: In die Mitte setzen wir z. B. eine Raute und ziehen von innen nach außen Linien mit dem Lineal.

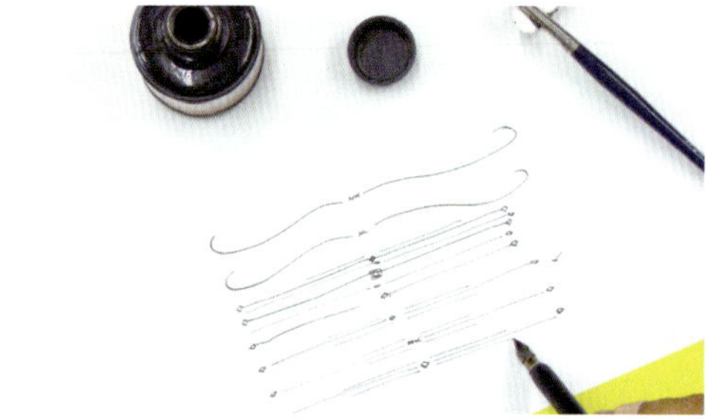

Dann arbeiten wir die Dekorationslinien und Elemente mit Zeichenfeder oder Bandzugfeder und Tusche aus. Wir legen ein paar Muster zur Auswahl an.

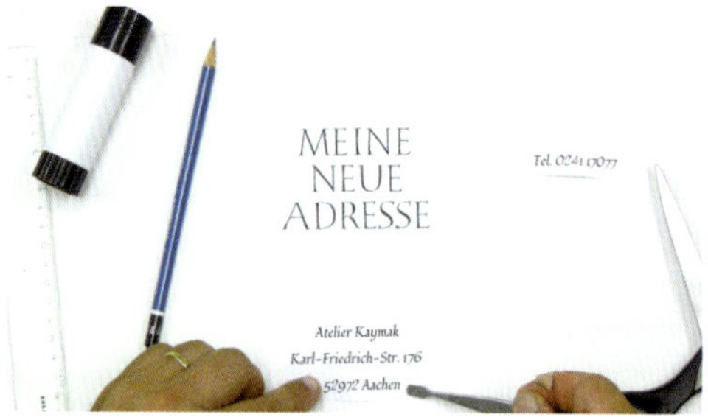


Jetzt werden alle Elemente wie gehabt ausgeschnitten, mittig gefalzt und auf ein 21 x 10,5 cm großes Rechteck mit Achsenkreuz gelegt und solange umgestellt, bis der Text „sitzt" und schließlich geklebt werden kann.

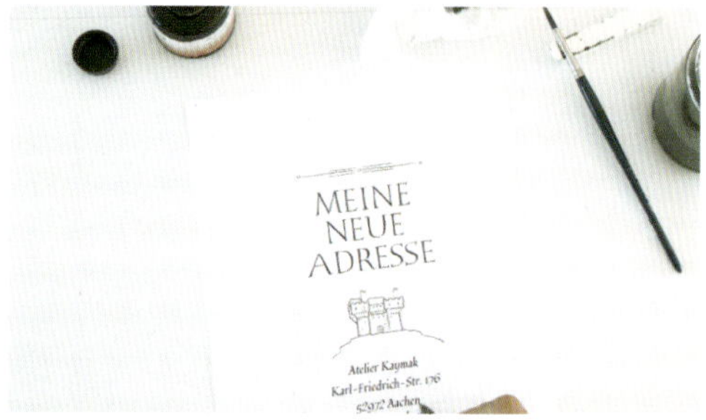


Im nächsten Schritt, der Reinausarbeitung, schreiben wir den Text auf ein neues Blatt in der richtigen Größe und vergessen dabei die Zierlinien nicht.

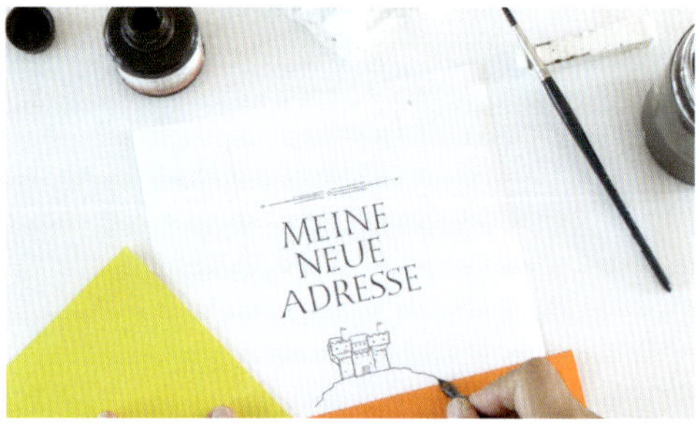


Nun fehlt noch ein optischer Aufhänger: ein hübsches Bildmotiv, das das Ganze abrundet. In diesem Beispiel verwende ich getreu der Maxime „my home is my castle" – das Symbol einer Festung. Hierzu entwerfen wir erst mit Bleistift ein Motiv, zeichnen dieses dann dünn an der passenden Stelle zwischen Versalien und Adresse vor und vervollständigen das Bild anschließend mit Feder und Tusche. Nun haben wir uns eine schöne, von Hand gemachte Kopiervorlage geschaffen.

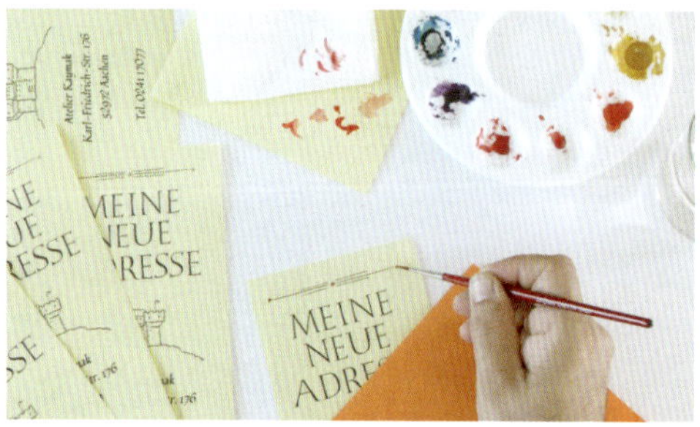

Wir können wahlweise aus einem DIN A4 Papierbogen drei Einzelkarten im Format 9,9 x 21 cm herstellen oder eine Klappkarten im Format von 9,9 x 21 cm (offen 21 x 21 cm) produzieren, die wir in der Mitte falzen. Für Ersteres kopieren wir die Vorlage dreimal, schneiden die drei Karten zurecht, kleben diese quer auf ein A4-Hochformat, das als neue Kopiervorlage dient. Damit schaffen wir beim Kopieren auf ein A4-Blatt drei Karten. Wollen wir eine DIN-lange Klappkarte, müssen wir ein A4-Blatt entsprechend klappen.

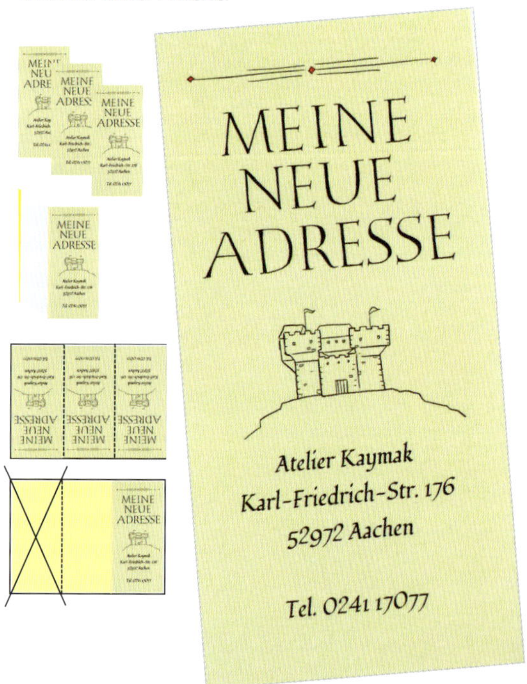

# ANGLAISE

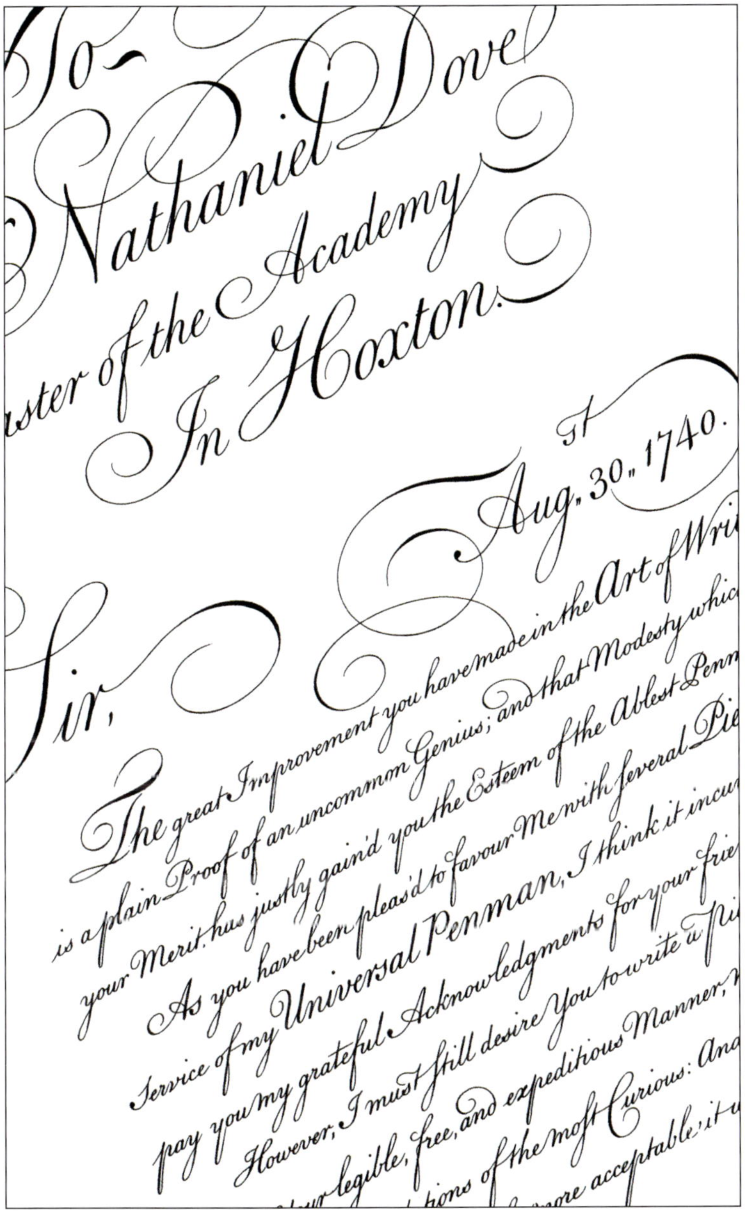


**Die Anglaise, auch „englische Schreibschrift", „Copperplate" oder „Round-Hand" genannt – wurde ursprünglich von Kupferstechern angewendet. Die durch unterschiedlichen Druck entstehende Linienführung der Kaltnadel oder Stahlsichel stand Pate für die Übernahme in die handgeschriebene Version und charakterisiert damit auch den grundlegenden Unterschied zu allen anderen Schriften.**

Die „Copperplate" wurde im 15. und 16. Jahrhundert aus der Kursive für Radierungen übernommen und weiterentwickelt und war durch die schwungvollen Betonungen der variablen Linienstärke und den verspielten Effekten sehr beliebt. Lange Zeit war es jedoch faktisch unmöglich, diese Effekte mit herkömmlichen Federn zu reproduzieren.

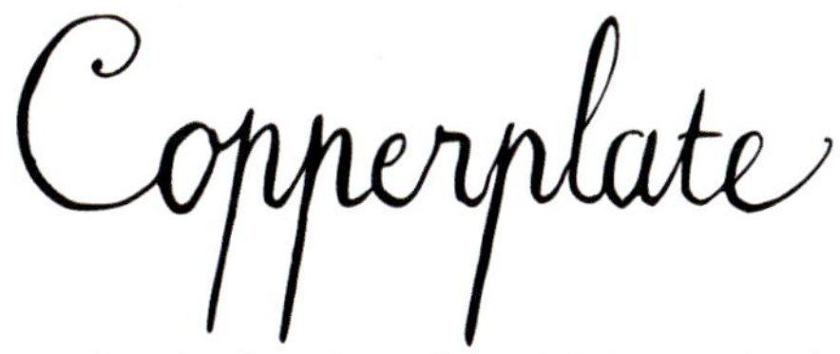


Dies lag daran, dass die damaligen Schreibfedern nicht elastisch genug waren; sie blieben, sehr zum Ärger des Schreibers, häufig am Papier hängen und ruinierten die Arbeit. Im Gegensatz hierzu konnten die Kupferstecher noch alles nachträglich ausbessern und verfeinern: Was nicht gefiel, wurde einfach abgeschliffen, Vertiefungen wurden ausgeweitet und Kanten korrigiert.

Abhilfe brachte dann aber der Einsatz der elastischen Spitzfeder aus weicherem Metall, die auch für Tuschzeichnungen verwendet wird. Nun war es plötzlich möglich – ohne mit der Feder abzusetzen – die raffiniertesten Schwünge und Schleifen durchzuführen und in Sachen Dynamik den Kupferstechern in nichts nachzustehen. Man muss sich also im Klaren darüber sein, dass man es bei der Anglaise mit der gängigen Schrift der Kupferstecher zu tun hat. Und natürlich ist diese alles andere als einfach. Die Auf- und Abschwünge können nur mit viel Übung und Erfahrung im Laufe der Zeit verbessert und entwickelt werden.

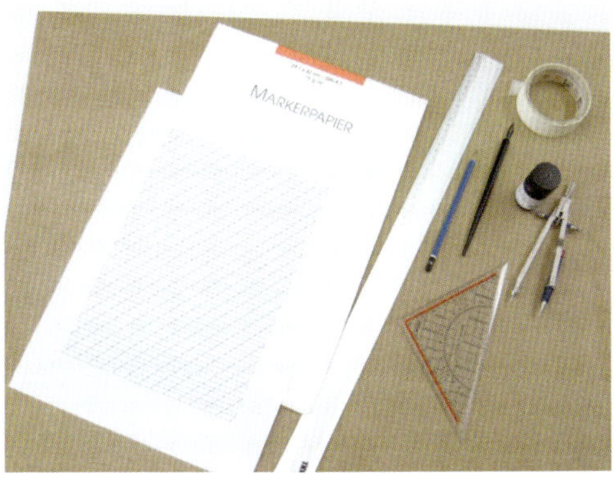


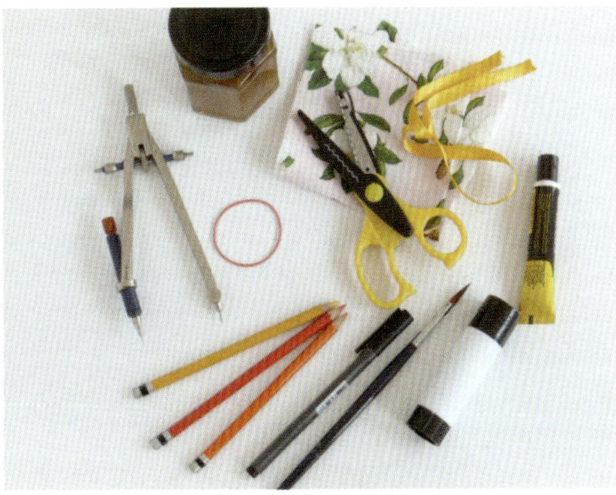

Hierzu benötigen wir:

- Reißbrett
- Unterlegblatt mit Hilfslinien
- Layoutblock
- Bleistift
- wasserfeste Tinte
- langes Lineal
- Winkeldreieck
- Klebeband
- Zeichenfeder
- wasserfesten Filzstift oder Tuschefüller
- Klebestift
- Zickzackschere
- Alleskleber
- Textilstoff 20 x 20 cm
- etwas gelbes Seidenband
- feiner Haarpinsel
- Aquarellstifte in den Farben Gelb, Orange und Rot
- Gummiring
- ein Glas Orangenkonfitüre

# BASISWISSEN

## Unterlegblatt (DIN A3)

Wir beginnen mit der Oberlängenlinie der ersten Zeile, die wir an der gewünschten Stelle des Blattes anlegen: 6 mm darunter zeichnen wir die Mittellängenlinie; 4mm darunter ziehen wir die Grundlinie und abschließend mit noch einmal 6 mm darunter die Abschlusslinie, die Unterlängenlinie. Jetzt wird es wieder einfacher. Mit dem auf 16 mm Abstand eingestellten Stechzirkel stechen wir so viele Markierungspunkte ein, wie wir Zeilen benötigen.

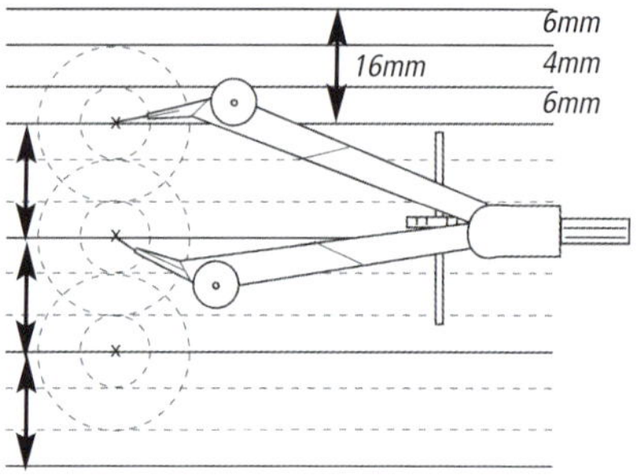


Kopiervorlage

Für die 55-Grad-Hilfslinien nehmen wir ein Geodreieck, das mit dem Nullpunkt auf dem unteren linken Eck des Blattes platziert wird.

Hier beginnen wir nun die erste Hilfslinie einzuzeichnen:

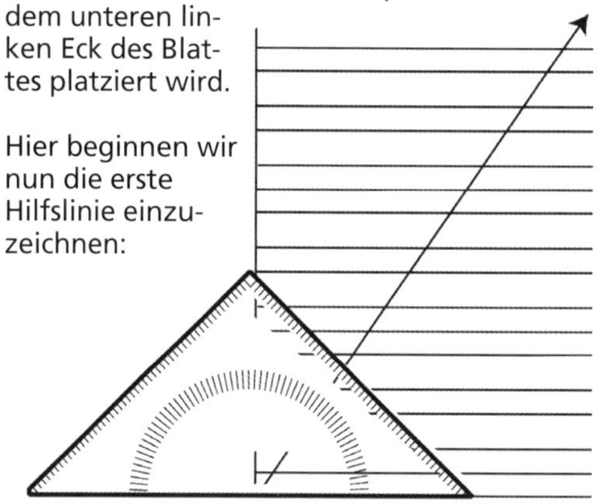

Diese erste Hilfslinie ist sehr wichtig. Sie ist die Vorlage für alle weiteren Hilfslinien, daher ist es entscheidend, sehr genau und sauber zu arbeiten. Wir nehmen nun ein großes Lineal oder eine Reißschiene und vervollständigen jetzt die Hilfslinien zu beiden Seiten hin.

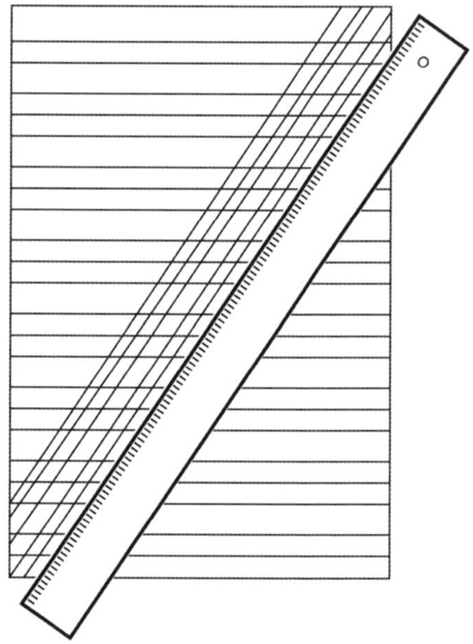

### Zeilenabstände

Da wir mit der Spitzfeder anstelle der Bandzugfeder schreiben, erübrigt sich die Federtreppe. Das Größenverhältnis von Oberlänge zu Mittellänge zu Unterlänge beträgt 3:2:3. Wir benutzen in unserem Beispiel eine Mittellänge von 4 mm sowie Ober- und Unterlänge in jeweils 6 mm Höhe. Für ein angenehmes Schreiben sollte man die Größe nicht unterschreiten. Unterlängen- und Oberlängenlinien gehen ineinander über – es gibt keinen zusätzlichen Zeilenabstand.

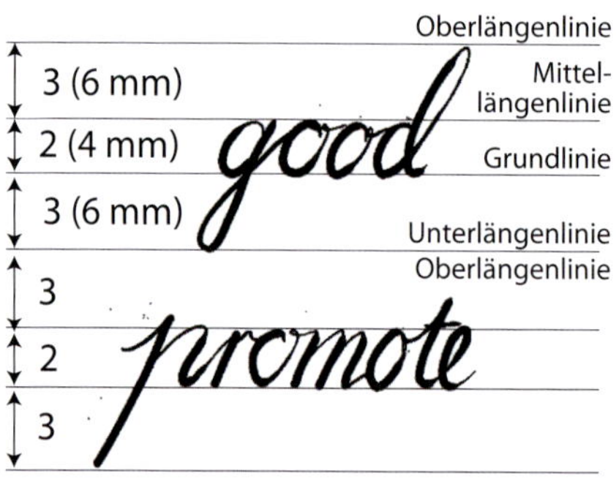


### Grundstriche der Kleinbuchstaben

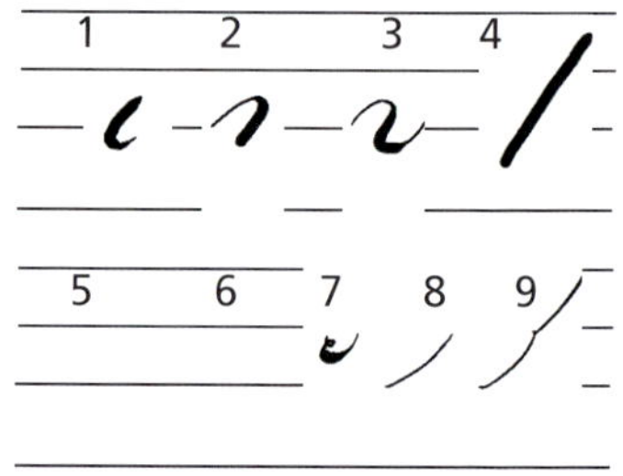


Sieben Grundstriche benötigen wir, um alle Kleinbuchstaben schreiben zu können. Wir müssen diese üben, bis sie einigermaßen sitzen und wir später entspannt und zügig schreiben können.

### GRUNDREGELN

1. Federführung immer in 55 Grad halten
2. Abstriche (Schwellstriche) nach unten mit verstärktem Druck auftragen
3. Aufstriche ohne Druck dünn nach oben ziehen
4. Die Geraden parallel halten
5. Rundungsachsen an 55-Grad-Hilfslinien ausrichten
6. Glattes Papier verwenden
7. Die gleiche Feder für alle Schriftgrößen verwenden

# TECHNIK KLEINBUCHSTABEN

Übungen Grundstriche

1) An der Mittellinie ansetzen – die Feder fest ziehen – in der Rechtswindung sanfter werden und absetzen

1 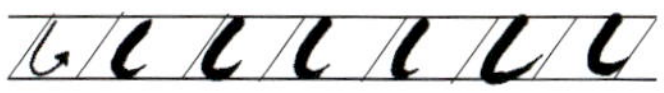

2) Aufstrich leicht in Rechtswindung schieben – beim Abstreichen fester werden und Feder zur Grundlinie ziehen

2 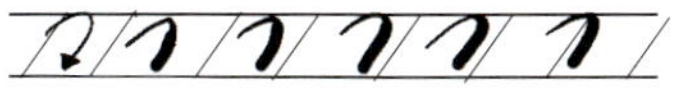

3) Kombination aus 2 und Ende von 1

3 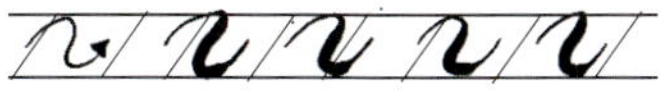

4) An Oberlängenlinie ansetzen – fest und gleichmäßig abstreichen

4 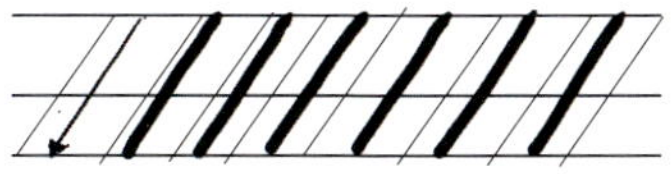

5) Unterhalb der Mittellinie ansetzen und in Linkswindung schieben – beim Abstreichen Druck erhöhen – in Rechtswindung – nach oben und Druck nachlassen – absetzen (Windungen wie in 1, 2 und 3)

5 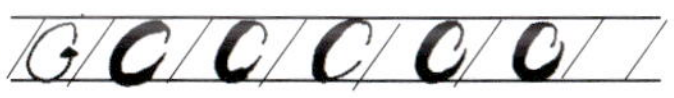

6) Auf der Mittellängenlinie beginnen und Strich wie in 4 fest abstreichen – vor Linkswindung leichter werden – nach oben schieben und vor der Grundlinie kreuzen

6 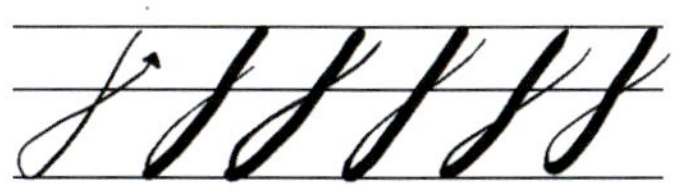

7) Feder ansetzen und leicht in Linkswindung schieben – etwas fester in die Spirale, kurz vor dem Absetzen Druck verringern

7 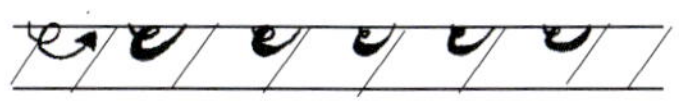

8) Grundlinie bis Mittellängenlinie: Der feine, leicht geführte Aufwärtszierstrich ist senkrechter als 55 Grad.

8 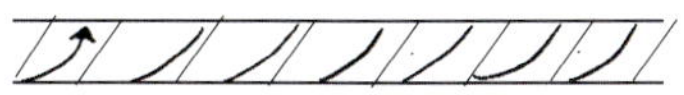

9) Wie 8 und zusätzliche Zierlinie von Mittellängenlinie bis Oberlängenlinie

9 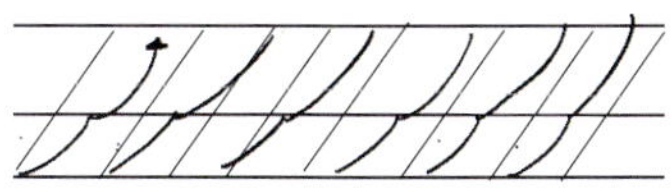

Schreibanleitung Kleinbuchstaben

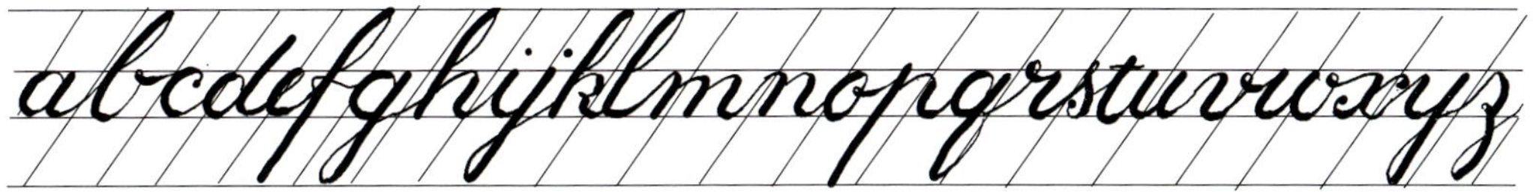

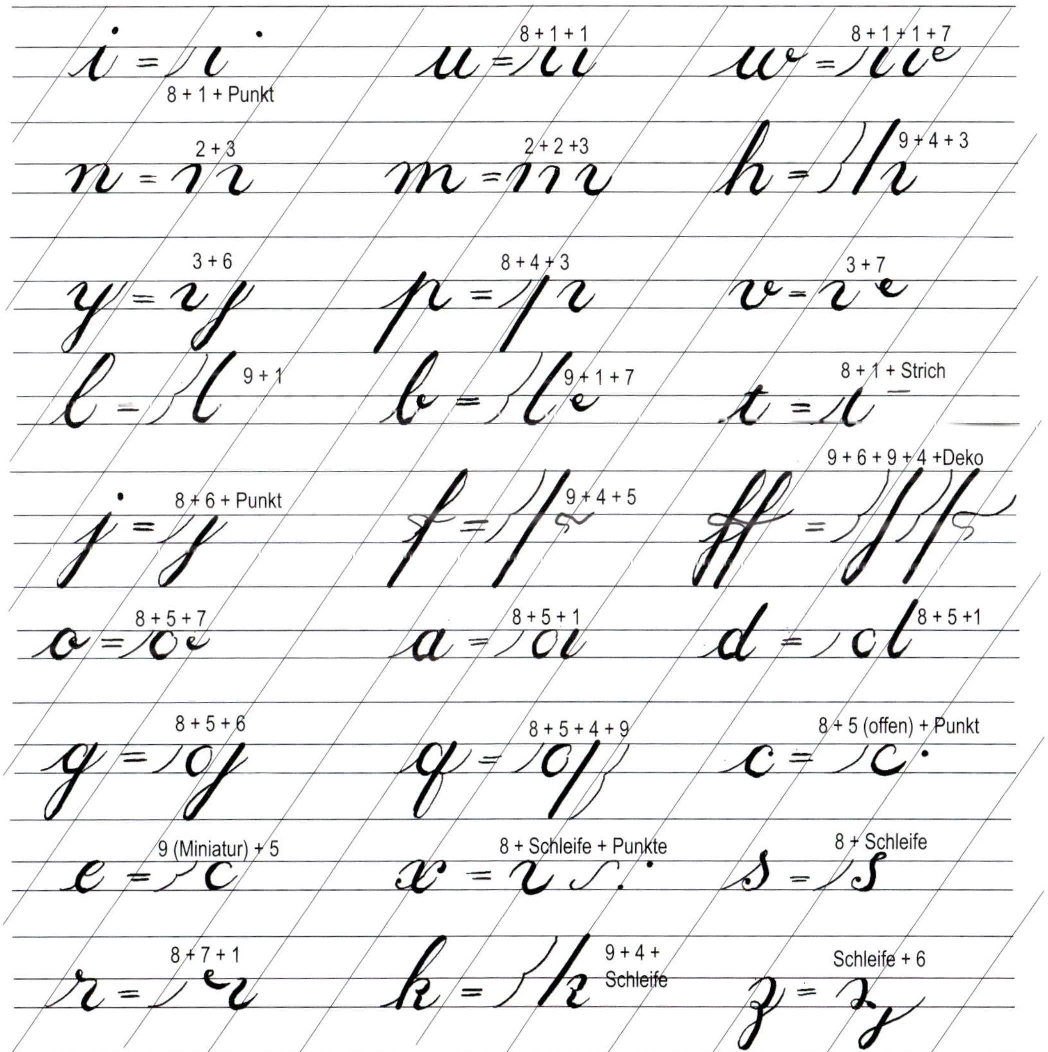


Schreibanleitung Zahlen

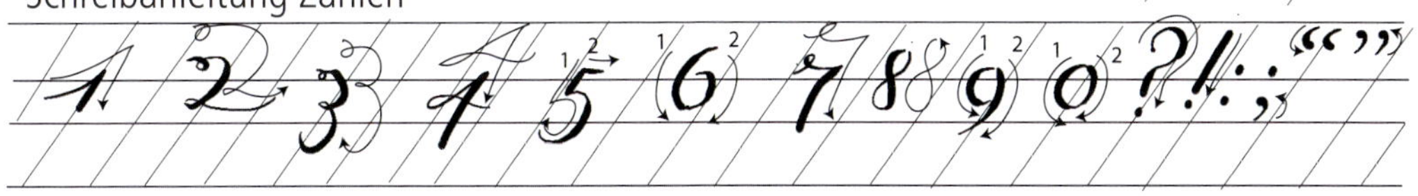

# TECHNIK GROSSBUCHSTABEN

Großbuchstaben

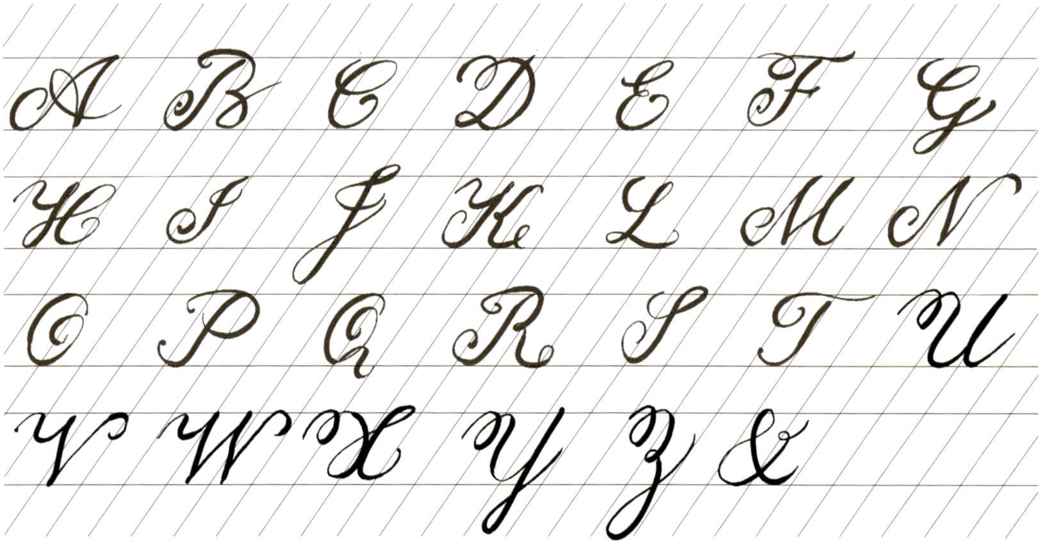

Schreibanleitung Großbuchstaben

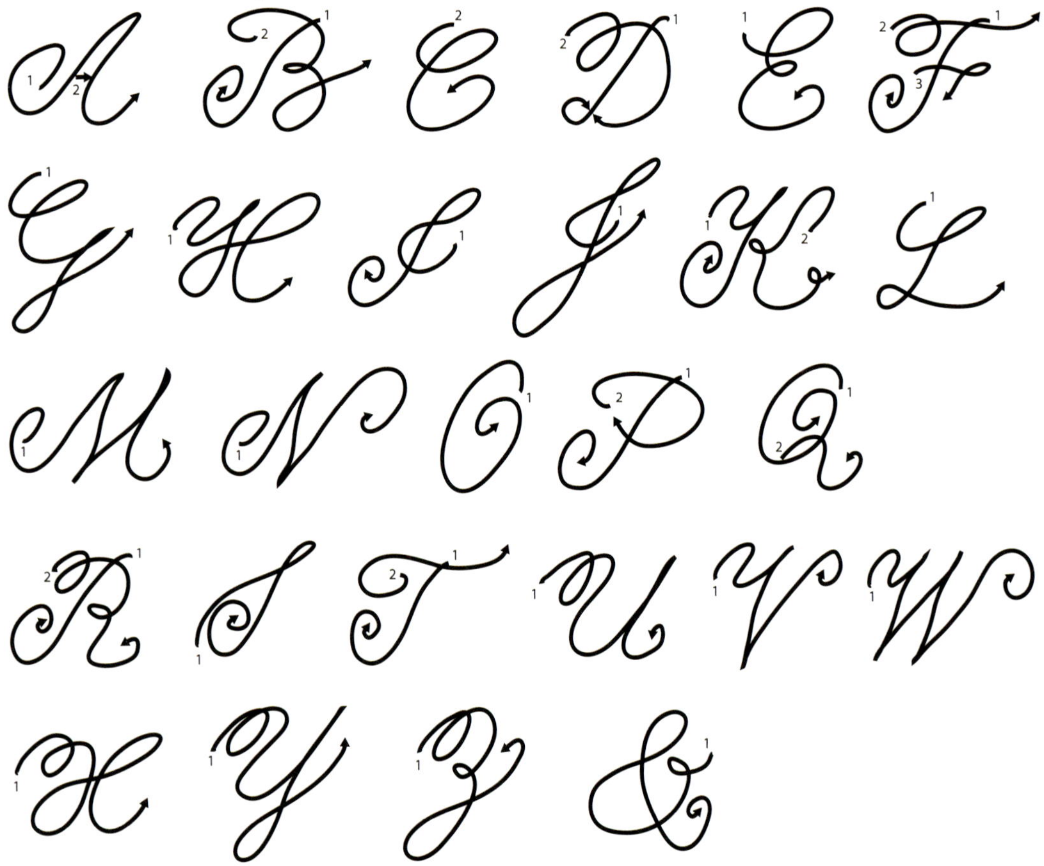

Grundstriche der Großbuchstaben

1 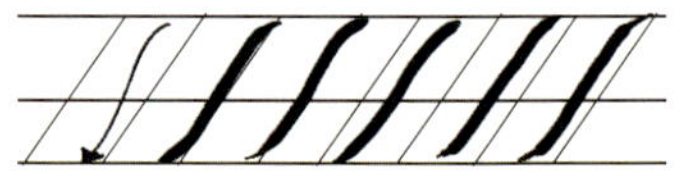

1) Dieser Grundstrich beginnt mit wenig Druck, der sofort verstärkt wird, um am unteren Ende nach links wieder abzunehmen. Prinzip: Leicht andrücken – fest ziehen – leicht aufhören

2 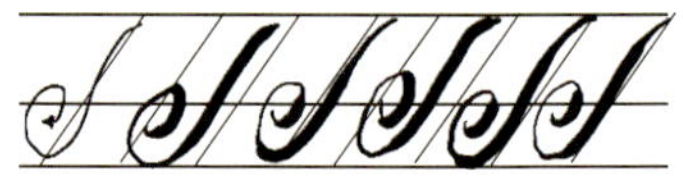

2) Wie 1, jedoch mit Linkswindung: Leicht andrücken – fest ziehen – leicht in die Rundung – fest in Schrägachse – leicht aufhören

3 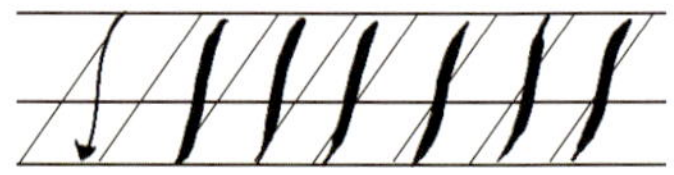

3) Etwas geradere Version von 1 und in Buchstaben M, N, W und V

4 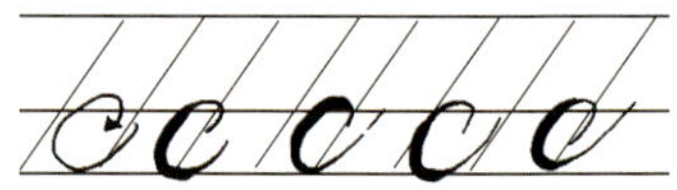

4) Linkswindung der Buchstaben A, M und N

5 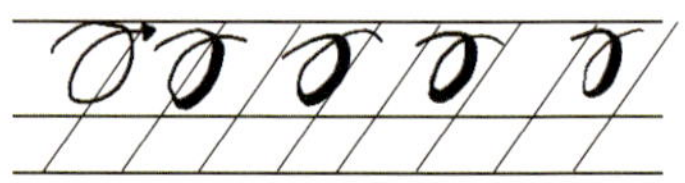

5) Rechtswindungen für B, D, F, P, R, T, X, U und Y

6 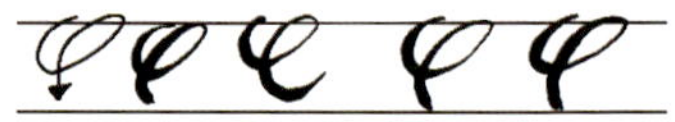

6) Rechtswindungen von C, E, G und L

7 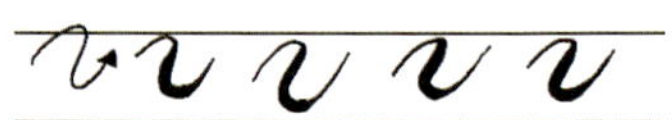

7) Wie Grundstrich 3 der Kleinbuchstaben – Schleife zu H, K, W und V

# ANLEITUNG REZEPT UND ETIKETT

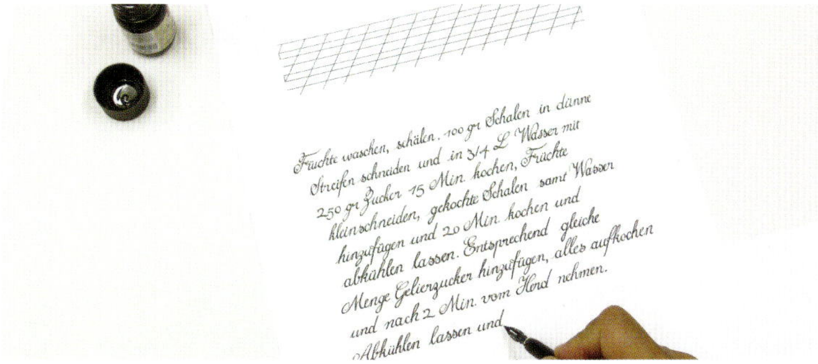

Das Unterlegblatt fertigen wir, wie zuvor beschrieben, an und legen es unter einen Bogen Layoutpapier. Wir befestigen beides mit Abdeckband, damit die Hilfslinien beim Schreiben nicht verrutschen, und schreiben den Text für unser Rezept an einem Stück nieder. Danach schneiden wir Zeilen und Wörter aus und richten diese auf einem neuen Papierbogen genauer aus, der uns als Hauptentwurf dient.

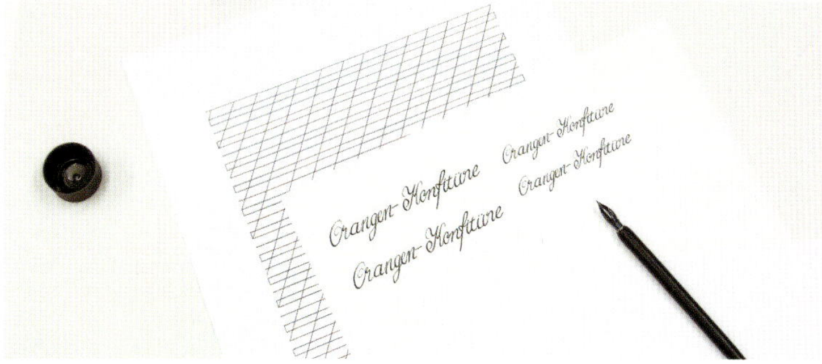

Als Nächstes schreiben wir die Überschrift in unterschiedlichen Größen, damit wir eine Auswahl haben. Dann kopieren wir die beiden Schriftarbeiten ein paar Mal und schneiden die Zeilen wieder in einzelne Streifen. Die Zeilen werden mit gleich viel Rand vor dem ersten und letzten Buchstaben gekappt, um die Papierstreifen dann wieder mittig zu falten.

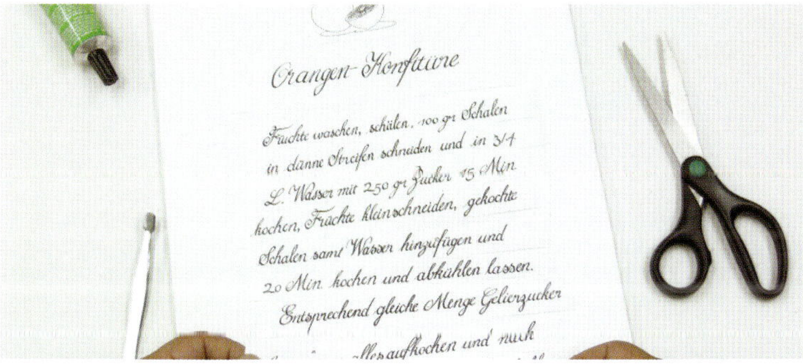

Auf einem zweiten Bogen Layoutpapier ziehen wir mit dem Bleistift eine senkrechte Mittellinie für die optische Achse und zur Orientierung. Nun legen wir beginnend mit der Überschrift die ausgeschnittenen Zeilen mit der Falzlinie genau auf die senkrechte Mittellinie und platzieren den Text als Ganzes, um anschließend die Zeilenabstände zu korrigieren. Eine Leerzeile nach der Überschrift als Platz lassen.

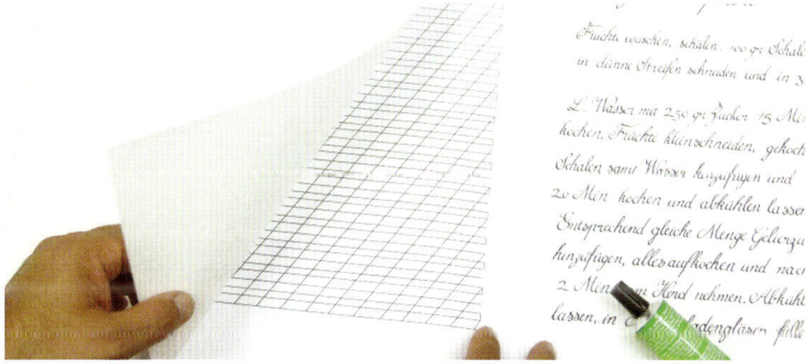

Unseren Klebeentwurf platzieren wir passend mittig auf einer neuen Seite Layoutpapier, auf dem wir zuvor wieder eine senkrechte Mittellinie gezogen und unter das wir unser Hilfslinien-Unterlegblatt gelegt haben. Jetzt haben wir einen Hauptentwurf. Es folgt die Reinausarbeitung des endgültigen Schriftblatts.

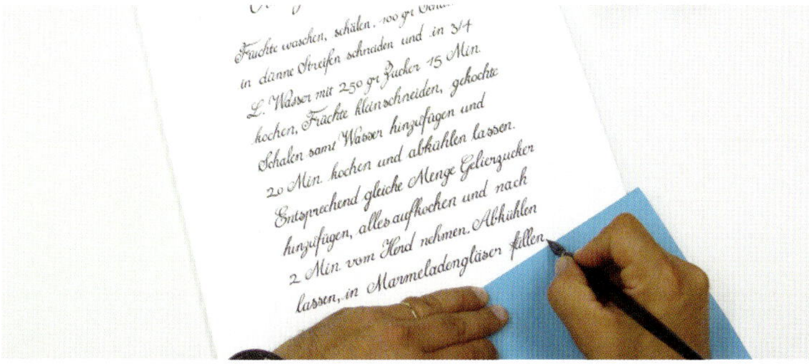

In der Reinausarbeitung können wir uns dank der Vorbereitungen ganz auf das Schreiben konzentrieren. Die Feder führen wir dabei zügig. Die zunehmende Zeilenanzahl motiviert uns beim Schreiben.

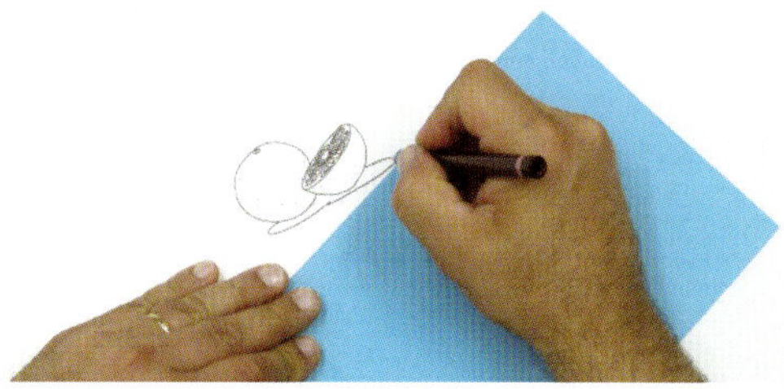

Nun fehlt noch eine Vignette in Form von Orangen. Wir zeichnen mit Bleistift einen Entwurf und zeichnen diesen anschließend mit dem wasserfesten Filzstift oder Tuschefüller ins Reine.

# ANLEITUNG REZEPT UND ETIKETT

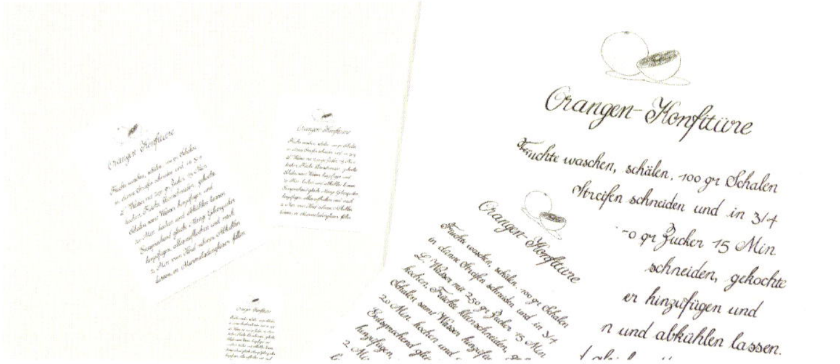


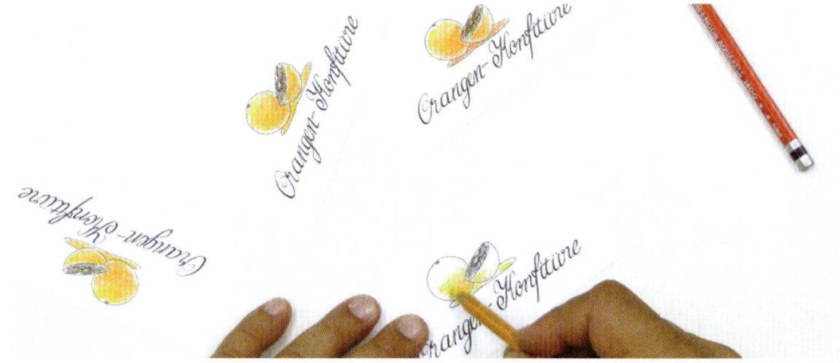

Die Vignette wird auf die richtige Größe herunterkopiert und auf das ausgearbeitete Schriftblatt an geeigneter Stelle platziert und festgeklebt. Jetzt kopieren wir das Schriftblatt auf verschiedene Größen herunter, bis wir eine kleine Auswahl haben. Das Rezept soll wegen der besseren Lesbarkeit etwa A5 groß werden. Für das Etikett auf dem Glas genügt uns ein Ausschnitt mit Überschrift und Vignette in passender Größe.

Wir kopieren uns so viele Rezepte und Etiketten, wie wir benötigen, und schneiden sie zurecht. Danach schummern wir leicht mit Aquarellstiften die Vignetten auf den Etiketten aus und lasieren die Farbe mit Haarpinsel und etwas Wasser. Wir setzen damit einen farbigen Akzent.

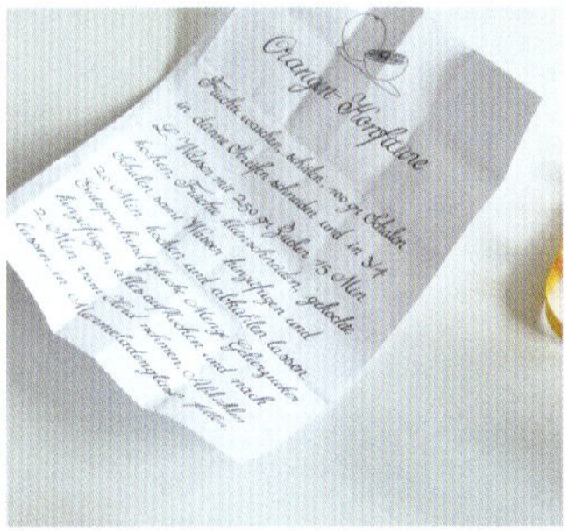

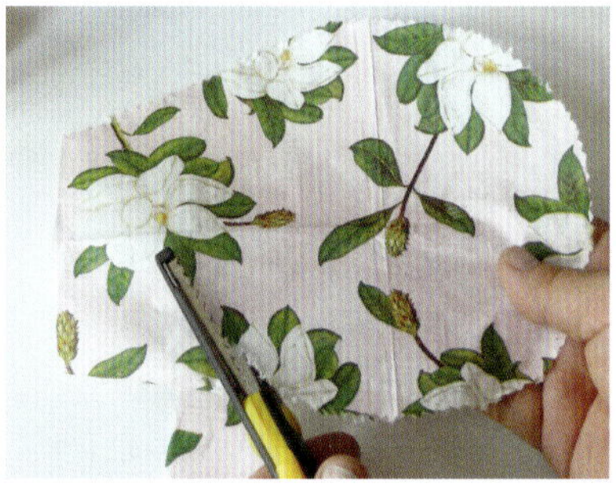

Das Rezeptblatt wird solange gefaltet, bis es bequem auf den Deckel passt. Es wird später unter den Stoff platziert. Mit dem Zirkel ziehen wir einen ausreichend großen Kreis auf das Stück Stofftuch, das wir uns ausgesucht haben – etwa doppelt so groß wie der Deckel des Konfitürenglases – und schneiden den Kreis mit der Zackenschere sauber aus.

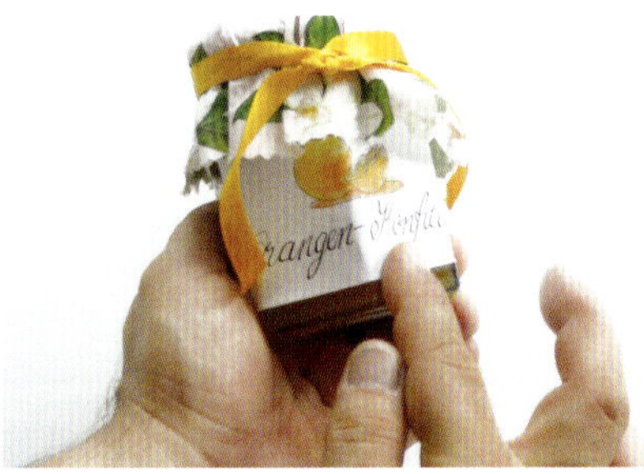

Das kleingefaltete Rezept wird auf den Deckel gelegt, worauf das Stofftuch gelegt und mit dem Gummiring fixiert wird. Jetzt binden wir das Seidenband um und kleben die fertigen Etiketten auf das Konfitürenglas.

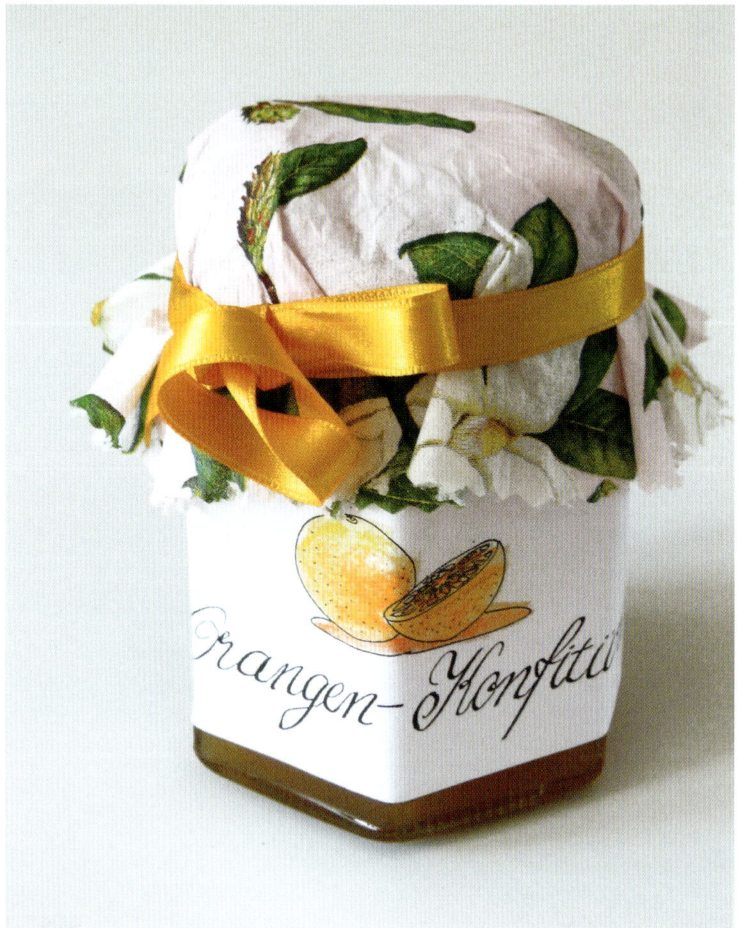

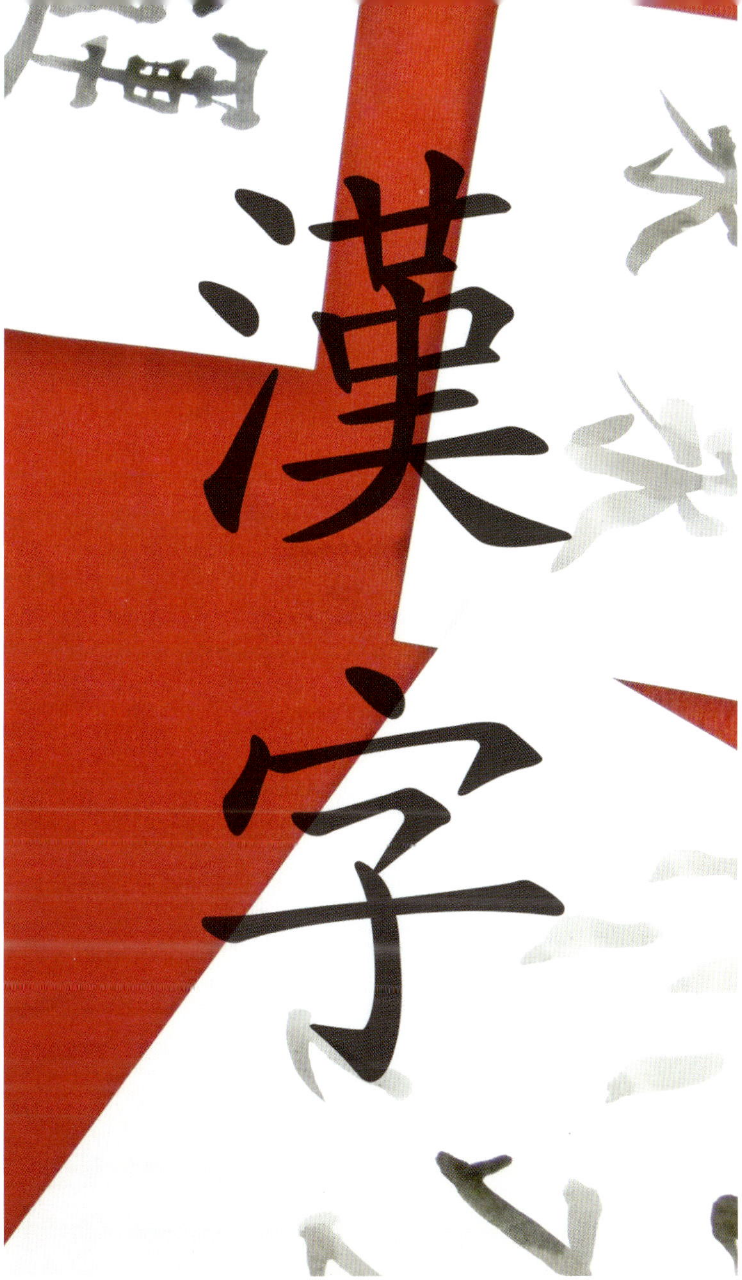


# CHINESISCHE SCHRIFTZEICHEN

**Die chinesische Schrift ist keine Schrift im üblichen Sinn; sie wird nicht aus simplen, einzelnen Buchstaben gebildet, sondern ist ein graphemisches Schriftzeichensystem, das sich aus der schriftlichen Artikulation von Phonemen, von Lautstrukturen, zusammensetzt: den kleinsten ausgesprochenen Lauten – den Silben.**

Dieses Schriftzeichensystem ist somit auch das Fundament der jahrtausendealten chinesischen Kultur und Grundlage für die japanischen Schriften Kanji, Hiragana und Katakana, für die vietnamesische Schrift sowie die koreanische Hanja. Die chinesische Schrift besteht aus rund 87.000 Wortzeichen, im täglichen Leben verwenden die meisten Chinesen jedoch „nur" drei- bis fünftausend Schriftzeichen.

Dennoch ist es eine immense Leistung, sich all diese unterschiedlichen Logogramme zu merken. Die chinesische Gesellschaft identifiziert sich stark mit ihrem Schriftzeichensystem, denn in ihm spiegelt sich die mehr als dreitausendjährige chinesische Kultur wider; zugleich ist die Beherrschung der Schriftzeichen ein Gradmesser für gesellschaftliches Ansehen. Je mehr Schriftzeichen jemand kennt, desto höher steht er auf der sozialen Leiter. In der Praxis ist es aber auch geläufig, dass einzelne Logogramme nicht nur Silben, sondern auch ganzen Wörtern entsprechen, was die Handhabung ein wenig erleichtert.

In diesem Kapitel lernen wir die „acht Prinzipien des Schriftzeichens" kennen. Sie bilden die Grundlage für die chinesische Kalligraphie und ermöglichen mit nur fünf Pinselstrichzügen die Darstellung jedes einzelnen Zeichens des gesamten chinesischen Schriftzeichensystems.

Hierzu benötigen wir:

- weiche Filzdecke für die „Tuchfühlung"
- Ziegenhaarpinsel
- chinesisches Tuschestäbchen
- Tuschestein
- Pinselbänkchen
- Marmeladenglas
- Graspapier
- Papiertücher

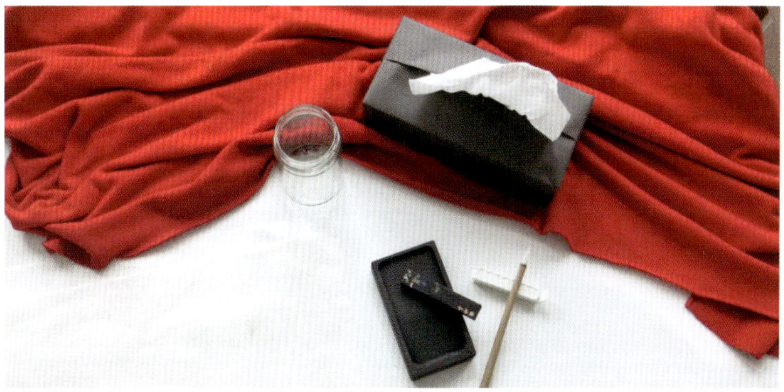

# BASISWISSEN

Was ist so besonders an der chinesischen Kalligraphie? Der Spitzpinsel wird senkrecht im 90-Grad-Winkel über dem Papier gehalten und zielstrebig und geschmeidig geführt. Da sich so der leichteste Druck auf den Pinsel überträgt, muss dies mit höchster Konzentration und Achtsamkeit ausgeführt werden.

Die Kalligraphie genießt in China einen sehr hohen Stellenwert. Es gilt als hohe Kunst, die Wortzeichen mit dem Pinsel mit viel „Qi" (Energiefluss) in eleganter Form zu Papier zu bringen. Fließt diese Energie ins geschriebene Wortzeichen, bekommt das Logogramm sozusagen Leben eingehaucht.

Oft wird ein gemaltes Bildmotiv mit Schriftzeichen kombiniert und als Gesamtkunstwerk vollendet. Die chinesische Kalligraphie hatte ihren Zenit in der Tang-Dynastie (618–907), in welcher die mit Abstand besten Arbeiten entstanden, die auch heute noch als unbezahlbare Schätze gehütet werden.

## Entwicklungsstufen des Logogramms „Pferd"

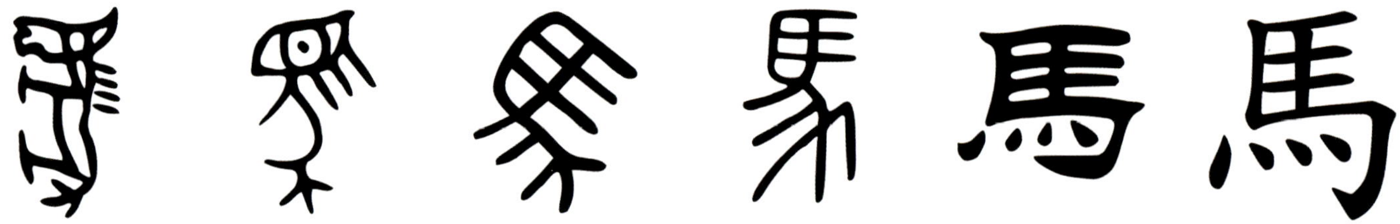

Orakelknochen | Bronzeinschrift | Größere Siegelschrift | Kleinere Siegelschrift | Kanzleischrift | Regelschrift

### Aufbau

Chinesische Schulkinder beginnen schon sehr früh damit, ihre Schriftzeichen in praktischen Quadraten auszuarbeiten, mit deren Hilfe sie dann im Laufe der Zeit das richtige Gefühl für die richtige Höhe und Breite bekommen:

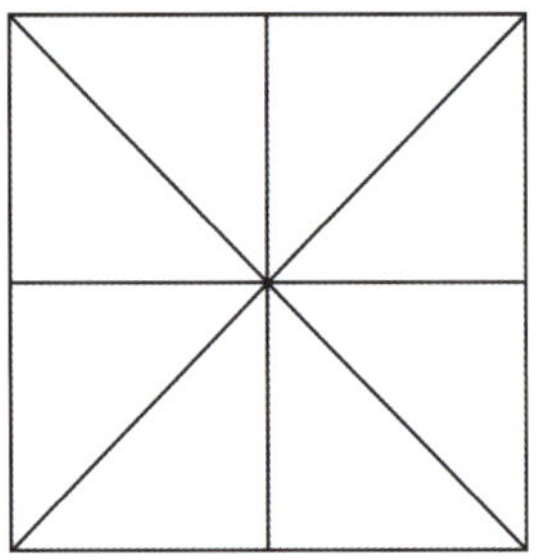

„Mi" - das „Reis"

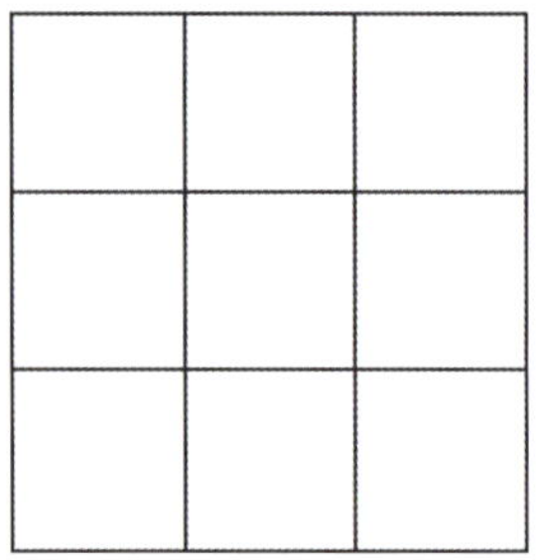

„Neun Paläste"

### Aufbewahrung und Transport der Pinsel

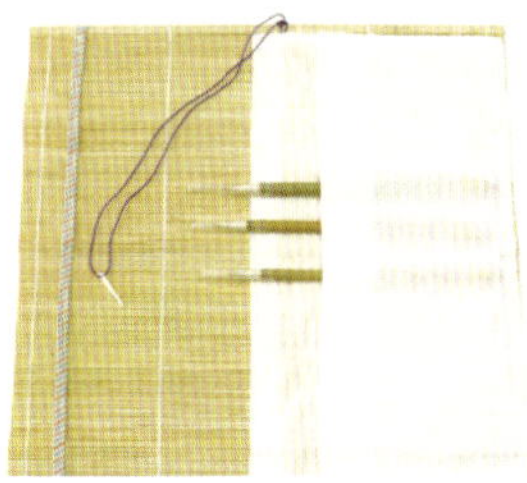

Traditionell bewahrt man chinesische Haarpinsel geschützt in luftigen Bambusmatten auf, die man platzsparend einrollen kann.

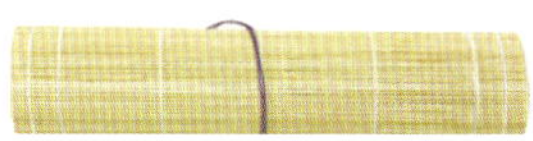

### *„Vier Schätze des Gelehrtenzimmers"*

Diese Bezeichnung, die man manchmal auch *„Vier Schätze des Studierzimmers"* nennt, stammt aus dem alten Kaiserreich China und steht für die Grundausstattung der damaligen Gelehrten, die die Schreibarbeiten übernahmen. An der Ausstattung hat sich bis heute nichts verändert: Sie besteht aus einem Haarpinsel zum Schreiben, einem Tuschestäbchen, das aus Ruß, Ölen und Lacken gepresst wird, einem Reibstein und Papier. Üblich sind auch eine weiche Decke als Unterlage, ein Wasserglas und – ganz wichtig – Papiertücher.

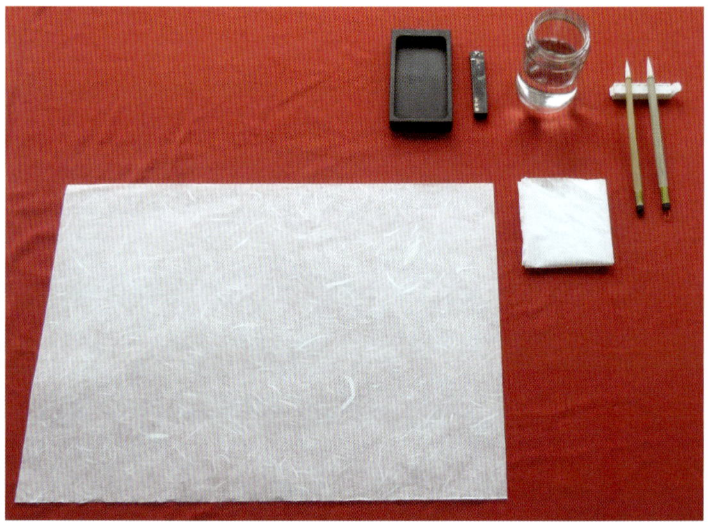

# „ACHT PRINZIPIEN DES SCHRIFTZEICHENS“

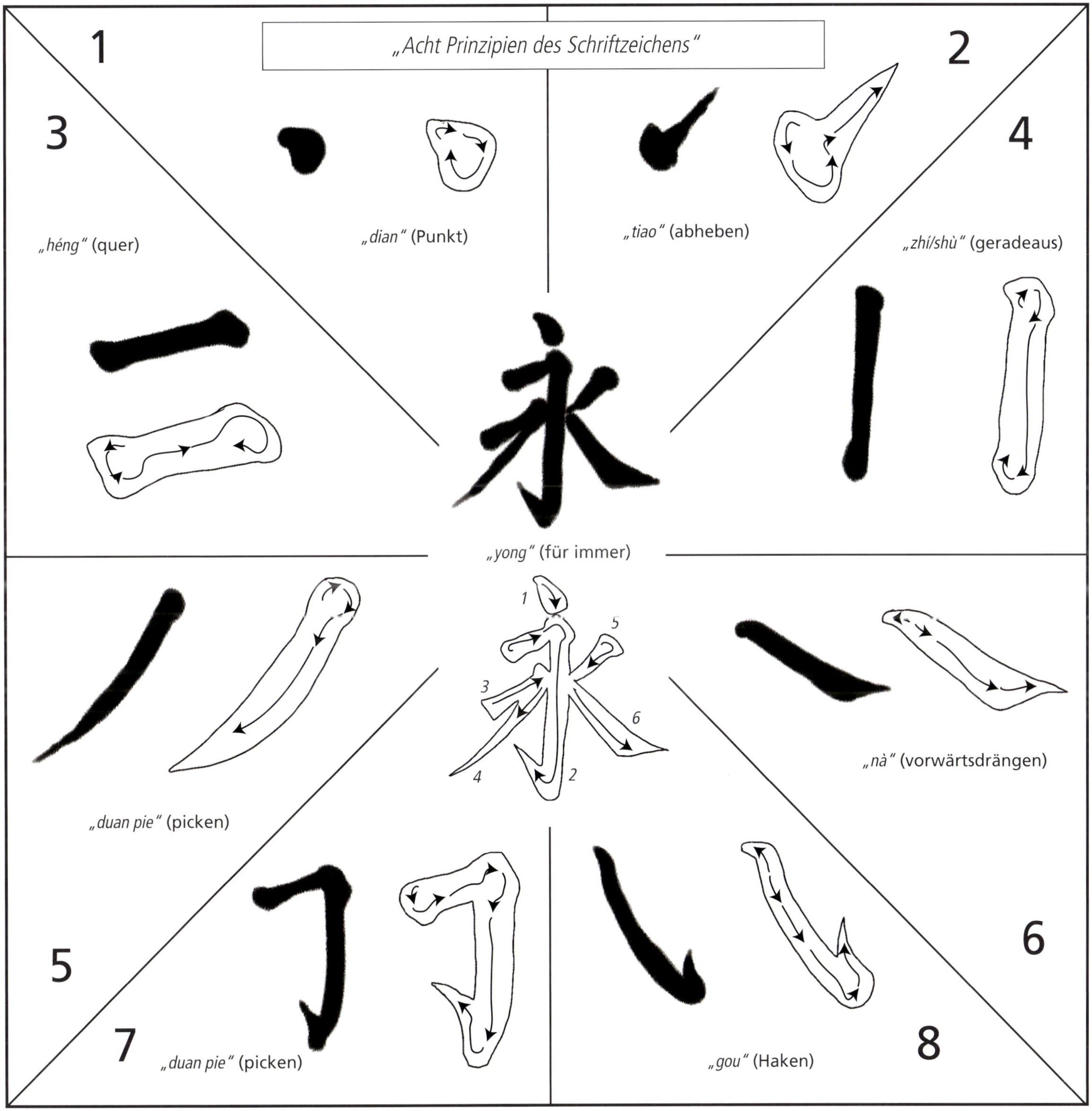

# PRAXISANLEITUNG

## Tusche

An der einfachen Methode hat sich seit tausenden Jahren nichts geändert: Einfach etwas Wasser in den Reibestein geben und das Tuschestäbchen kreisförmig reiben, bis die Tusche richtig schwarz und fast cremig ist. Optimal ist es, wenn sie nicht zu schnell vom Pinsel abläuft, aber gleichzeitig auch nicht zu zäh ist.

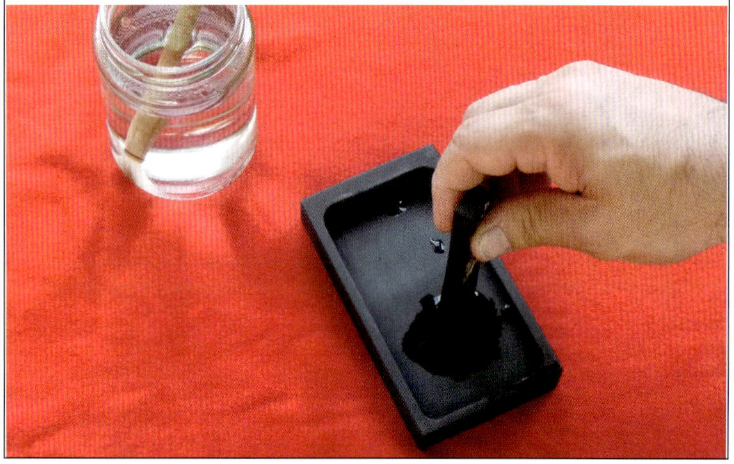

## Die Pinselführung

Wir setzen behutsam die Pinselspitze auf das Papier und fangen mit einer kurzen Gegenbewegung nach links an …

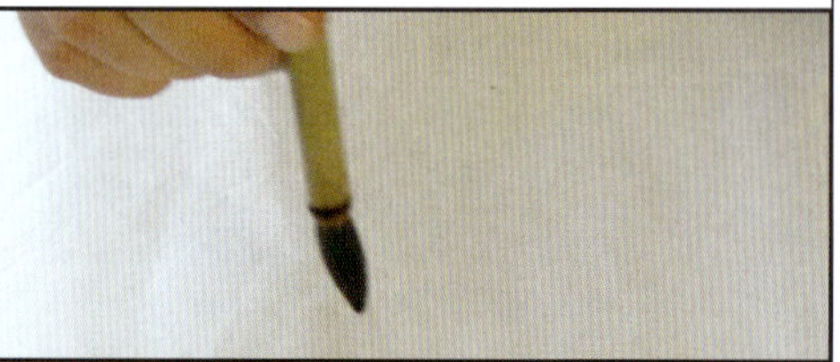

… um kurz wieder anzuheben und mit etwas Druck nach rechts zu ziehen, um den Pinsel wieder leicht anzuheben …

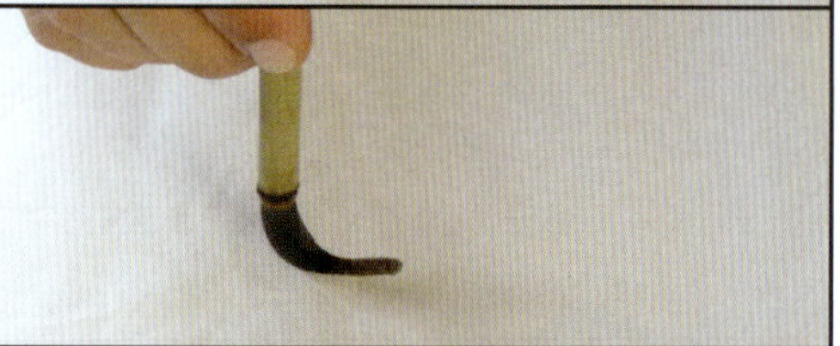

… dann aufzusetzen und wieder mit etwas Druck zurück nach links zu führen. Dieses Prinzip zieht sich fast überall durch.

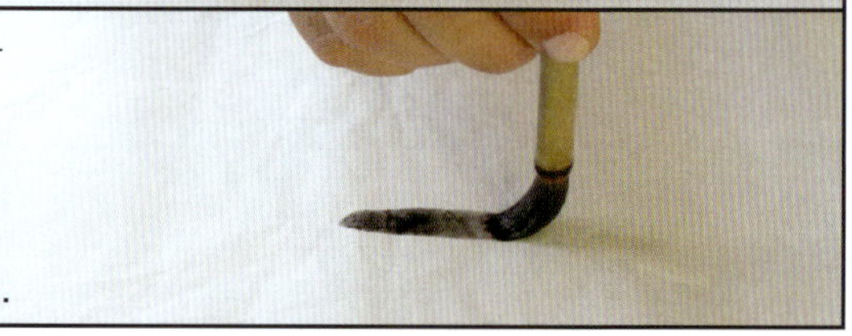

*Schreibvorlage: „Yun"* (Glück)

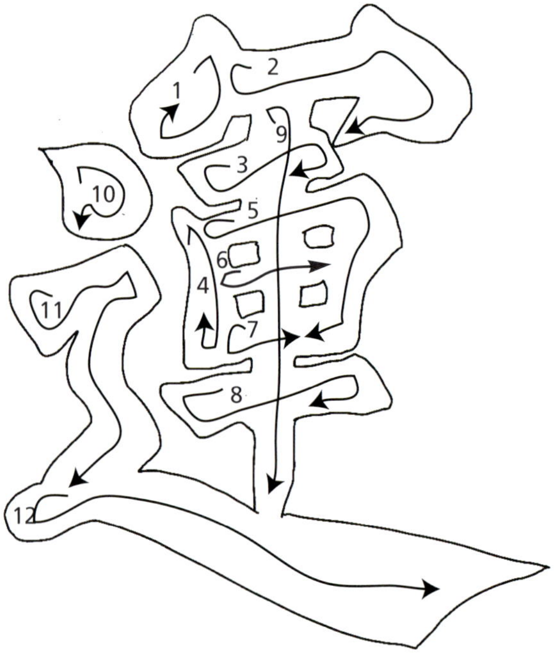


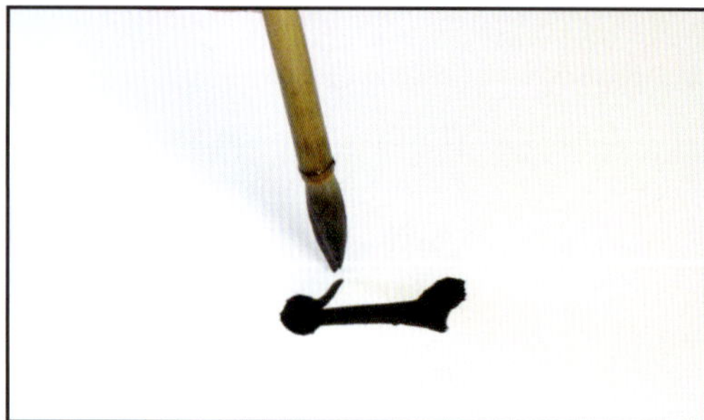

Wir beginnen wie in dem nebenstehenden Strichführungsplan mit dem Punkt bei eins. Wichtig ist bei der Ausführung die konzentrierte Pinselführung …

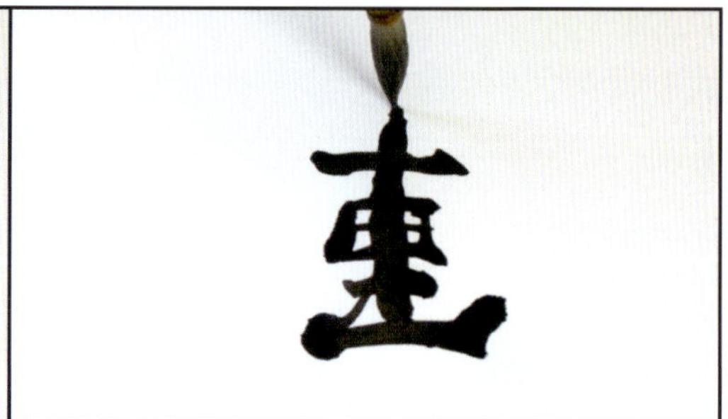

… weil sich die kleinste Unruhe sofort im Strich bemerkbar macht. Daher wird die chinesische Kalligraphie als spirituelle Form geachtet …

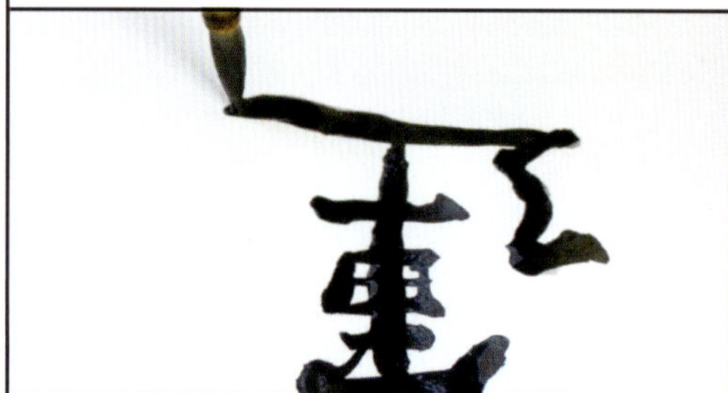

… und Zen-artig zelebriert. Der hohe gesellschaftliche Stellenwert der Kalligraphie ist für uns nur schwer nachzuvollziehen.

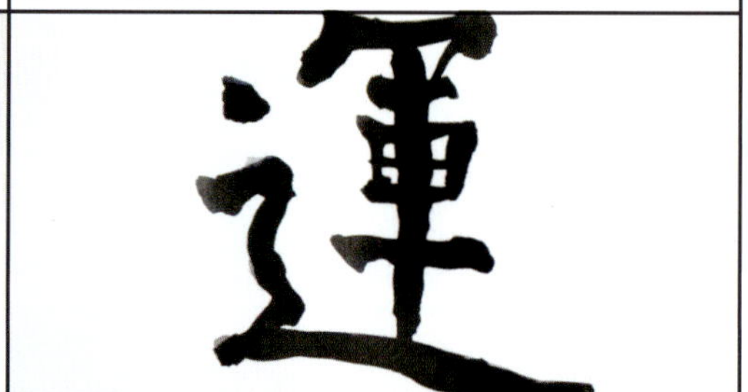

Für die Meisterschaft bedarf es sehr viel Erfahrung und jahrelange Übung, und die Meister der chinesischen Kalligraphie genießen große Bewunderung.

# ALTERNATIVE FEDERN

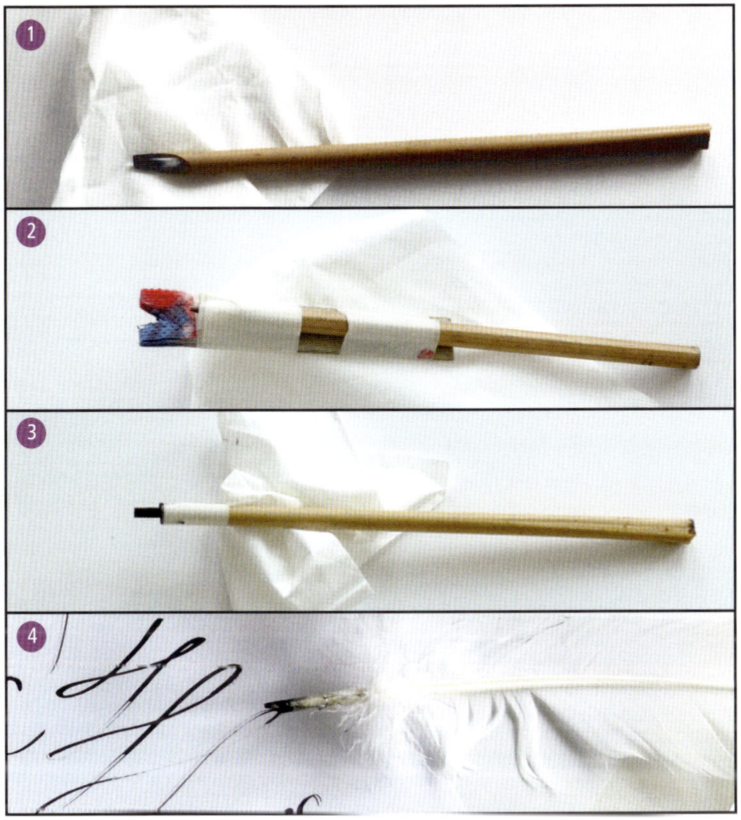

Eine Schriftarbeit gilt erst dann als richtig gelungen, wenn sie in entsprechend passender Form wiedergegeben wird. Man kann aber mit Einfallsreichtum und Experimentierfreude statt der gewohnten Feder alternative Schreibutensilien herstellen, die unsere Schriftarbeiten buchstäblich bereichern.

In frühen Zeiten stand die Qual der Wahl nicht so sehr im Vordergrund, was die Auswahl an Schreibutensilien betraf. Man benutzte das, was unmittelbar in der Umgebung zur Verfügung stand. So behalfen sich beispielsweise die Papyrusschreiber im alten Ägypten mit dem überall am Nilufer verfügbaren Schilfrohr, das schnell und kostenlos zur Schreibfeder geschnitzt und präpariert wurde. Im Mittelalter mussten Gänse Federn lassen, denn man fand schnell heraus, dass sich Gefiederfedern ganz hervorragend als Schreibfedern machten und zudem elegant schick aussahen. Man experimentierte also viele Jahrhunderte mit unterschiedlichen Materialien, bis die ersten aus härterem Metall angefertigten Schreibfedern – abgeleitet aus den Stechmeißeln der Kupferstecher – neuen Schwung in die Sache brachten.

Im 18. Jahrhundert manifestierte sich so die Schreibfeder in metallener Form und wurde in den unterschiedlichsten Ausführungen angefertigt. Heute gibt es zwar kalligraphische Tuschefüller mit Patronen, doch die simple Form der Feder mit ihrer einfachen Handhabung bleibt, was das Preis-Leistungsverhältnis betrifft, ungeschlagen. Wir beschäftigen uns in diesem Kapitel also wieder mit den ursprünglichen und in Vergessenheit geratenen Methoden des Herstellens von alternativen Schreibfedern, die nicht nur sehr preiswert sind, sondern auch tolle Ergebnisse erzielen.

Folgende Schreibfedern stellen wir auf den nächsten Seiten her:
eine Bambus-Rohrfeder (1), eine Schwammtuch-Feder (2), eine Holzfurnier-Feder (3), einen klassischen Gänsekiel (4).

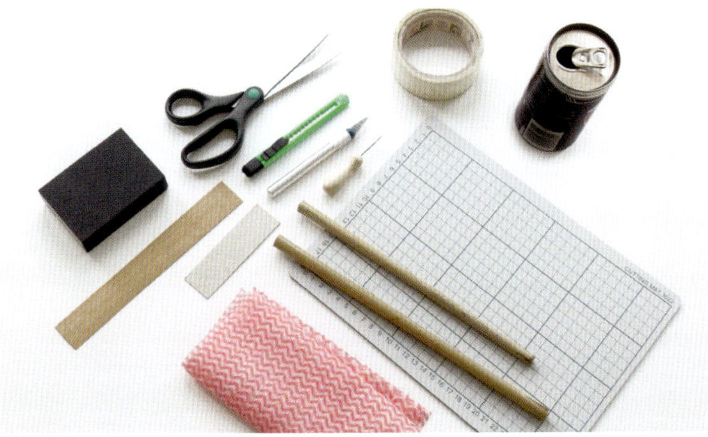

**Hierzu benötigen wir:**

- eine weiche Filzdecke
- für die "Tuchfühlung" Ziegenhaarpinsel
- chinesisches Tuschestäbchen
- Tuschestein
- Pinselbänckchen
- Marmeladenglas
- Graspapier
- Papiertücher

# ALTERNATIVE FEDERN

## Bambus-Rohrfeder

Materialien: Schneidematte, Schneidemesser, Skalpell, Schere, Bambusrohr, Priem (Ahle), Aluminiumdose

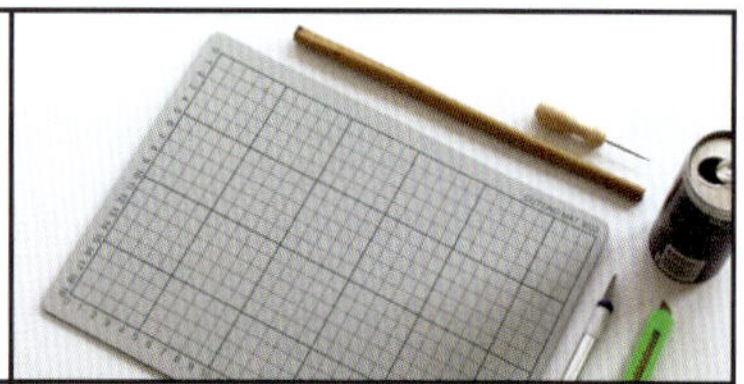

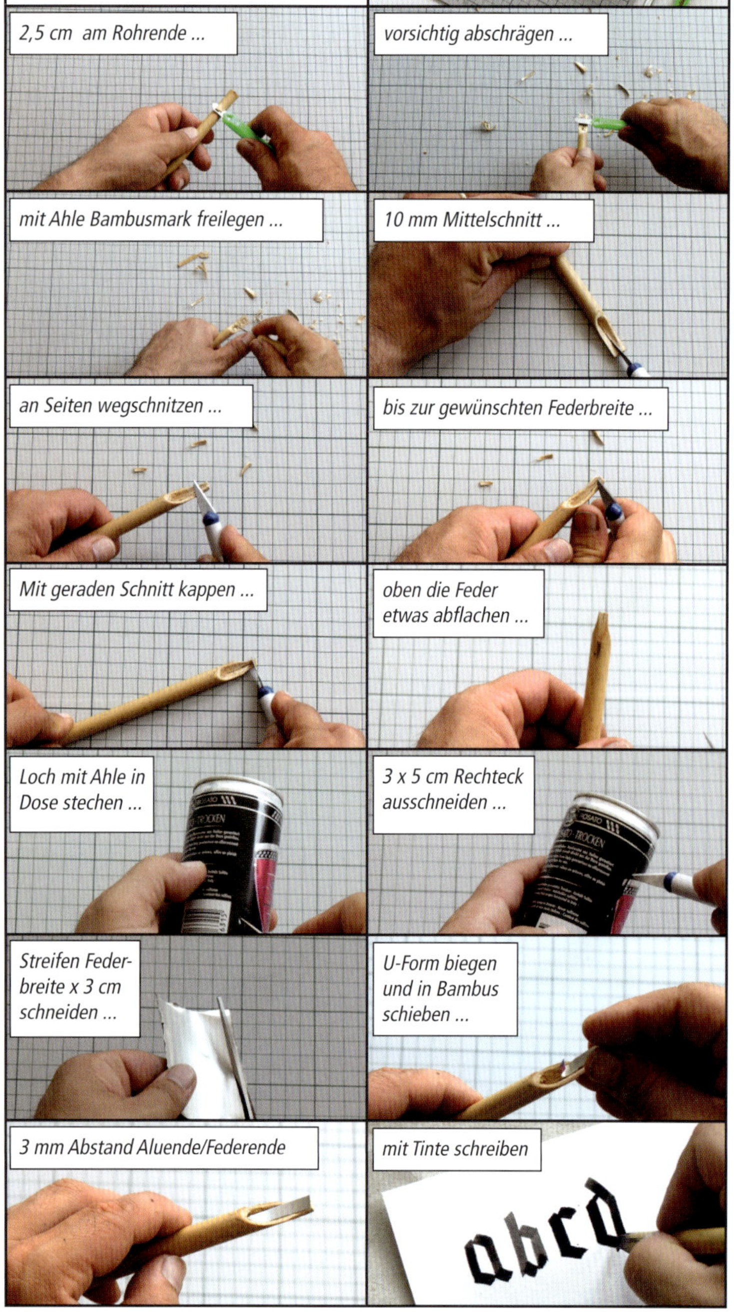


## Schwammtuch-Feder

Materialien: Schneidematte, Graukarton 30 x 100 mm, Skalpell, dünnes Küchenschwammtuch, Klebeband, Bleistift

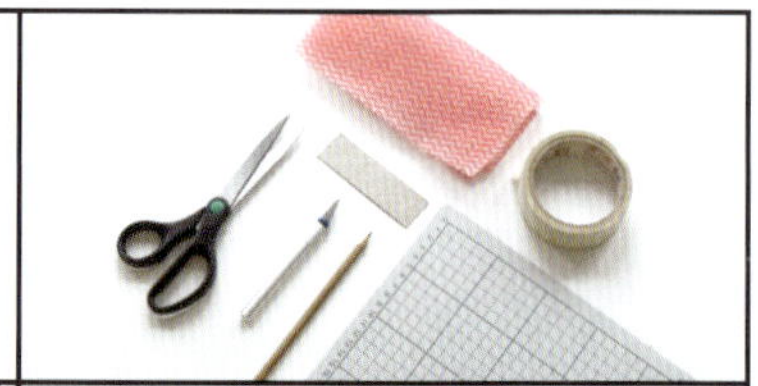

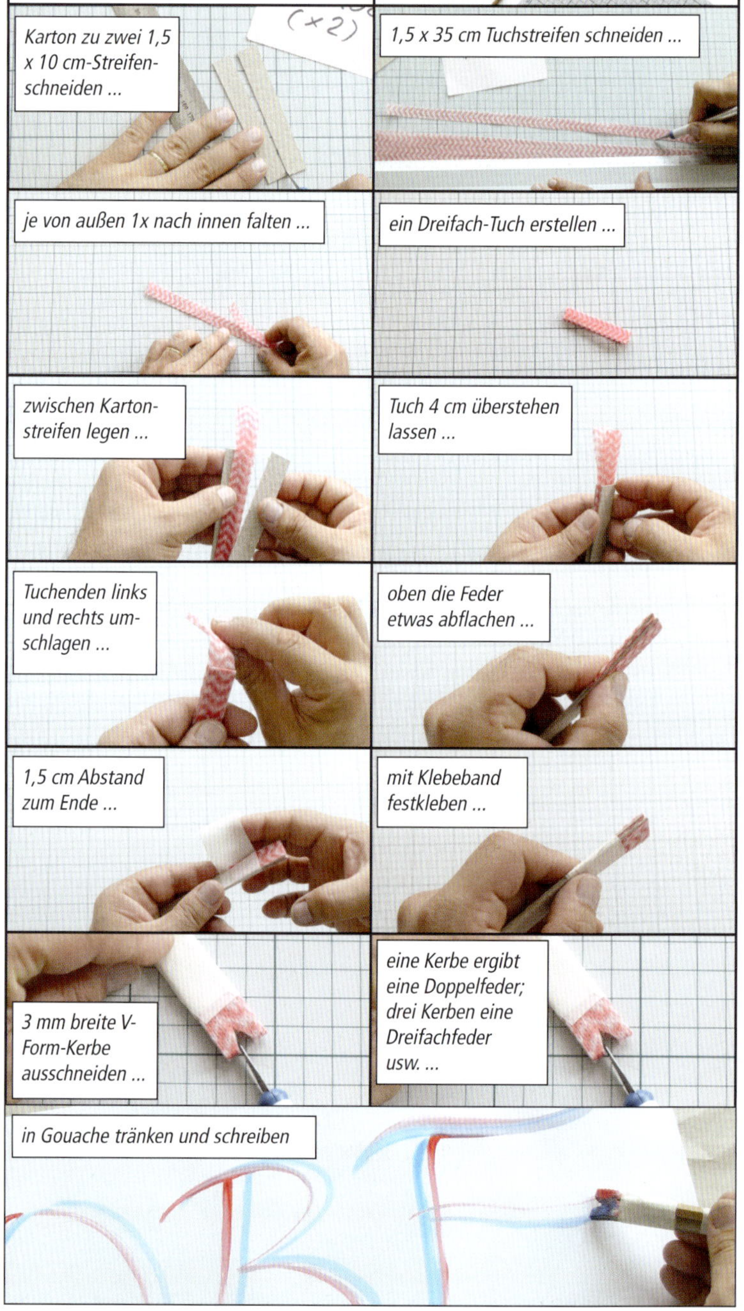

# ALTERNATIVE FEDERN

## Holzfurnierfeder

Materialien: Schneidematte, ein Stück Furnier, Schneidemesser, Klebeband

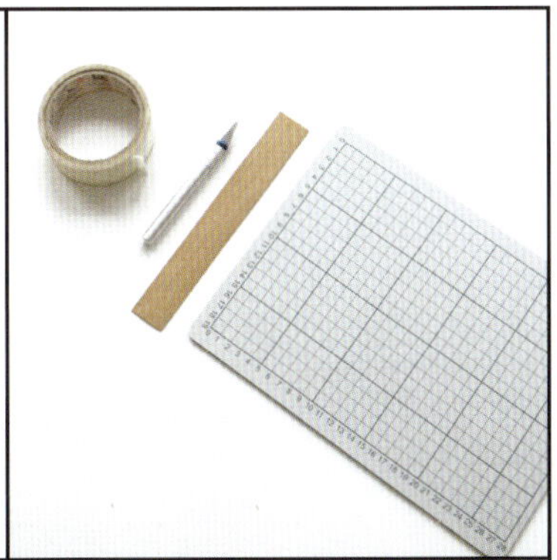

*Entlang der Maserung aus Furnier 30 x 5 mm Streifen schneiden …*

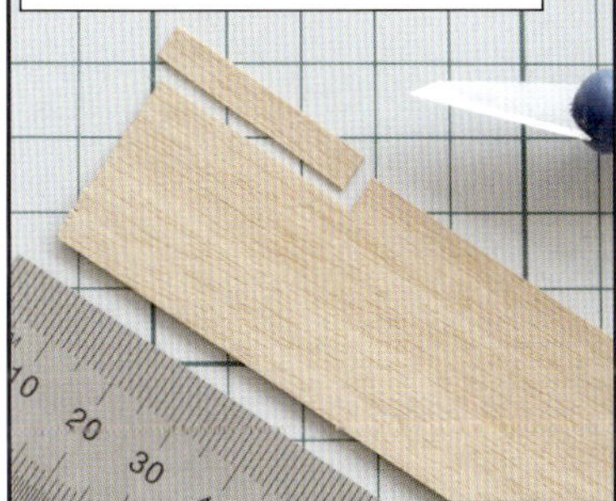

*Bambusrohrende 4 cm tief einschneiden …*

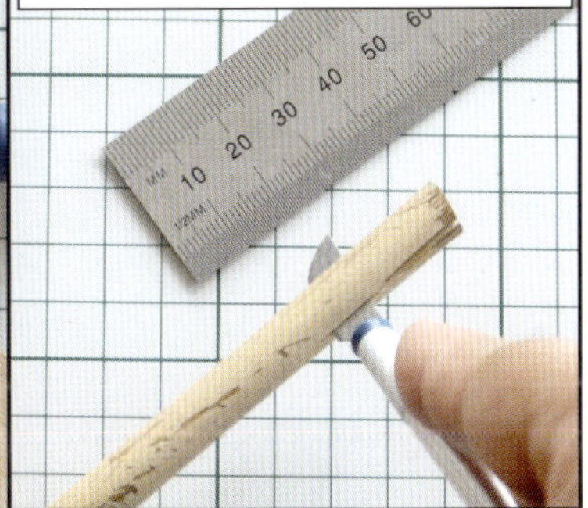

*Kerbe sachte mit Klinge spreizen, Furnier einschieben …*

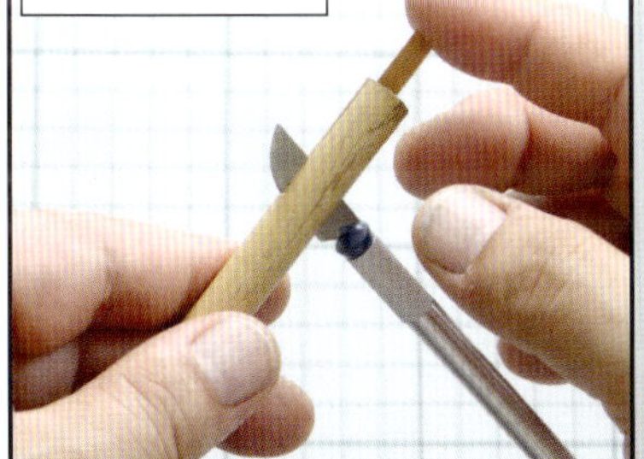

*1,5 cm überstehen lassen, mit Klebeband umwickeln …*

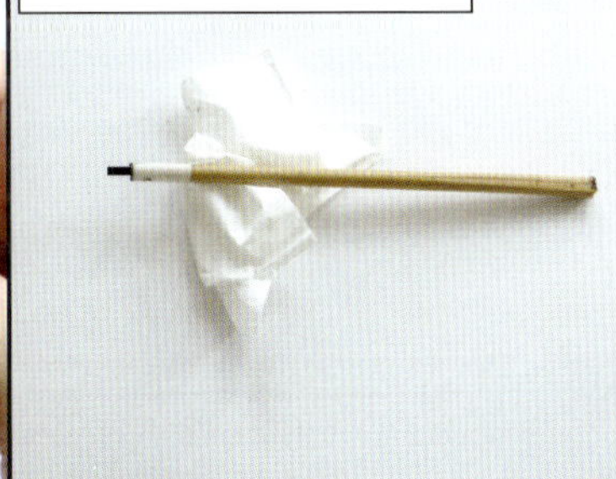

*verschiedene Papiersorten beschreiben*

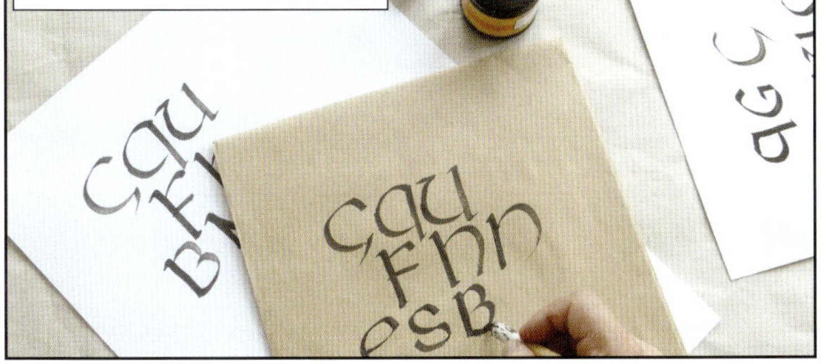

## Gänsekiel

Materialien: Gänsefeder, Schneidemesser, Schere

(Anmerkung: Der Gänsekiel ist spröde, daher einzelne Schnitte anzielen)

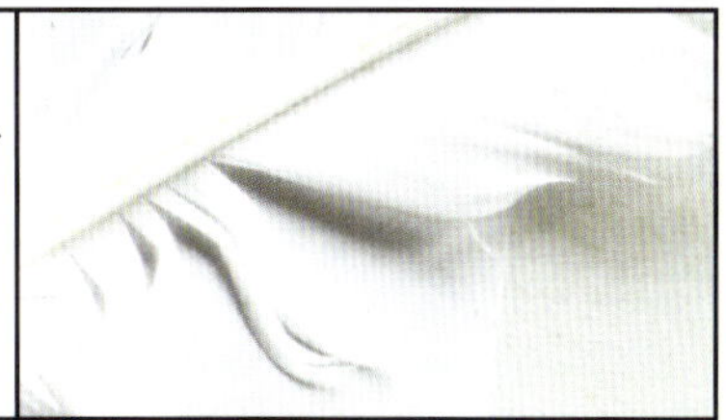

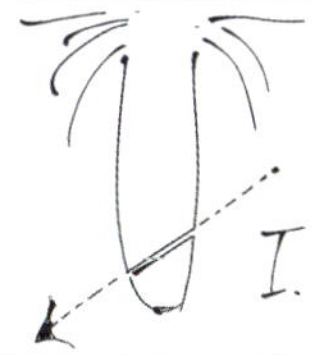

*Gänsekiel mit Schrägschnitt (in Richtung vom Körper weg) kappen …*

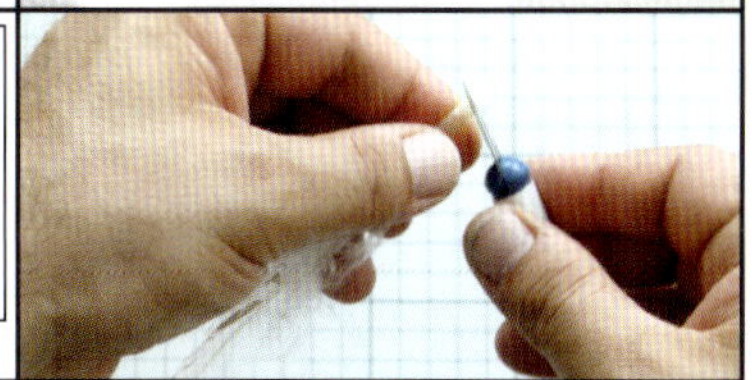

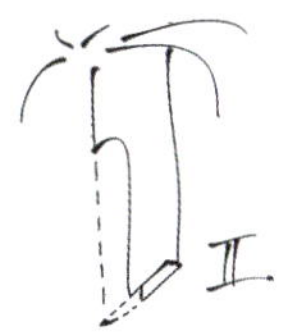

*An längerer Seite Kehle wegschnitzen …*

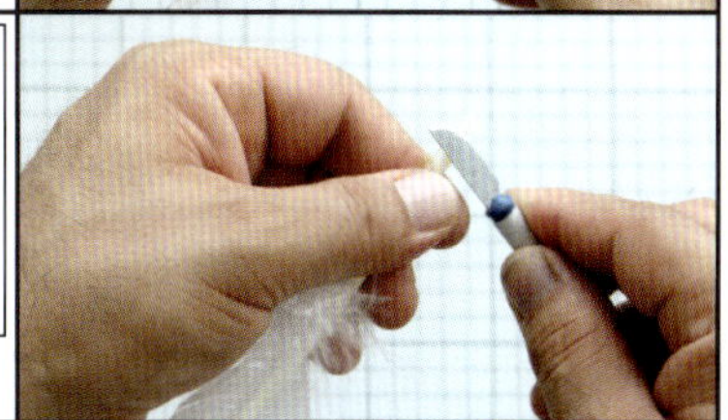

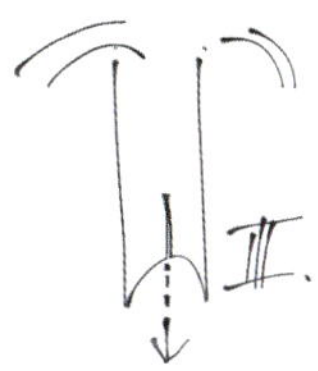

*Oben in der Mitte einen Schlitz einschneiden …*

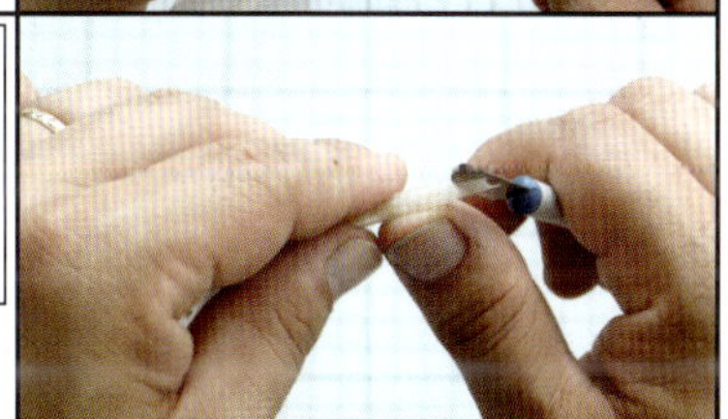

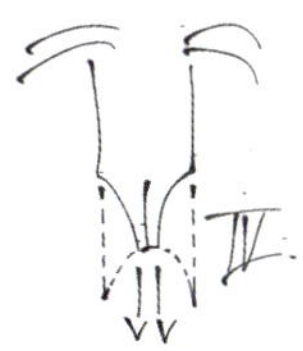

*Seiten zum Schlitz hin in Kurven wegschnitzen …*

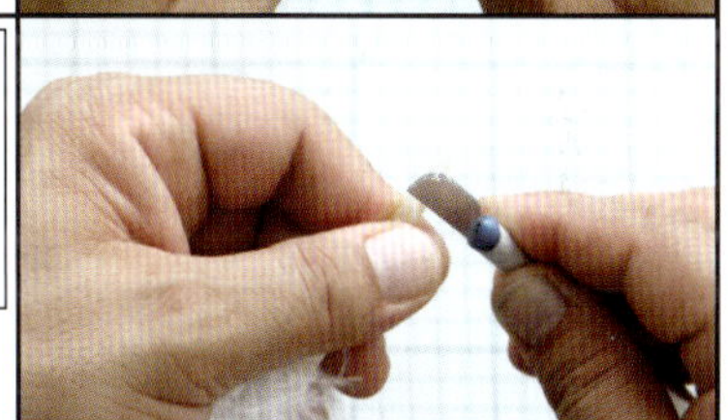

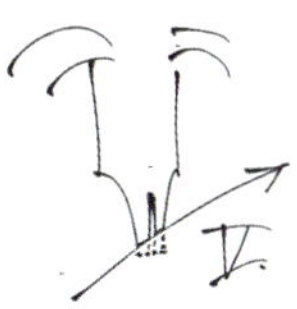

*Jetzt die schmale Spitze mit Diagonalschnitt kappen …*

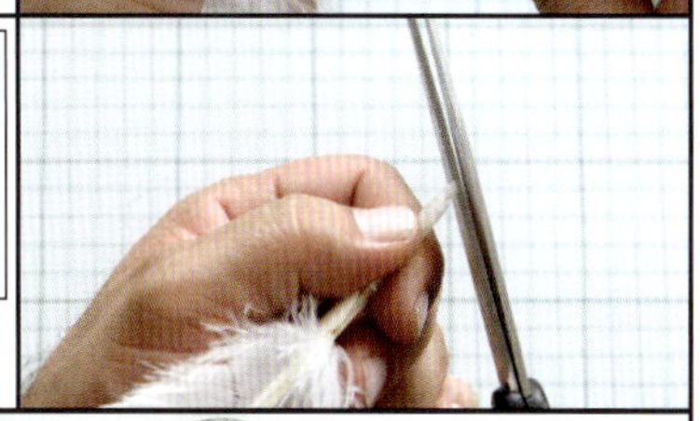

*Feder ausprobieren*

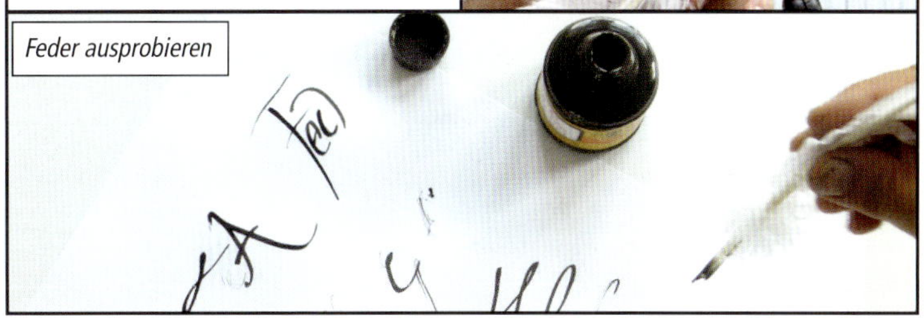

# MALERPINSEL

**Irgendwann stellt sich dieses Problem: Für eine Veranstaltung brauchen wir riesengroße Schrift auf einem Stoffbanner oder einem Großplakat. Dabei ist die Abhilfe für uns als Schönschreiber ganz einfach – auch ohne Geräte aus dem Copyshop: Wir besorgen uns ein Utensil, das wir eigentlich eher zum Renovieren und Streichen von Wänden kennen, den Malerpinsel.**

Heute gehen wir in der Regel in einen Copyshop, um an Riesenbuchstaben zu gelangen. Wir lassen sie uns auf riesigen Tintenstrahldruckern mit Endlospapier ausdrucken oder gleich in Klebefolie ausstanzen – genauso, wie man es in der Werbetechnik für Fahrzeugbeschriftungen macht. Das Ergebnis ist zwar perfekt, macht die ganze Angelegenheit jedoch im Allgemeinen kostspielig.

Wir können jedoch auch für kleines Geld ebenso wirkungsvolle Buchstaben selbst herstellen. Die großen, breiten Pinsel der Malerzunft weisen all die Vorteile des großflächigen Farbauftrags auf und ersetzen uns die Schreibfeder mit Tintenreservoir.

Eine Schriftart, die sich für solche Zwecke optimal eignet, heißt Neuland und wurde 1923 von dem deutschen Schriftkünstler Rudolf Koch (1876–1934) entworfen, der u. a. auch die berühmten Schriften Kabel und Prisma entwickelte.

NEULAND

Hierzu benötigen wir:

- Layoutpapier
- Bleistift
- Lineal
- Mischpalette
- kleiner Flachpinsel
- schwarze Tinte
- Gouachefarben
- billiges Malerpapier
- Holzleim
- Schere
- breiter Malerpinsel
- Haftpads
- Leinwandstoff 1,40 x 3 m
- ca. 1 m Baumwollstoff für die Aufhängeschlaufen an den Ecken
- Nadel und Garn
- Acrylfarben in den Grundfarben Rot, Blau, Gelb und Grün
- Gefäß zum Mischen
- Marmeladengläser

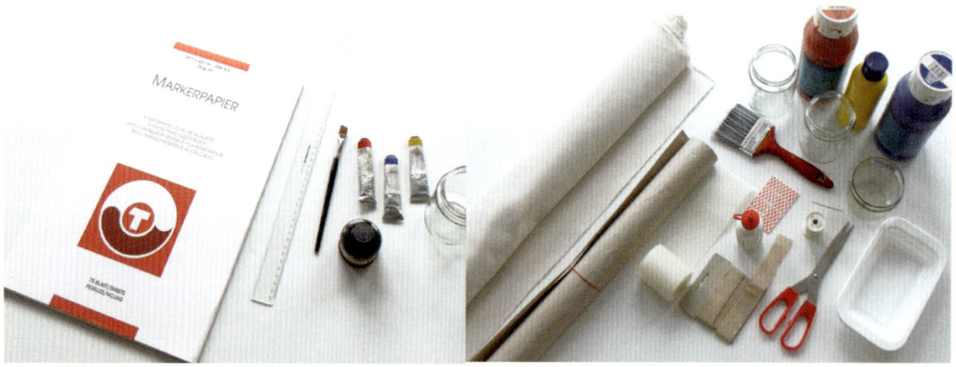

# TECHNIK LINIENFÜHRUNG

Schreibanleitung Großbuchstaben

## Pinselführung

Beim Schreiben von Blockbuchstaben mit dem flachen Malerpinsel ist es wichtig, den Pinsel in den Rundungen drehend so anzupassen, dass der Pinselborstenkontakt immer im rechten Winkel zur Außenkante eines Buchstabens liegt – außer beim zweiten Strich im „R", der Rundung, die etwas flacher ausläuft.

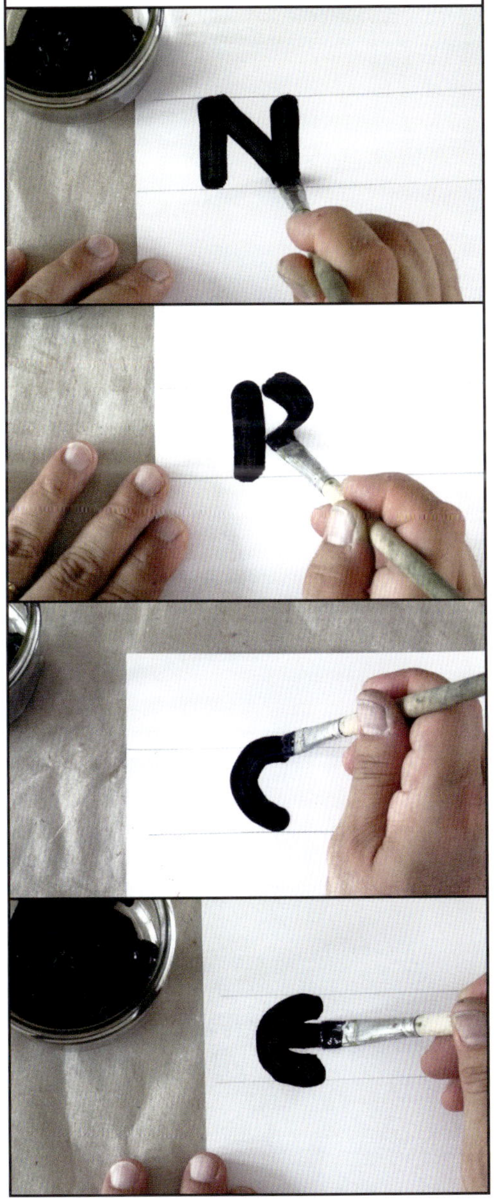

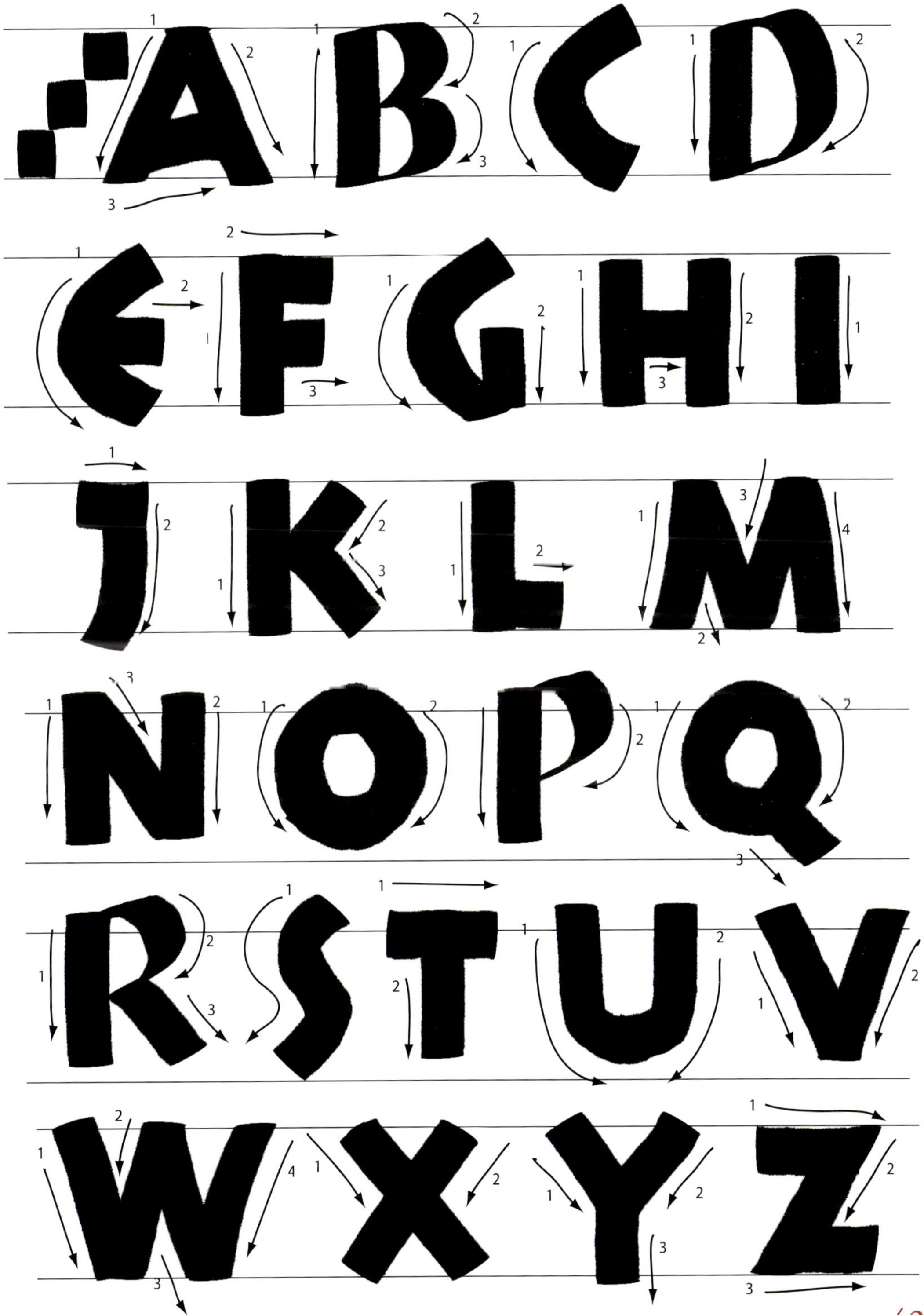

# ANLEITUNG RIESENBANNER

Mit dieser simplen Methode lassen sich Riesenbanner für Straßenfeste, Geburtstagsparties und andere Veranstaltungen schnell und unkompliziert und ohne Einsatz von technischen Hilfsmitteln bewerkstelligen. In meinem Beispiel lege ich ein Banner für einen Straßenflohmarkt an.

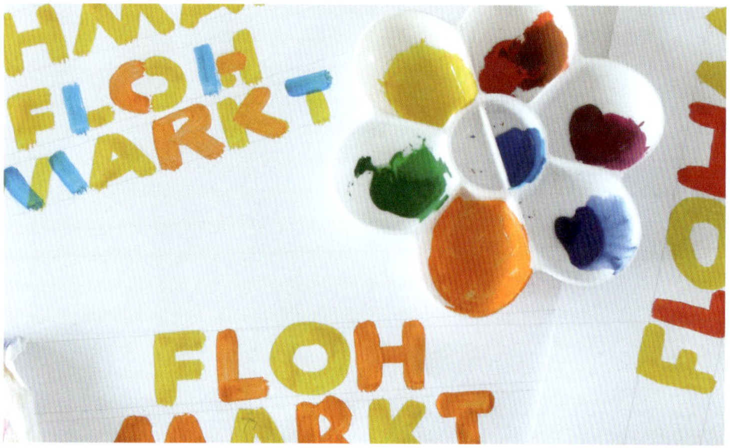


Als Erstes erstellen wir wie immer den Entwurf: Auf einem A3-Bogen aus Zeichenblock- oder Layoutpapier ziehen wir unsere Hilfslinien, indem wir mithilfe der Federtreppenmethode die dreifache Höhe des Flachpinsels nehmen. Dann mischen wir uns unterschiedliche Farbtöne aus Gouache, schreiben unseren Text und spielen einige Farbkombinationen durch. Den für uns schönsten Entwurf merken wir uns.

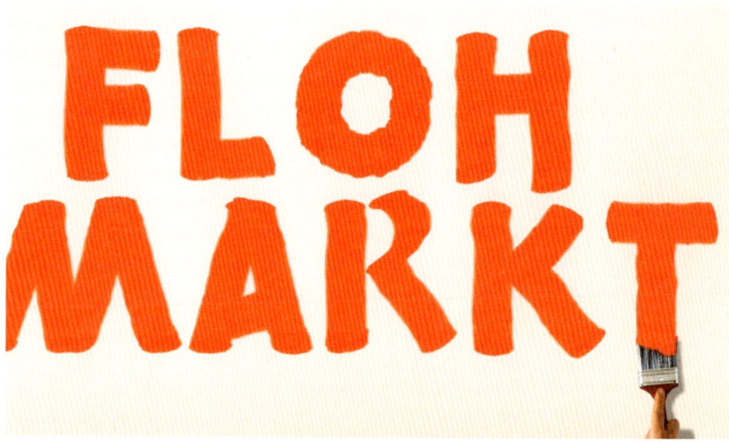


Nun folgt der zweite Schritt: Auf dem am Boden ausgerollten Malerpapier arbeiten wir nun in der von uns gewünschten, Originalgröße der Buchstaben. Hier ermitteln wir die Zeichenhöhe genauso wie eben im Entwurf, indem wir die Federtreppe mit der dreifachen Malerpinselbreite anlegen. Dann schreiben wir die Buchstaben konzentriert in einer beliebigen Farbe nieder. Anordnung und Abstände sind hier noch egal.

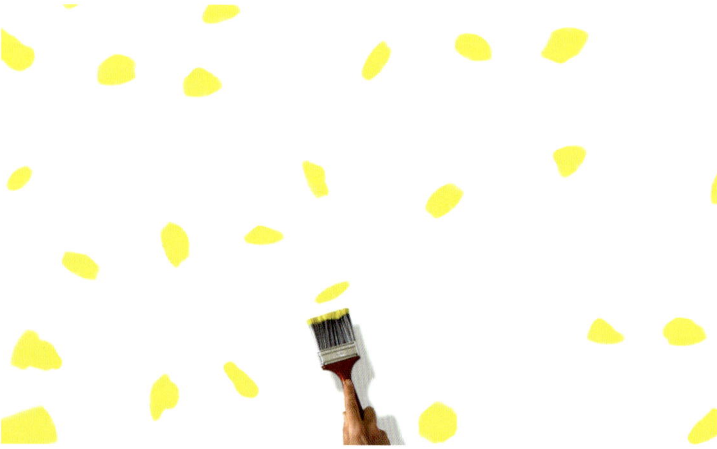

Als Nächstes bereiten wir die große Leinwand vor. Sie muss wegen ihrer Saugfähigkeit in unbehandelter Form grundiert werden, damit die Farbe nachher strahlt und besser haftet. Wir verdünnen Leim mit Wasser im Verhältnis 1:1, bestreichen die Leinwand und lassen sie trocknen. Dann versehen wir die präparierte Leinwand mit einem leichtgehaltenen Muster mit heller Acrylfarbe.

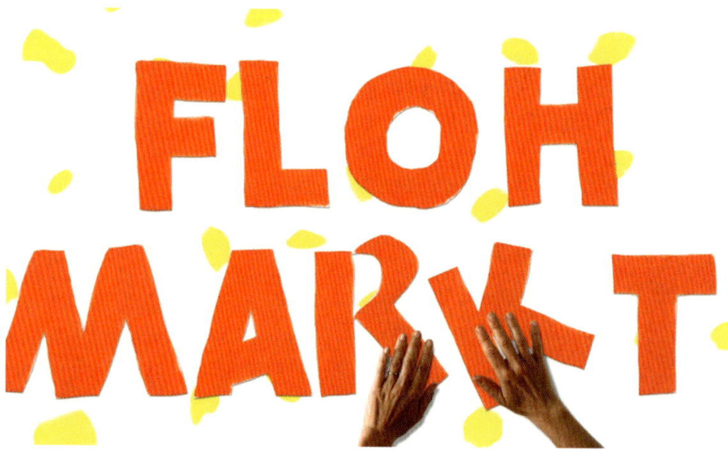


Während wir die Leinwand trocknen lassen, können wir die vorher angelegten Buchstaben aus dem Malerpapier ausschneiden. Haben wir auch das erledigt, kommt der Teil, der uns schon von den Klebeentwürfen bekannt ist: der Montageteil. Hier achten wir jetzt darauf, dass die Buchstaben mittig auf die Leinwand gelegt und mit luftigen Abständen für eine bessere Lesbarkeit versehen werden.

# ANLEITUNG RIESENBANNER

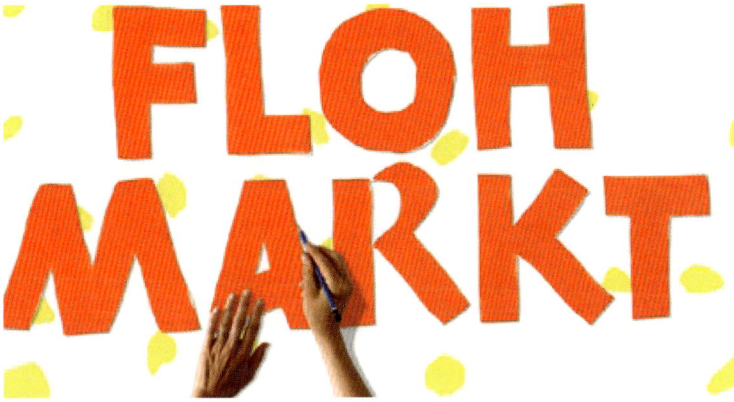


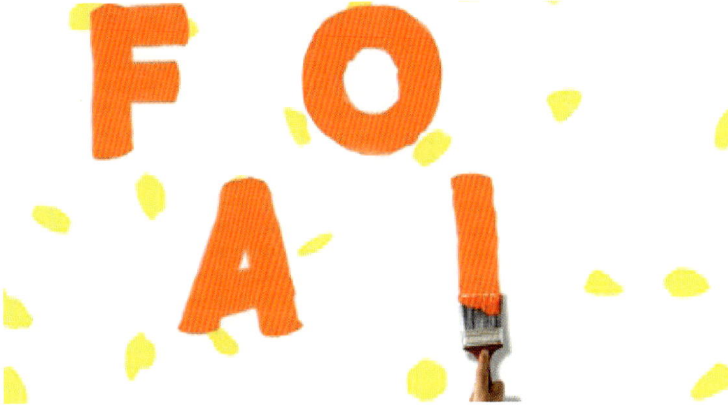

Haben wir einen optimalen Stand ermittelt, nehmen wir einen Bleistift und fahren die Konturen der einzelnen Buchstaben Stück für Stück vorsichtig ab, indem wir sie beim Linienziehen fest andrücken und nicht verrutschen lassen.

Wir nehmen wieder den gleichen Malerpinsel und verwenden nun aber statt der Gouache die witterungsbeständigen Acrylfarben. Gemäß unserem Entwurf vom Anfang ziehen wir nun zuerst alle Umrisslinien der ersten Farbe nach.

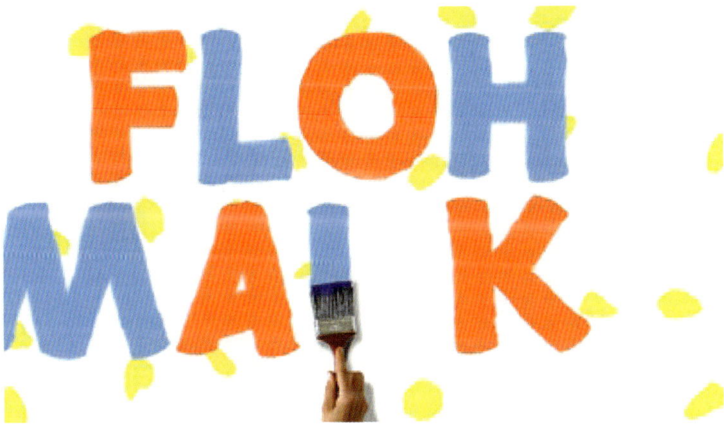


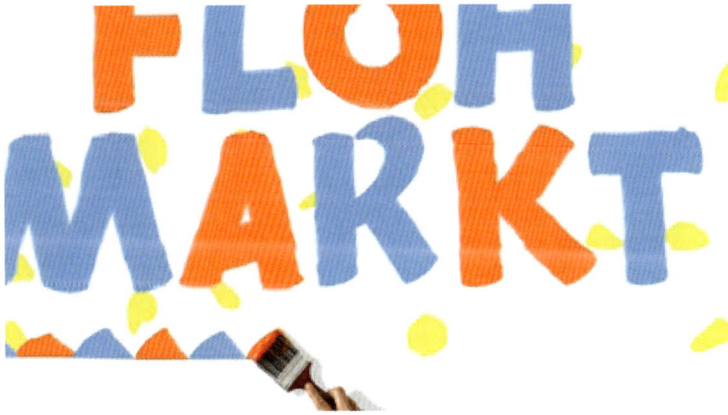


Anschließend waschen wir den Pinsel für den Farbwechsel gründlich aus, wählen dann einen neuen Acrylfarbton für die zweite Farbe und ziehen damit die verbliebenen Flächen nach. Wer es perfekt mag, kann noch die Zwischenräume ohne Farbauftrag mit einem kleinen Pinsel ausmalen und vervollständigen. Das ergibt dann perfekte Ränder.

Das Tüpfelchen auf dem „i" ist hier noch ein dekorativer Rand oben und unten. Mit dem Malerpinsel lässt sich das sehr gut lösen: Wir legen den Pinsel im 45-Grad-Winkel direkt an der Kante an und ziehen den Strich von der Stoffkante ab. Das ergibt angenehme, gleichmäßige Farbdreiecke. Wenn man zwei Malerpinsel hat, kann man ohne Auswaschen am Stück mehrfarbig arbeiten.

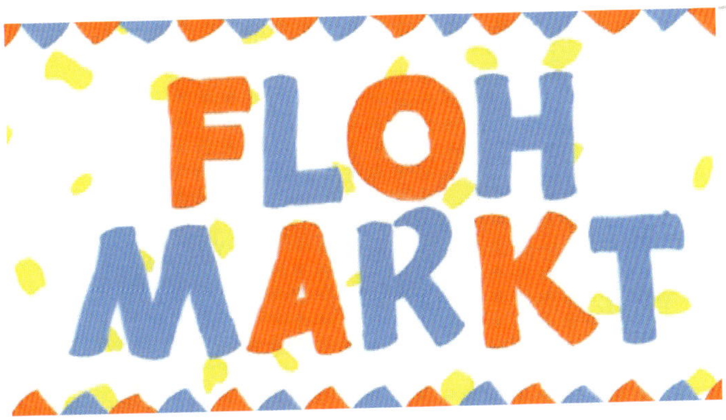


Das Ergebnis kann sich sehen lassen: So ein Textilbanner ist individuell und unterscheidet sich deutlich von im Copyshop gefertigten Vorlagen.

# FARBE

**Nachdem wir uns bisher auf das Erlernen der Buchstaben konzentriert haben und das Schreiben uns jetzt keine allzu große Mühe mehr bereitet, lenken wir unser Augenmerk auf ein Hilfsmittel, das, richtig angewandt, unsere Schriftarbeiten immens unterstützt und aufwertet: die Farbe. Mithilfe von Farbe können wir unseren geschriebenen Botschaften Stimmungen verleihen und Emotionen transportieren – ähnlich wie man es mit der musikalischen Untermalung in Filmen macht.**

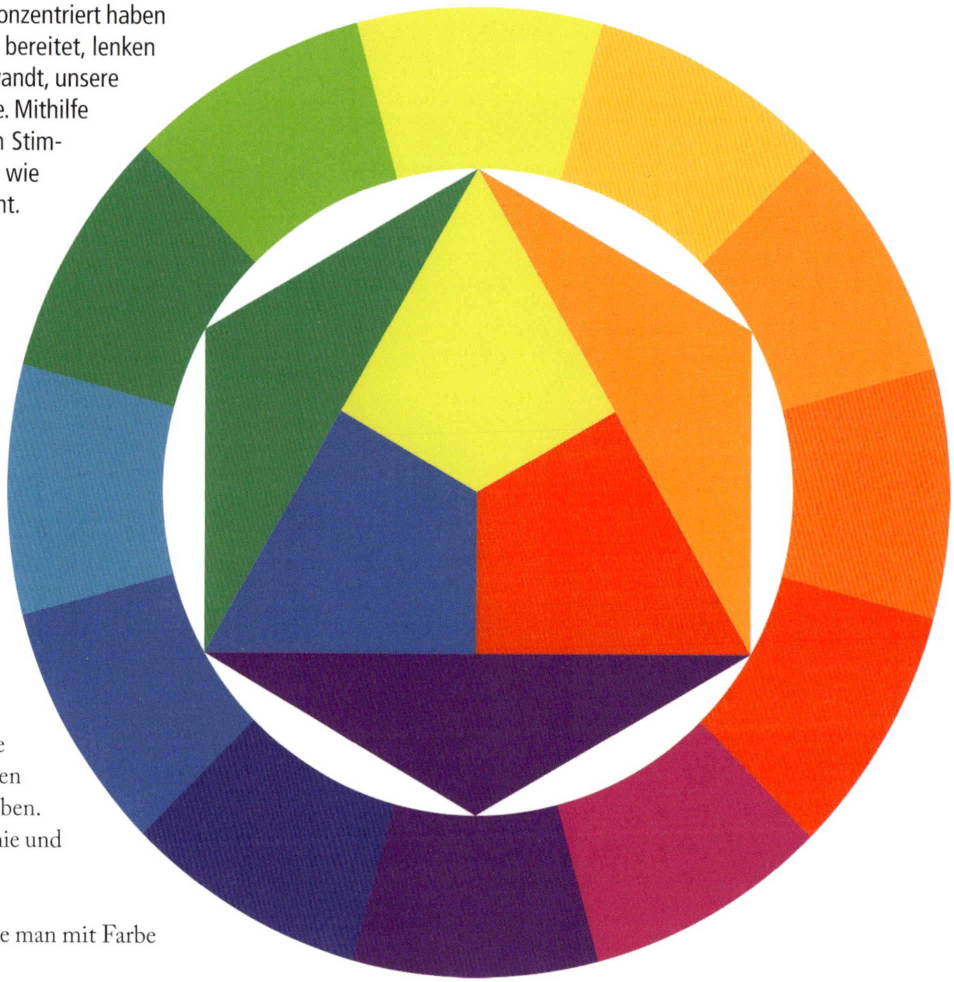

Farben können sehr stimmungsvoll sein und haben oft großen Einfluss auf uns. Zahlreiche Forschungsergebnisse aus der Psychologie haben diesen Einfluss bestimmter Farben auf Mensch und Tier nachgewiesen. Diese Ergebnisse aus der Farbenpsychologie werden in vielen Bereichen eingesetzt: in der Unterhaltung, der Kunst, der Modebranche, im Handel und in der Werbung, ja sogar beim Essen und Trinken.

Daher ist der Einsatz von Farben beim Schreiben eine fantastische Methode, um mit Stimmung und Atmosphäre die geschriebene Botschaft zu unterstützen. Wir können damit sogar beeinflussen, wie der Betrachter auf unsere Arbeit reagieren soll. Des Weiteren bestimmen wir, ob wir einzelne Buchstaben oder ganze Wörter akzentuieren oder ob wir ganze Sätze oder komplette Absätze mit verschiedenfarbigen Tinten, selbst gemischten Farben und passenden Hintergründen und Strukturen hervorheben. Einige Farben eignen sich besonders gut für die Kalligraphie und werden auf der nächsten Seite näher beschrieben.

In diesem Kapitel lernen wir etwas über Farbsorten und wie man mit Farbe ein Gedicht in Plakatgröße aufwertet.

Hierzu benötigen wir:

- Reißbrett
- Layoutpapier
- schweres Aquarellpapier
- langes Lineal
- Bleistift
- Federhalter
- Bandzugfeder Gr. 2½
- schwarze wasserfeste Tusche
- Schere
- Klebestift
- Schlegel mit Mörser
- Sandarak-Harz
- Stück Baumwolltuch
- Gummiring
- Gummi arabicum
- Aquarellfarben aus Tuben oder Näpfen
- Mischpalette

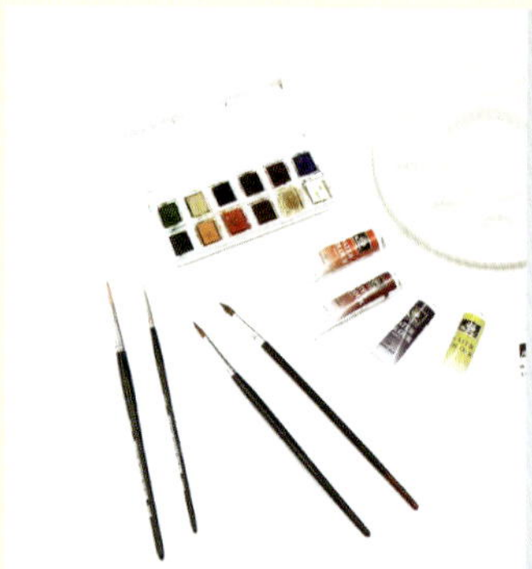

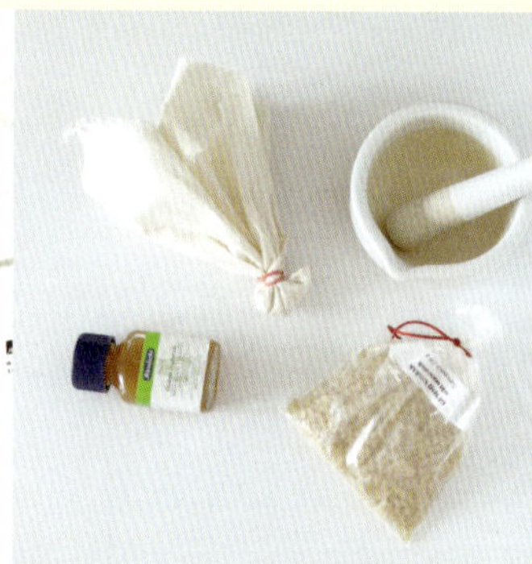

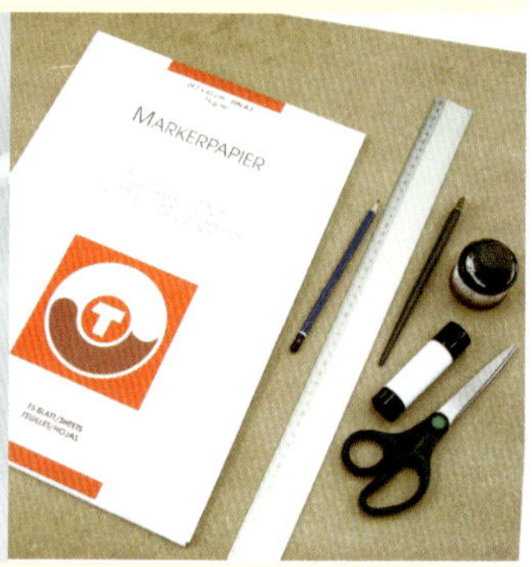

# GOUACHE, AQUARELLFARBE UND TINTE

| Aquarellfarbe | Gouache | Tinte |
|---|---|---|
| Diese mit Wasser verdünnbaren Farben bestehen wie die Gouache aus Farbpigmenten und dem Bindemittel Gummi arabicum, lassen aber im Vergleich zu dieser den Papierhintergrund deutlich durchschimmern. Das Lavieren und Lasieren führt zu zusätzlichen, wirkungsvollen Nebeneffekten und kann zu künstlerisch interessanten Resultaten führen. Wir mischen diese Farben, indem wir in verschiedenen Schichten übereinandermalen. | Diese aus dem Bindemittel Gummi arabicum und Farbpigmenten bestehende Farbe lässt sich mit Wasser lösen und vereint alle Vorteile von lasierenden Aquarellfarben und deckenden Ölfarben. Sie ist damit die ideale Allzweckfarbe für farbige kalligraphische Arbeiten. Der weitere Vorteil liegt in der einfachen Mischfähigkeit der Farben untereinander. Wir benötigen nur die Grundfarben Rot, Gelb und Blau und mischen uns die gewünschte Farbe. | „Gefärbtes Wasser" – wie das lateinische tincta [aqua] es präzise ausdrückt – ist eine Mischung aus Wasser und wasserlöslichen und -unlöslichen Farbpigmenten. Es gibt sie somit in zwei Versionen, wobei es aber noch andere Sorten gibt, wie z. B. Leuchttinte, Geheimtinte und Dufttinte. |

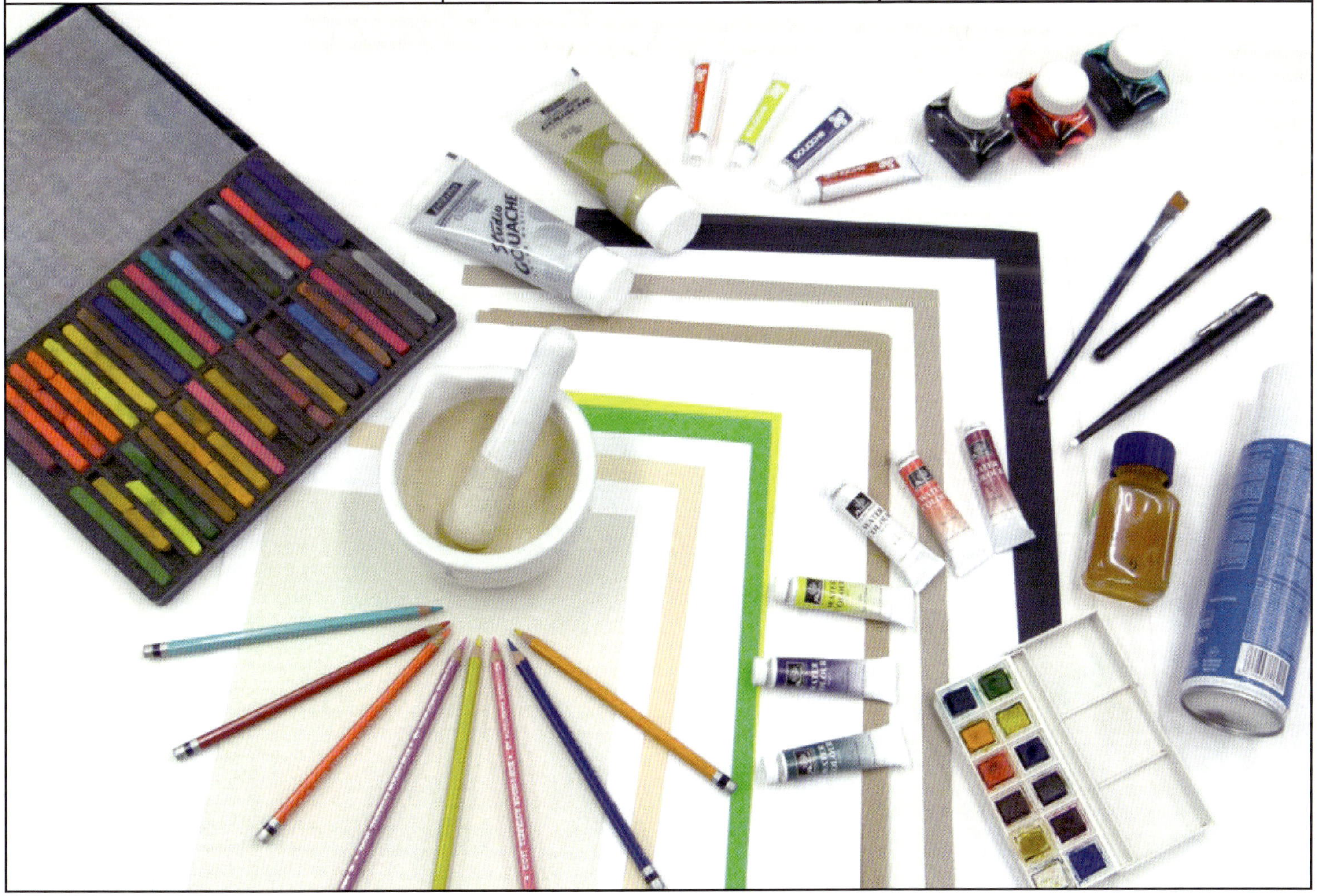

# ANLEITUNG GEDICHTGESTALTUNG

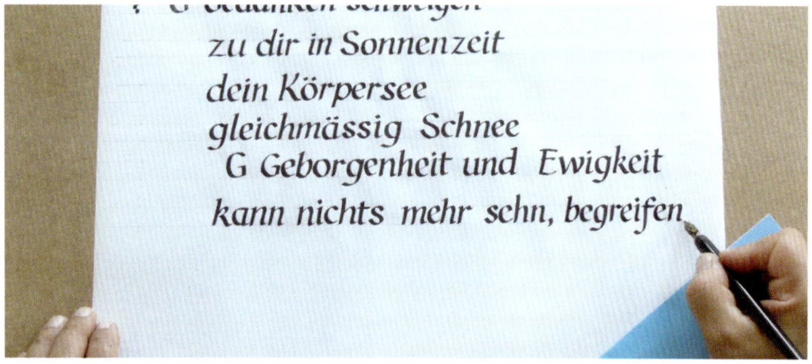


Nachdem wir uns ein schönes Gedicht ausgesucht haben, gehen wir wie in den vorangegangenen Kapiteln vor und legen auf einem Layoutbogen zuerst eine Federtreppe an, ziehen die Hilfslinien und schreiben unseren Text an einem Stück nieder. Als Kopiervorlage für unseren Klebeentwurf ist die Anordnung nicht wichtig.

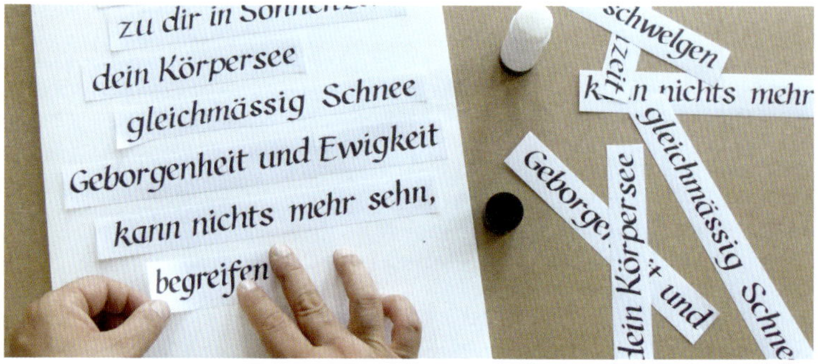


Wir kopieren unseren ersten Entwurf einige Male und schneiden Sätze und Wortstreifen aus. Für unser Gedichtblatt wollen wir diesmal keinen strengen, bündigen Text, sondern den poetischen Zeilen regelrecht Luft verschaffen, indem wir sie als sogenannten Flattersatz anordnen und leicht ankleben.

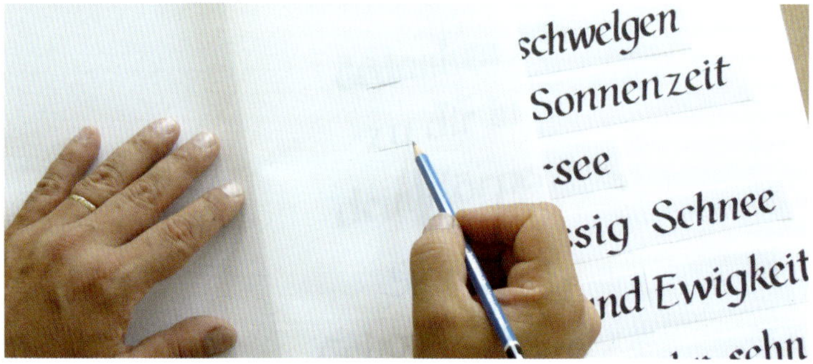


Im nächsten Schritt nehmen wir einen Bogen Transparentpapier und markieren darauf die Grundlinien der darunterliegenden Zeilen. Da wir eben im Klebeentwurf mit Augenmaß geschätzt haben, müssen wir nun die Zeilenabstände korrigieren. Wir rechnen die korrekten Maße aus und setzen neue Markierungspunkte.

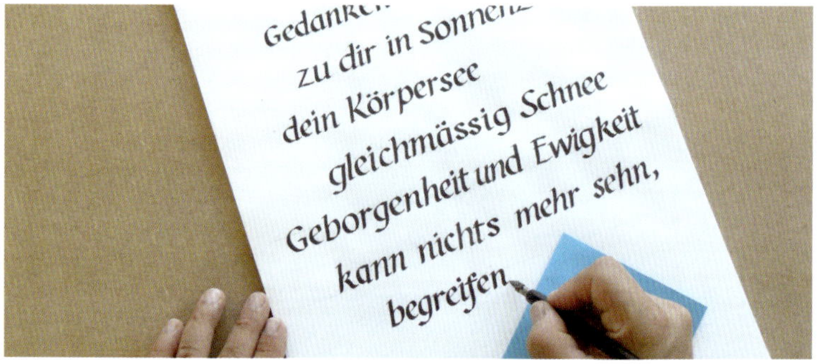


Anhand dieser neuen Markierungspunkte legen wir nun auf einem neuen Layoutbogen unsere Hilfslinien für den Hauptentwurf an. Wir schreiben den Text jetzt erneut, wobei unser Klebeentwurf als Unterlegblatt zur Orientierung dient. Wir achten jedoch darauf, dass die neuen Zeilenabstände eingehalten werden.

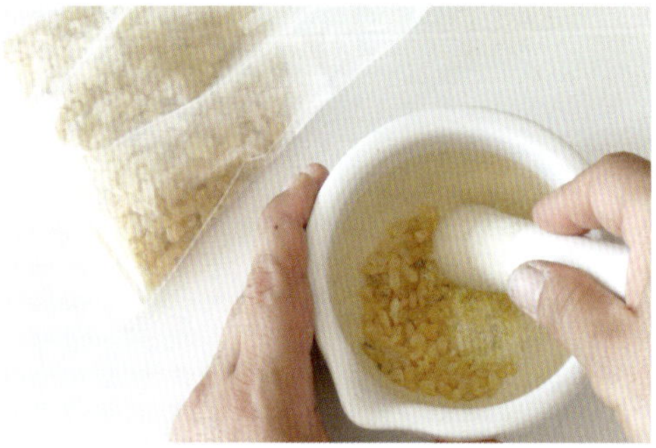

Während die Tusche auf unserem Schriftblatt trocknet, bereiten wir das Gummi-Harz für den späteren Farbeinsatz vor: Wir fügen wenige Teelöffel in den Schlegel und zerstoßen das Harz mit dem Mörser zu Pulver.

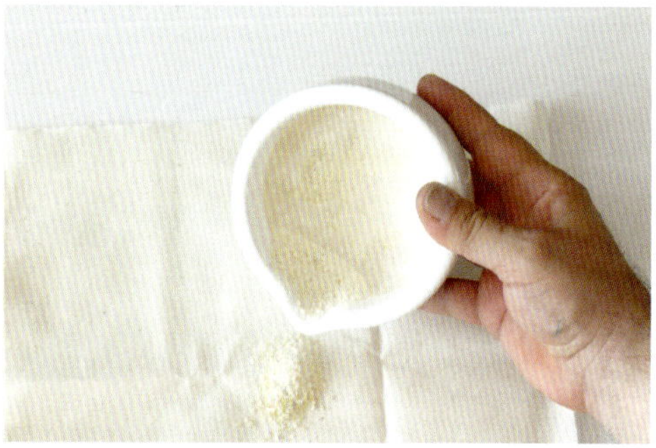

Anschließend kippen wir das zerstoßene Sandarak-Harz in die Mitte des vorher ausgebreiteten Baumwolltuches und raffen die Stoffenden zusammen, sodass wir damit einen Pulverbeutel erzeugen.

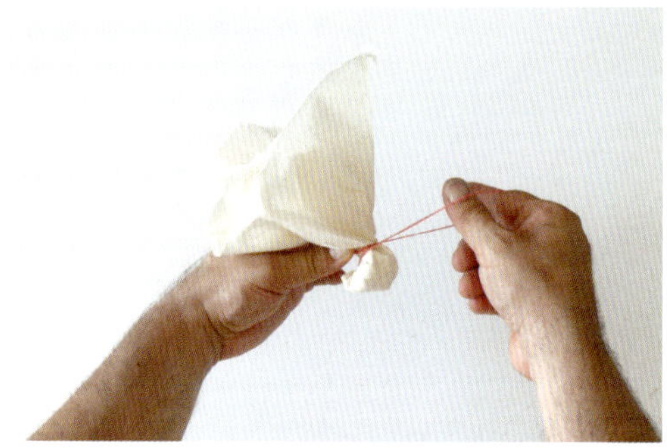

Der Stoffbeutel wird nun mit einem mehrfach umgespannten Gummiring festgezurrt. Nun haben wir selbst gemachten Firnis für unsere Aquarellfarben.

# ANLEITUNG GEDICHTGESTALTUNG

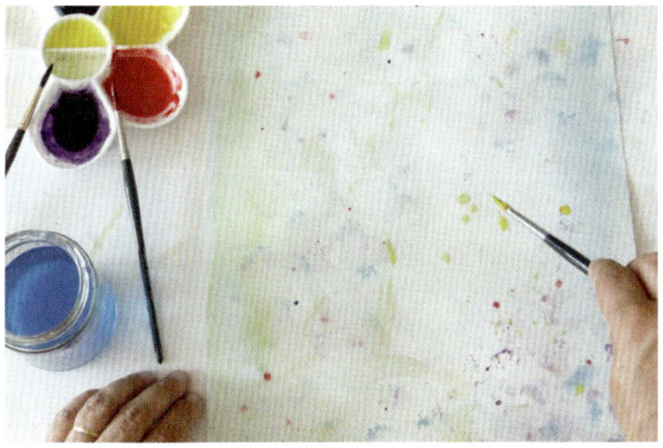

Der Aquarellbogen wird von uns in der „Nass-in-Nass"-Technik bearbeitet, d.h. wir pinseln großflächig verdünnte Farbe oder Wasser auf und setzen dann andersfarbige Tupfer und Spritzer. Ein Schwamm eignet sich hierfür hervorragend und macht schöne Muster.

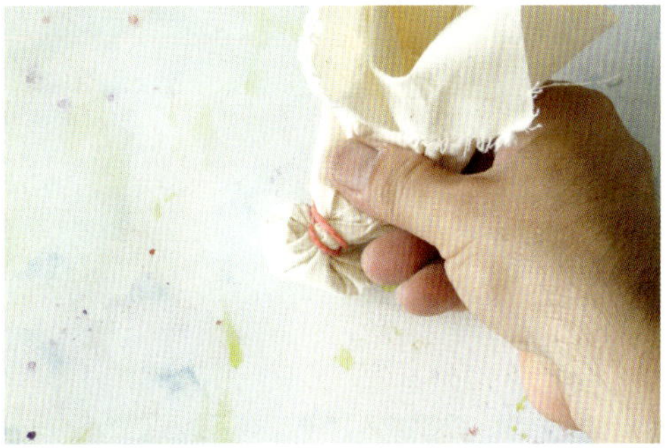

Nachdem wir unseren Aquarellbogen ausgiebig haben trocknen lassen, präparieren wir die farbige Oberfläche mit unserem Harzbeutel, indem wir die Fläche damit abtupfen. Damit schützen wir die Farbschicht, wenn wir am Schluss die Hilfslinien wegradieren.

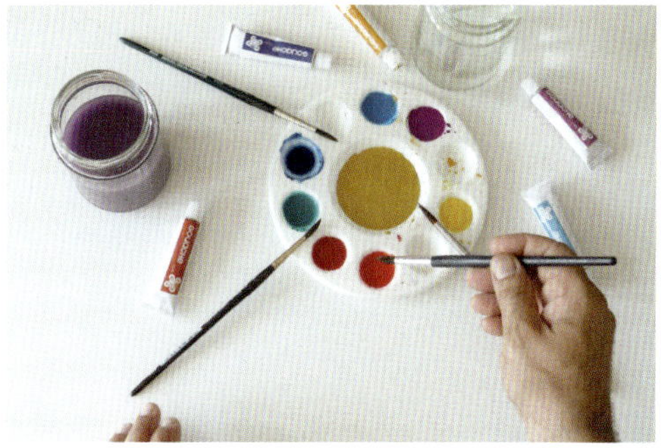

Im nächsten Schritt bereiten wir unsere Farben zum Schreiben des Gedichts vor: Wir wollen auf unserem Blatt wechselnde Farben im Text, daher müssen wir verschiedene Pinsel und Federn einsetzen, damit der Farbwechsel nachher schnell und sauber abläuft.

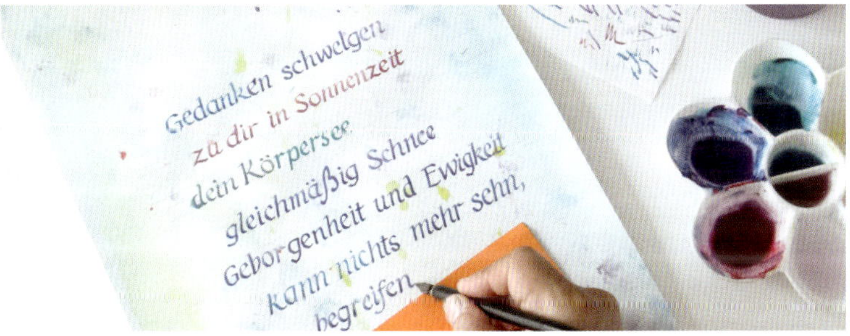


Wir ziehen nun, wie gehabt, sachte und leicht mit Bleistift alle Hilfslinien (ohne Federtreppe!) und setzen Markierungen am Anfang und Ende einer jeden Zeile. Dann schreiben wir unser Gedicht sauber und konzentriert mit den richtigen Federn und Farben ins Reine.

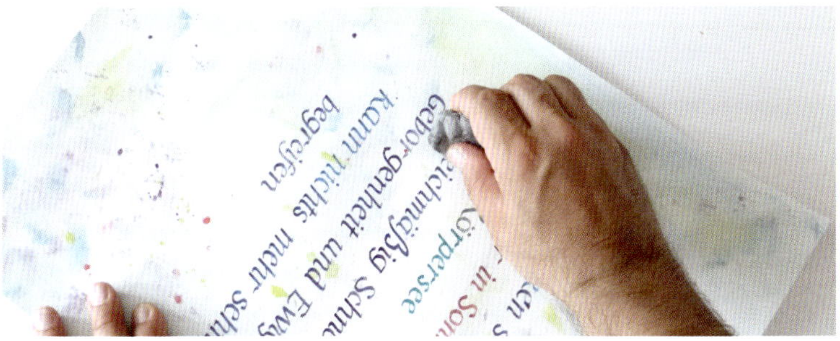

Haben wir den ganzen Text niedergeschrieben, lassen wir unser Schriftblatt vollständig trocknen und radieren behutsam die Bleistiftlinien und Markierungen in kreisender Bewegung aus, ohne die Papieroberfläche und Farbschicht zu beschädigen. Dieser letzte, scheinbar unbedeutsame Schritt kann zu einem großen Ärgernis führen, wenn er unbedacht und zu hastig vorgenommen wird.

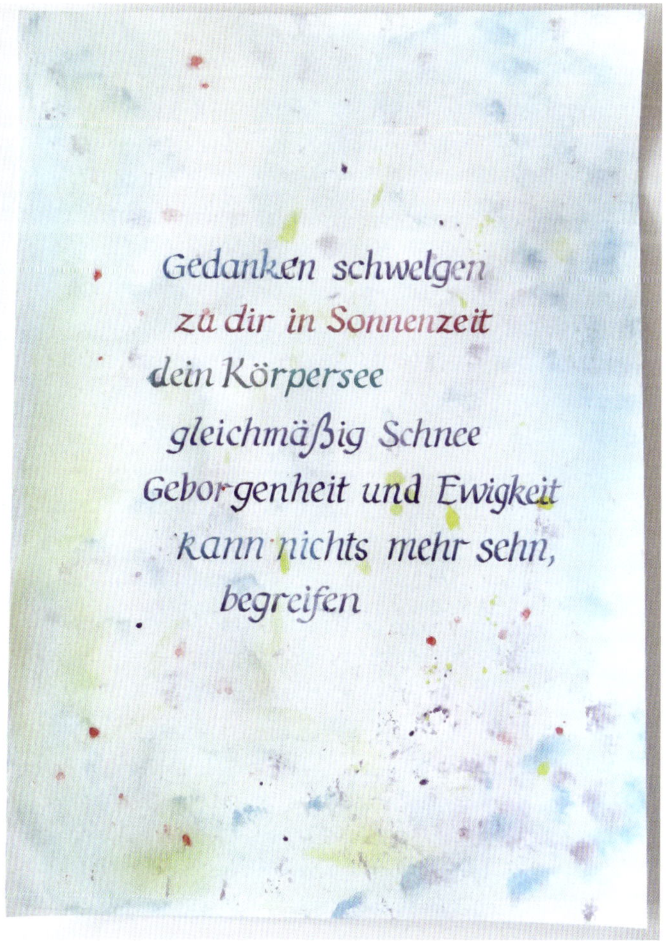

# INITIALE UND VERZIERUNG

Zierbuchstaben oder Schmuckbuchstaben, wie Initialen auch genannt werden, stehen meist am Anfang eines Textabschnitts, daher der lateinische Name initium für „Anfang" oder „Beginn". Wie im Kapitel über die Textur schon erwähnt, entwickelten die mittelalterlichen Schreiber die Schmuckbuchstaben als Kontrast zu den sonst starr und düster wirkenden Textblöcken, weckten damit die Neugierde des Lesers und motivierten zum Weiterlesen.

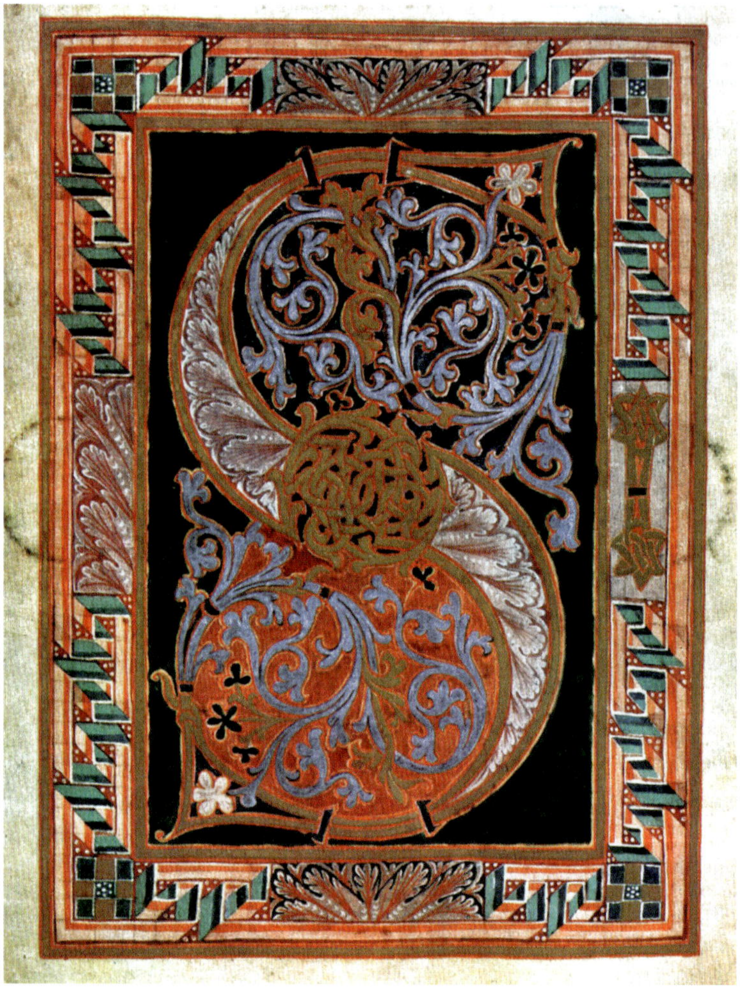

Der Einzug der Verzierungen hat den Beginn der kommerziellen Verlags- und Unterhaltungsindustrie eingeläutet. Denn die Nachfrage an verzierten Manuskripten schnellte gegen Ende des Mittelalters und zu Beginn der Frührenaissance so stark in die Höhe, dass nun etliche Kalligraphen in großen Schreibwerkstätten fast rund um die Uhr Kopien herstellen mussten, um die Vielzahl an Bestellungen zu bewältigen.

Gewöhnlich brauchte man für die Fertigstellung eines solchen Buchmanuskripts ein halbes bis zu einem Jahr. Nun sollte alles schneller gehen – mit der Folge, dass die aufwendigen Verzierungsarbeiten von zusätzlichen Mitarbeitern erledigt werden mussten, was zu Spezialisierungen und damit zu neuen Berufen führte: Rubrikatoren setzten in die von den Schreibern freigelassenen Stellen Schmuckbuchstaben und Verzierungen ein. Illuminatoren und Miniatoren – Verzierer und Miniaturenmaler – kümmerten sich um Ornamente und Abbildungen, und Vergolder werteten die Manuskripte noch zusätzlich auf. Entsprechend hoch waren und sind auch heute noch das Niveau und der Wert dieser eindrucksvollen Werke.

In diesem Kapitel arbeiten wir eine schöne Initiale aus und erstellen eine besondere Andenkkarte zur Geburt.

Hierzu benötigen wir:

- Reißbrett
- Layoutpapier
- Aquarellpapier
- langes Lineal
- Bleistift
- Federhalter
- Bandzugfeder Gr. 1½
- Zeichenfeder
- schwarze, wasserfeste Tusche
- Schere
- Klebestift
- feiner Haarpinsel
- Gouachefarben
- Pastellfarben
- Marmeladenglas
- Mischpalette
- Watte
- Fixativ

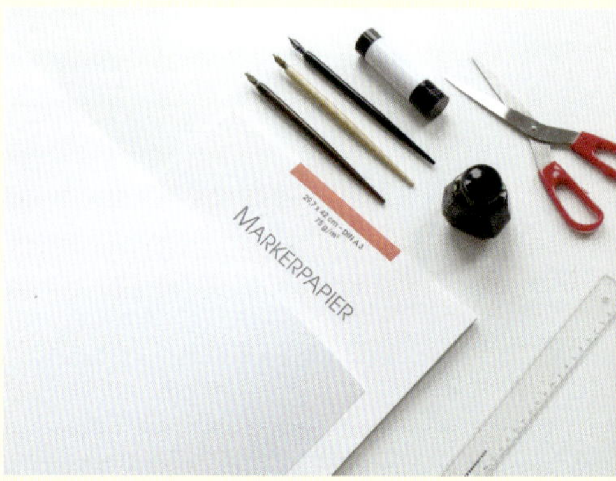


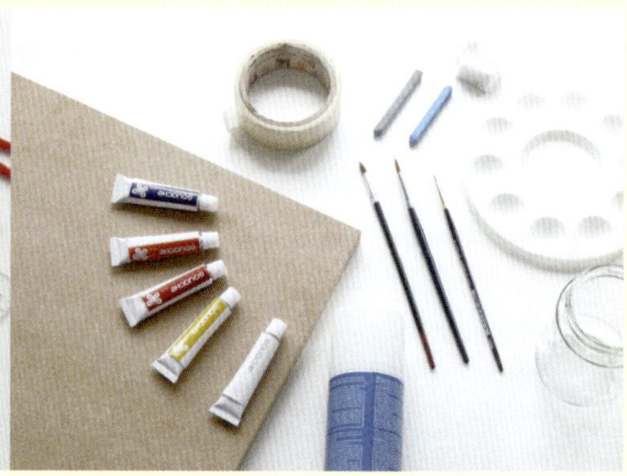

# ANLEITUNG ANDENKENBLATT

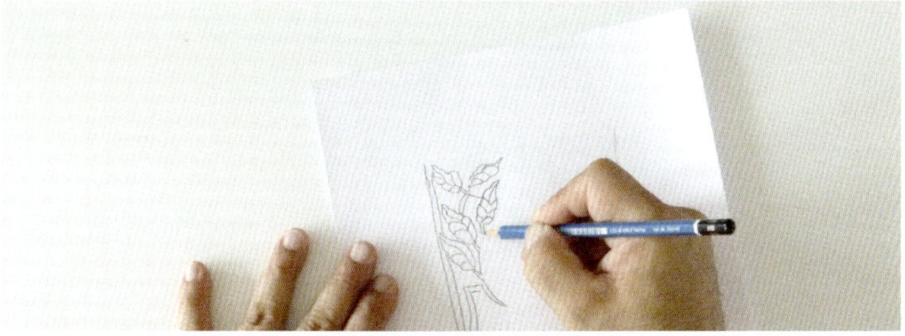

Wir kopieren die nebenan abgebildete Kopiervorlage 1:1 und fahren die Konturen auf der Rückseite nach. Einfacher geht dies, indem wir sie ans Fenster gegen das Licht halten.

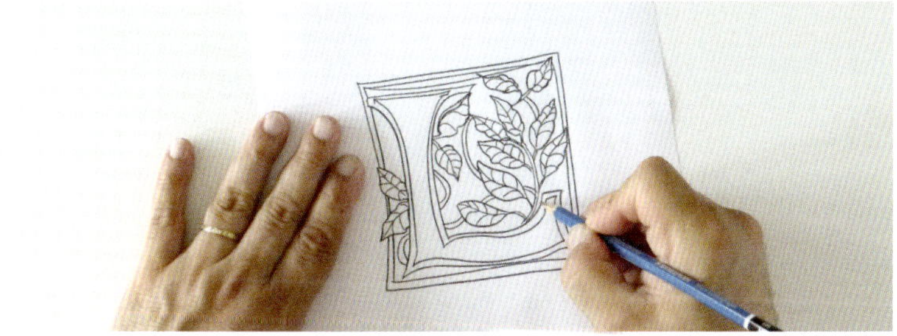

Dann drehen wir die Seite um, legen die mit Bleistift bearbeitete Seite auf das neue Blatt, das wir beschriften wollen. Wir fahren jetzt ganz komfortabel ...

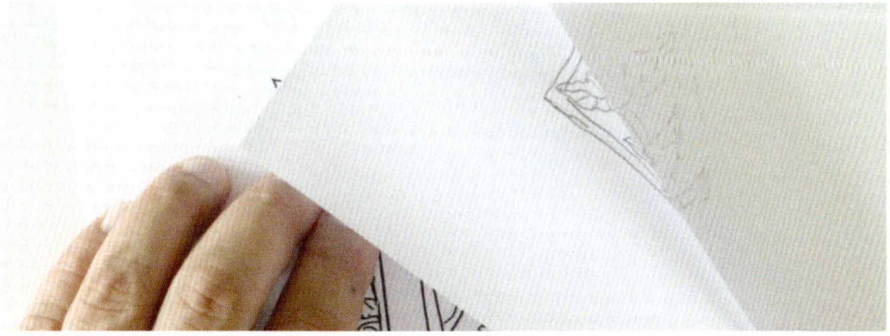

... die Linien auf der Kopie mit dem Bleistift nach und üben dabei fest Druck aus, sodass sich auf der Rückseite die Bleistiftlinien auf dem neuen Blatt abzeichnen

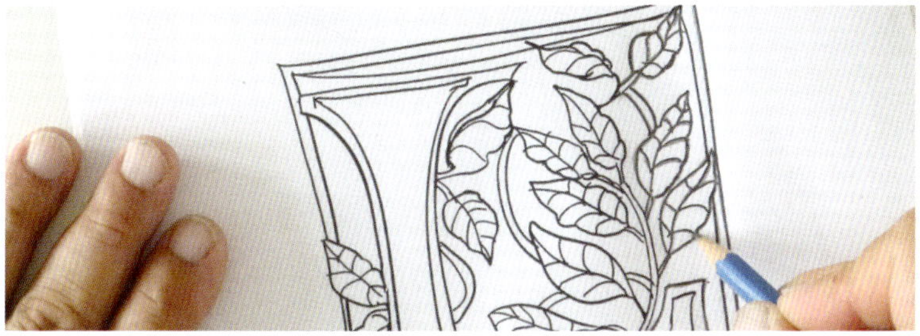

Wir ziehen konzentriert die festen Bleistiftlinien und achten darauf, keine Stellen auszulassen. Das ist eine der einfachsten Methoden, um Motive zu übertragen.

Kopiervorlage

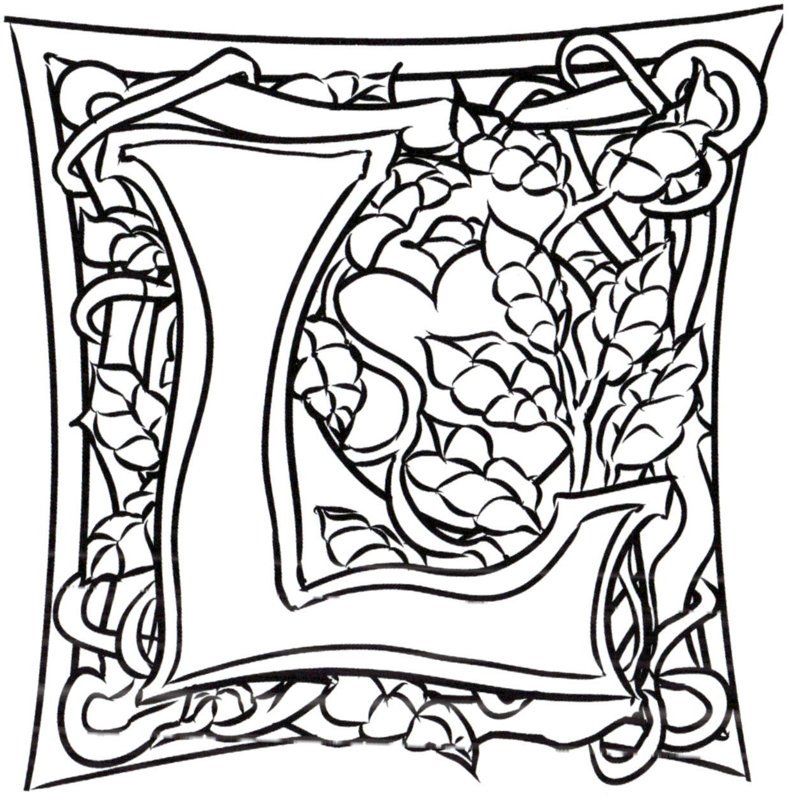

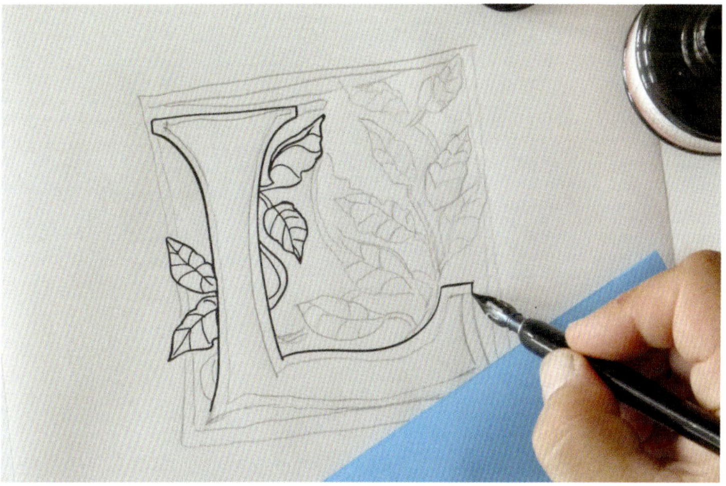

Im nächsten Schritt fahren wir die sich nun abzeichnenden und gut erkennbaren Bleistiftumrisse mit der Zeichenfeder nach. Das geht auch mit einem Tuschefüller.

# ANLEITUNG ANDENKENBLATT

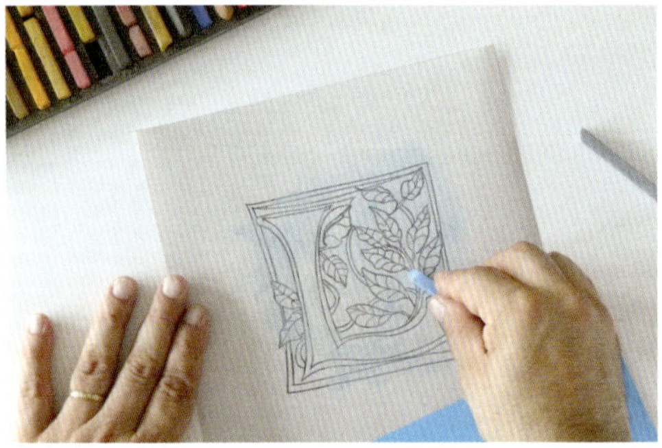

Anschließend lassen wir die Tusche gut trocknen, nehmen dann Pastellfarben und schummern sachte über das Motiv. Wir wollen nur eine leichte, sanfte Farbtönung im Hintergrund. Dabei hilft uns Watte.

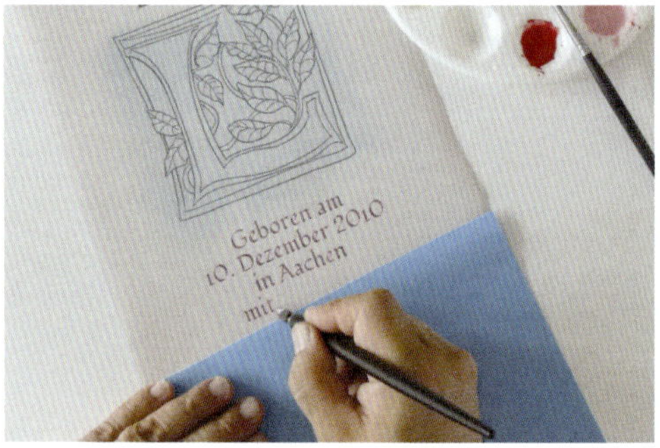


Nachdem wir mit Watte die Farbe verrieben haben, gehen wir wie üblich vor: Wir schreiben den Text nieder, schneiden ihn aus und fertigen den Klebeentwurf an. Wir übertragen die Hilfslinien und schreiben ins Reine.

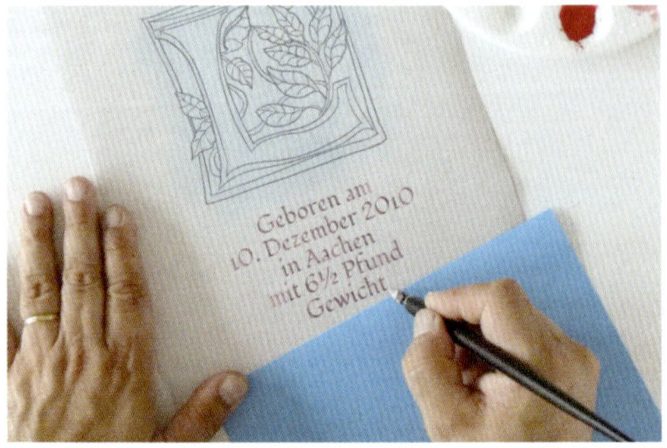


Für dieses Andenkenblatt haben wir uns statt schwarzer Tinte oder Tusche einen passenden Farbton aus Gouachefarben gemischt, die sich sehr gut mischen und mit Wasser verdünnen lassen.

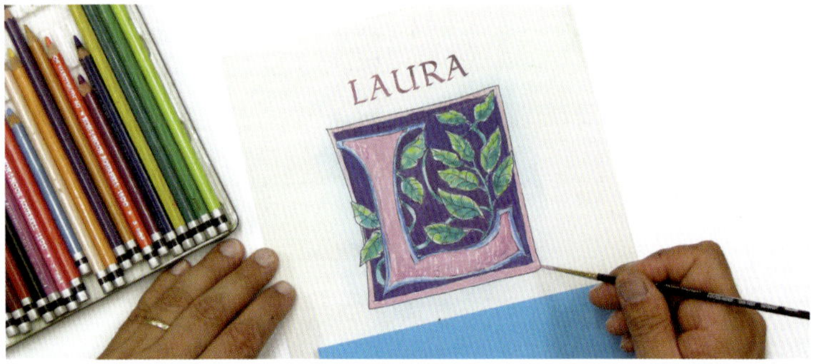


Dann lassen wir die Schrift trocknen und gehen anschließend in die Farbausarbeitung des Schmuckbuchstabens. Wir haben absichtlich nicht vor dem Schreiben das Motiv ausgearbeitet, weil sonst im Fall von Schreibfehlern die ganze Arbeit umsonst gewesen wäre. Wir benutzen beim Arbeiten ein Unterlegblatt als Schutz.

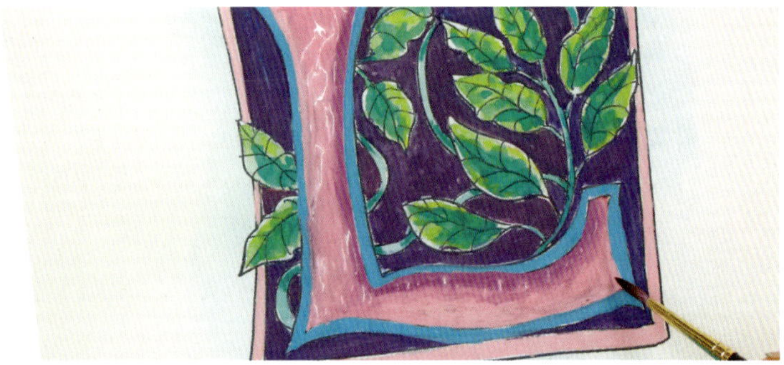

Nachdem wir die Grundtöne angelegt haben, bringen wir noch ein paar Tiefen ein und setzen ggf. an einigen Stellen noch ein paar Akzente. Der Fantasie sind keine Grenzen gesetzt. Es ist aber sehr hilfreich, sich vorher noch ein paar Muster und Beispiele zur Inspiration anzusehen.

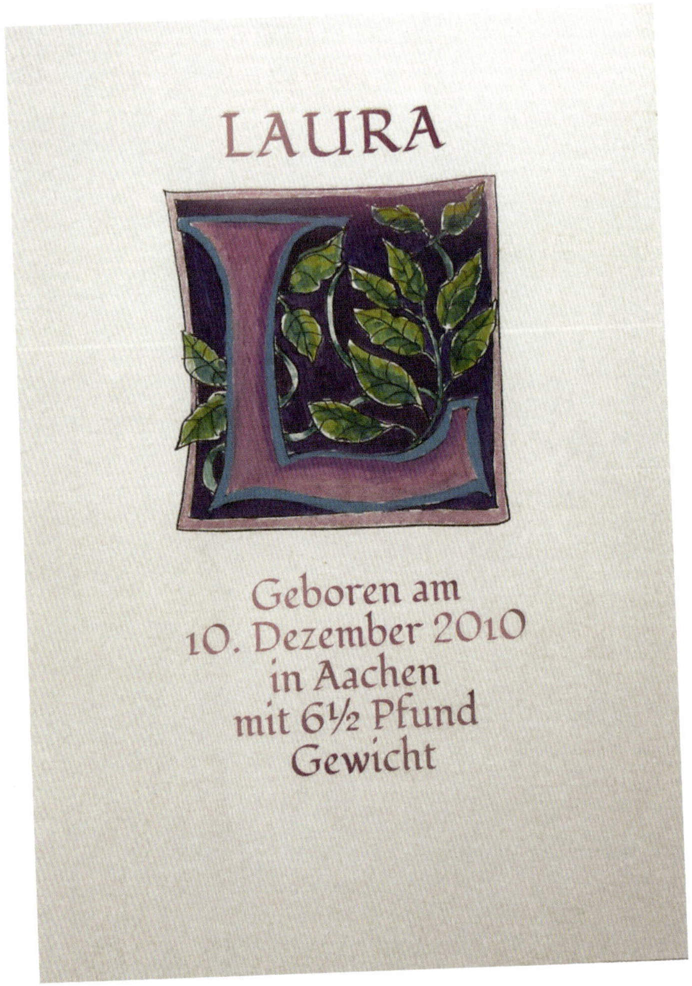

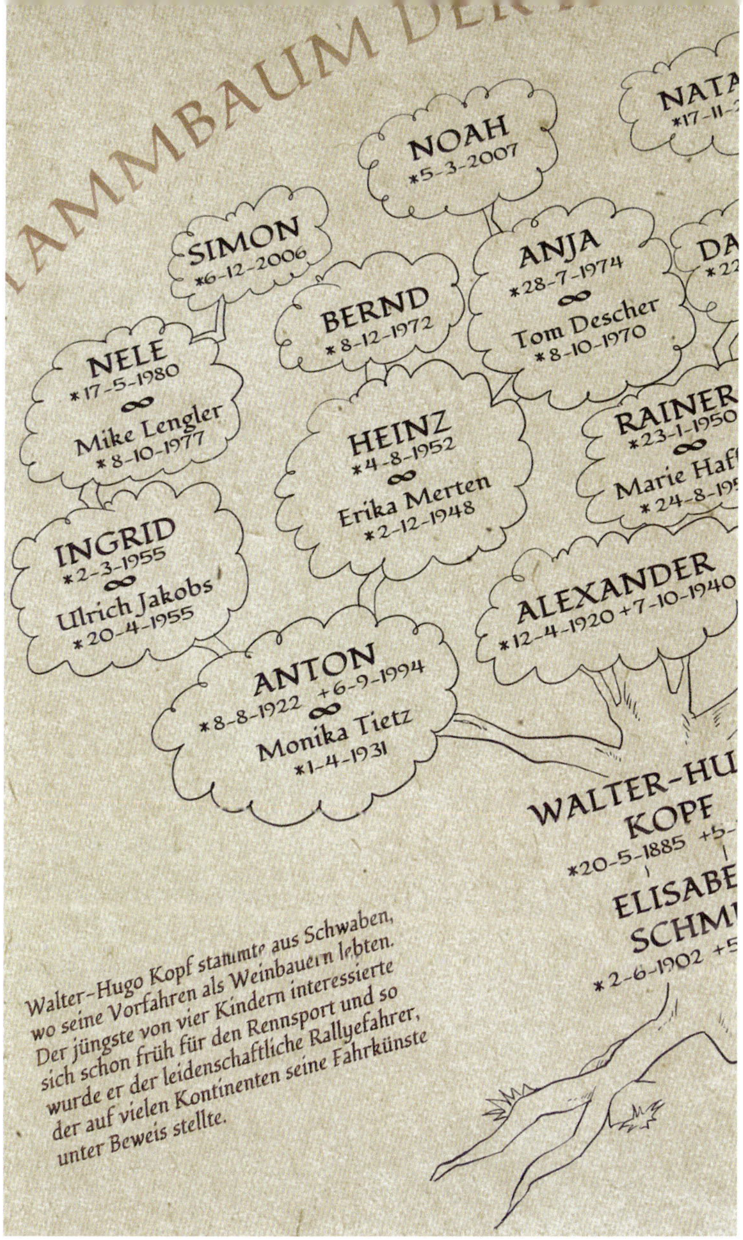




# STAMMBAUM

Die „Genealogie", wie die Familiengeschichtsforschung genannt wird, stammt von dem griechischen Wort genealogia ab und bedeutet „Stammbaum".

Die genetische Verwandtschaft wird im Allgemeinen als Blutsverwandtschaft bezeichnet – der Verwandtschaft durch Abstammung. Der medizinische Fachausdruck hierfür lautet Konsanguinität, vom lateinischen consanguinitas, con bedeutet „zusammen" und sanguis „Blut".

Stammbäume haben die Funktion, die Linie der Abstammung einer Familie und das Verwandtschaftsverhältnis der Nachkommen zueinander offenzulegen. Die alten Griechen orientierten sich an der Natur, um schwierige Konstrukte darzustellen: Die Struktur eines Baums mit seinen vielen Verästelungen ist ideal eignet für die Darstellung einer Familie über lange Zeiträume mit ihren Generationen an Nachkommen.

Ein Stammbaum ist eine zugegebenermaßen arbeitsintensive Angelegenheit, bei der man sich gründlich mit der Historie einer Familie beschäftigen muss, was aber wiederum eine sehr spannende Beschäftigung sein kann.

Einen Stammbaum anzulegen und auszuarbeiten ist somit eine Form der Ehrung und Wertschätzung des dargestellten Familienverbunds und eine interessante Beschäftigung mit der Vergangenheit.

In diesem Kapitel lernen wir, wie wir einen Stammbaum anlegen

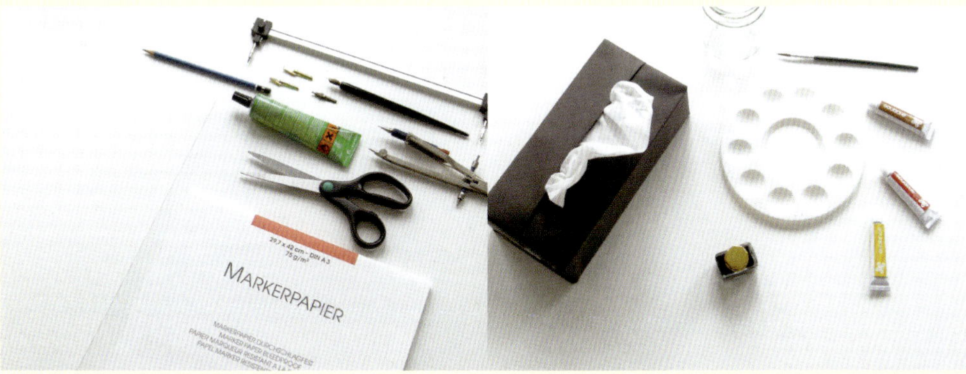


### Hierzu benötigen wir:

- Layoutpapier
- Aquarellpapier
- Stangenzirkel
- Zirkel
- Bleistift
- Federhalter
- Bandzugfeder Gr. ½, 1, 2 und 2½
- Zeichenfeder oder Tuschefüller
- schwarze Tusche
- Schere
- Klebestift
- Marmeladenglas
- Haarpinsel
- Gouachefarben
- Mischpalette
- Wischtücher

# ANLEITUNG STAMMBAUM

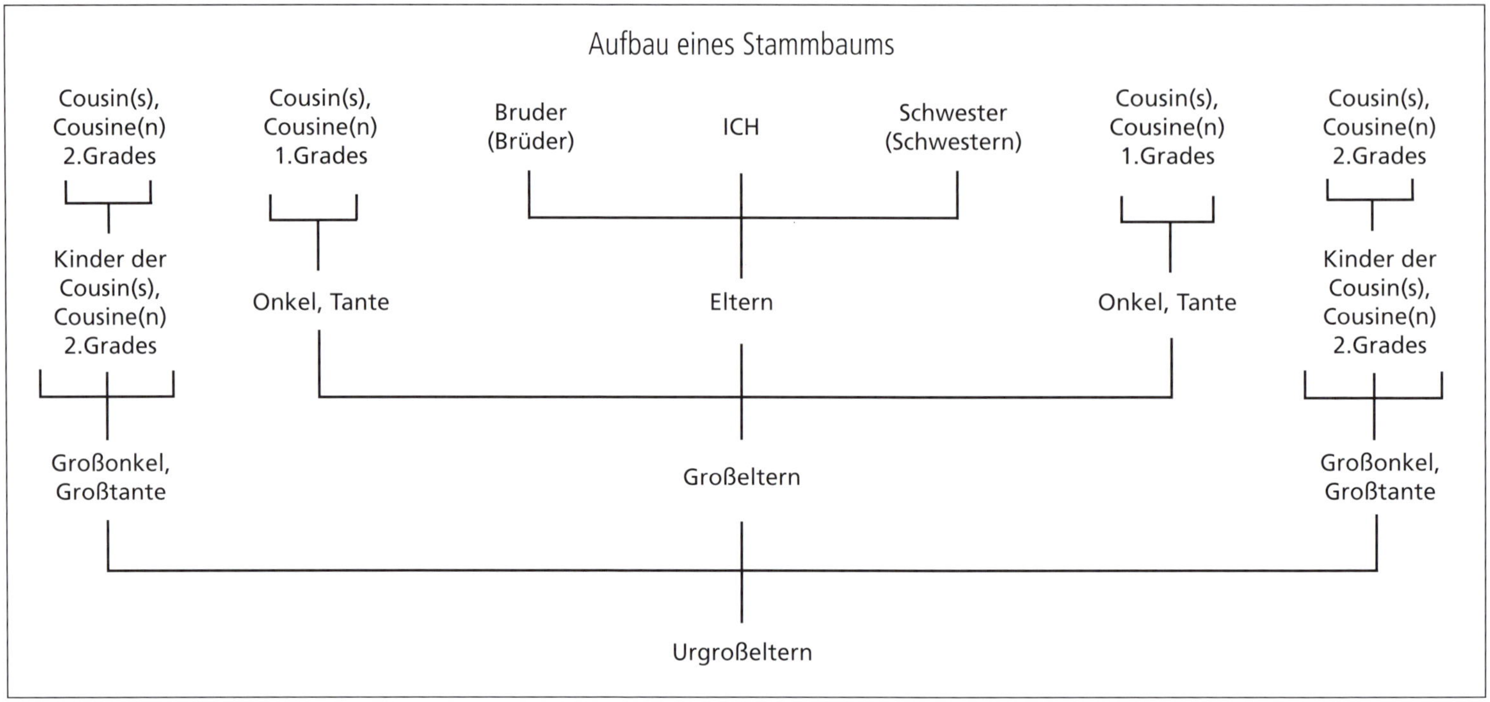


# ANLEITUNG STAMMBAUM

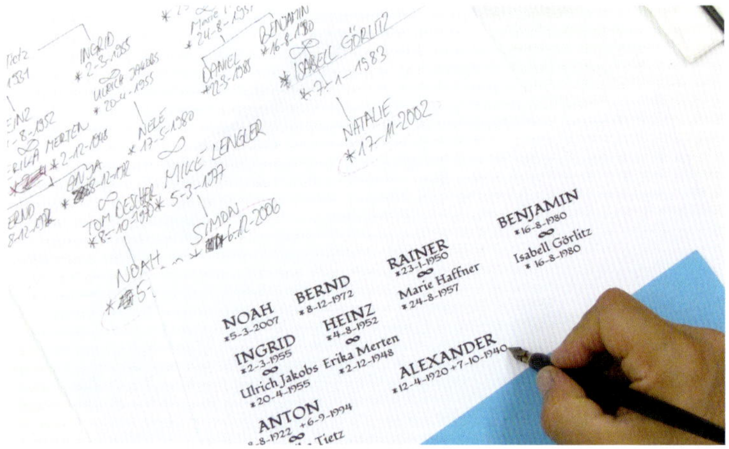


Wir tragen das Material mit Namen und Geburtsangaben zusammen und erstellen einen Grobentwurf. Anschließend schreiben wir alles in bewährter Methode nieder: mit Federtreppen, Hilfslinien und dem ungeordneten Text für unseren Klebeentwurf. Für die Blutsverwandtschaft nehmen wir Federgröße 2, für die Angeheirateten 1½, für die Daten ½ und für die Überschrift 2½.

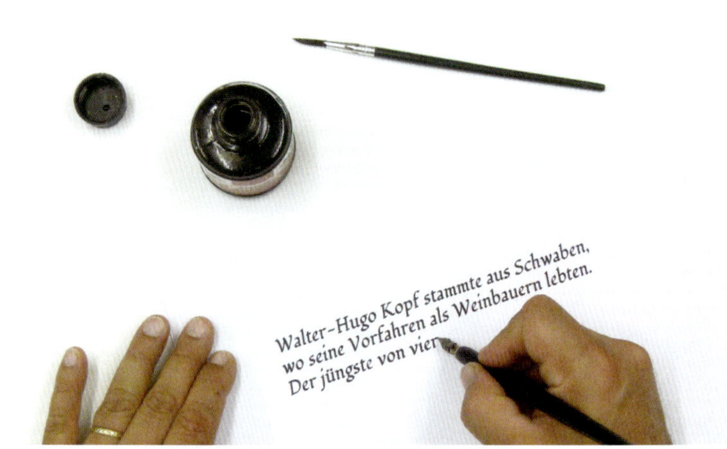


Wir wollen die Urgroßeltern ehren, indem wir einen kurzen informativen Text über sie anfertigen, den wir später neben die Namen an die Seiten setzen. Vorerst gilt auch hier die bewährte Methode des Niederschreibens an einem Stück. Hier sollten wir bereits darauf achten, richtige Zeilenlängen und Abstände zu benutzen, weil wir den späteren Text notfalls am Kopierer verkleinern können.

# ANLEITUNG STAMMBAUM

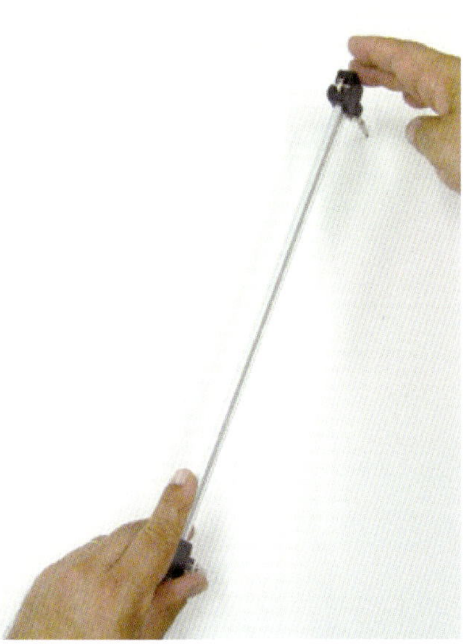

Für die Überschrift benutzen wir den praktischen Stangenzirkel: Auf einem A3-Layoutpapierbogen bringen wir die erste Grundlinie mit einem Radius von 30 cm an. Wir setzen das Kreissegment mittig auf den Bogen, wobei die Fixiernadel dabei außen liegt.

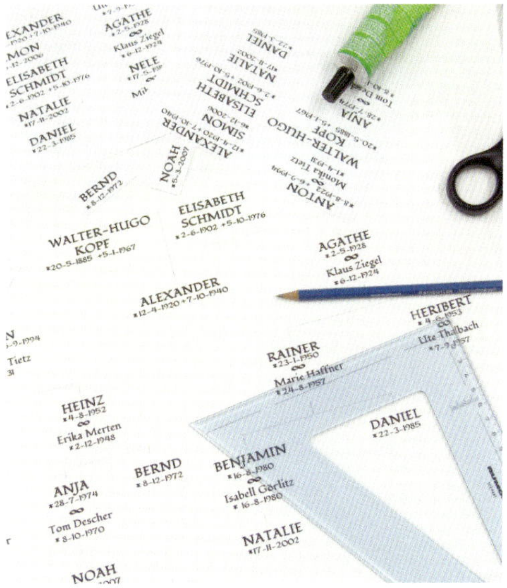

Weiter geht es mit der Federtreppe und der zweiten Hilfslinie. Die Überschrift wird nun in Großbuchstaben geschrieben. Danach wird der gesamte geschriebene Text mehrmals kopiert, ausgeschnitten und auf einen 58 x 38 cm großen Papierbogen montiert.

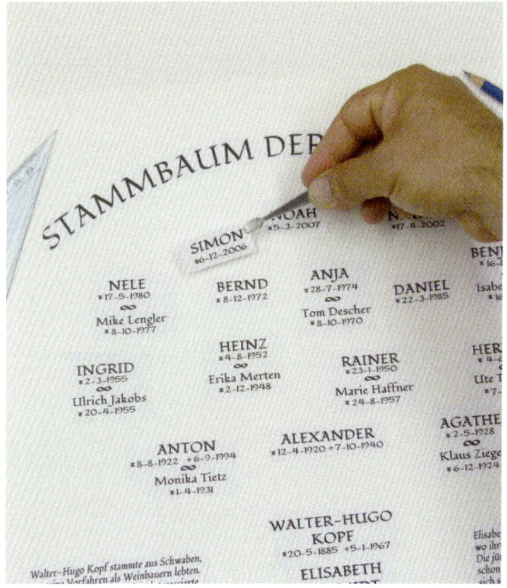

Mit dem wiederlösbaren Kleber können wir nun die Elemente solange ankleben, wieder lösen und verschieben, bis der Klebeentwurf unseren Vorstellungen entspricht. Wir wollen einen Baum darstellen, daher werden die Urgroßeltern ganz unten platziert.

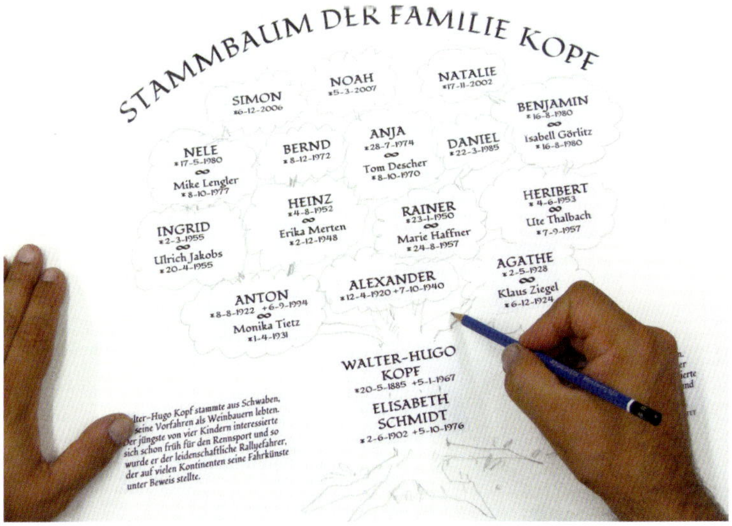


Die Struktur eines Stammbaums sieht folgendermaßen aus: Ganz unten stehen die Ältesten, ganz oben die Jüngsten. Nachdem wir unseren passenden Klebeentwurf mit allen Elementen angelegt haben – einschließlich den kurzbiografischen Texten an den Seiten – skizzieren wir mit Bleistift unseren Baum: Die Namen werden unten von Wurzeln und oben von Blattwerk umfasst.

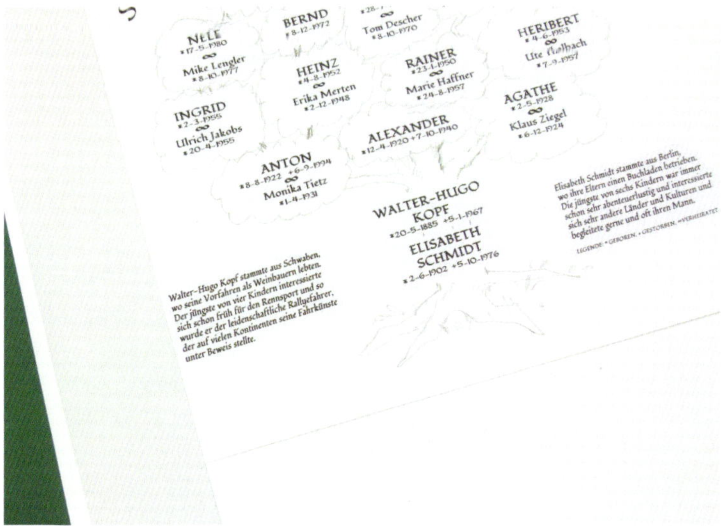

Um die Seitenabstände auszutarieren, eignet sich ein entsprechend breiter Papierstreifen als Abstandprüfer. Wir setzen den Streifen abwechselnd an beiden Seitenrändern an und prüfen die Abstände zu den Textelementen. Im Fall unseres Stammbaums wollen wir die beiden Kurzbiografien optisch ausgleichen – was und Dank des wieder lösbaren Kontaktklebers einfach gelingt.

# ANLEITUNG STAMMBAUM

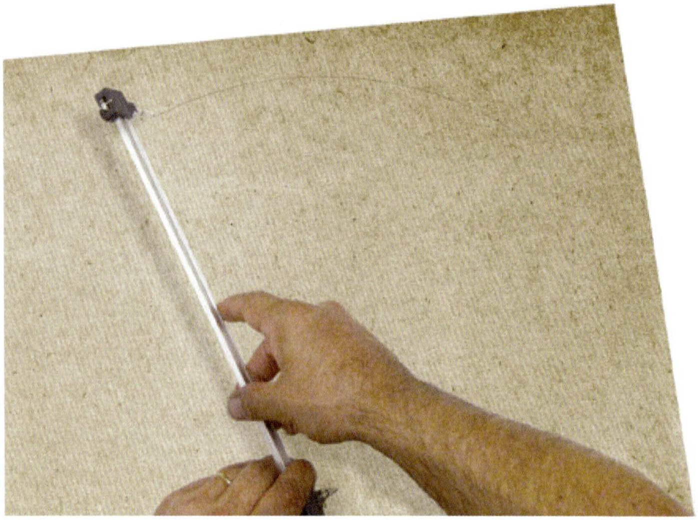

Nun nehmen wir wieder unseren Montagebogen als Hauptentwurf und arbeiten nach diesem Bauplan unsere Reinausführung auf dem richtigen Papierbogen aus. Als Erstes beginnen wir mit dem Kreissegment für die Überschrift: Wir nehmen genau Maß am Entwurf und bringen wieder mit dem Stangenzirkel die erste Hilfslinie an der richtigen Stelle an. Wir achten darauf, dass wir nicht das Papier mit unserer Haut anfetten.

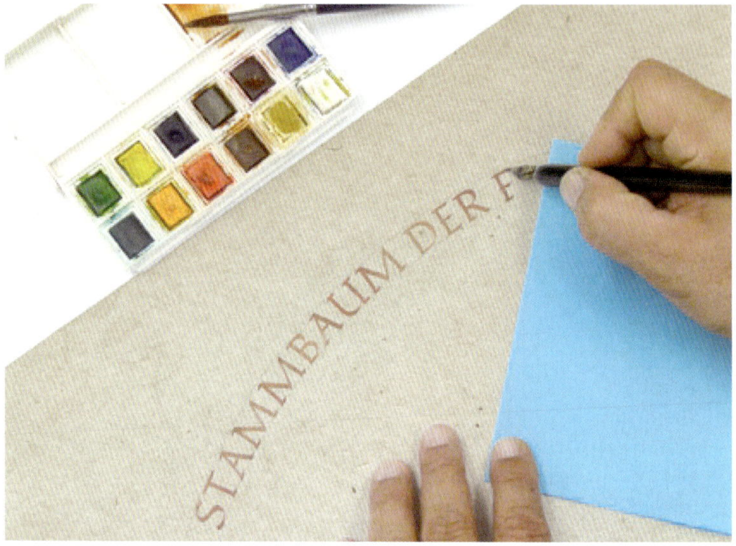


Dann schreiben wir konzentriert und zügig unsere Versalien mit verdünnter Farbe nieder. Wir haben aus Gouachefarben einen passenden, dezenten Braunton gemischt, damit unser Stammbaum nicht zu streng aussieht. Natürlich kann man auch ganz bunte Stammbäume anlegen – es gibt hierfür keine Regeln.

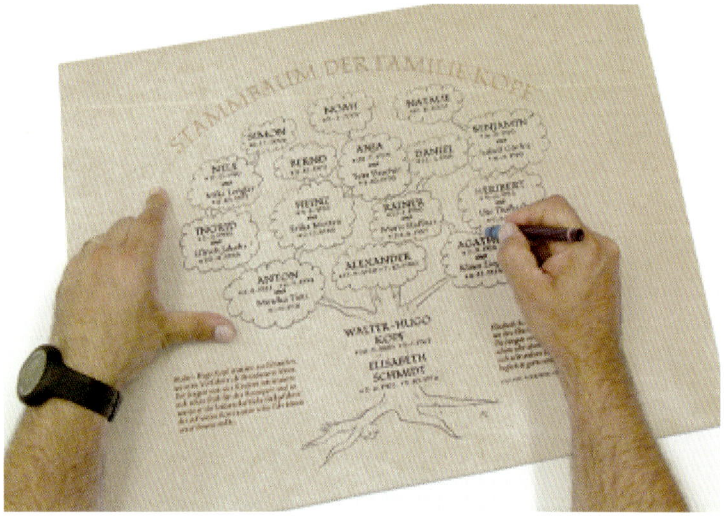

Wir lassen die Farbe trocknen und gehen über zu den Hilfslinien für den Rest des Textes: Direkt auf dem Klebeentwurf werden wieder Hilfslinien der Grund- und Oberlängenlinien gezogen, mit einem Papierstreifen markiert, ggf. die Abstände korrigiert, und auf den Zielbogen übertragen und vervollständigt. Nachdem wir alles sauber geschrieben haben, bringen wir die Konturen gemäß unserem Entwurf an.

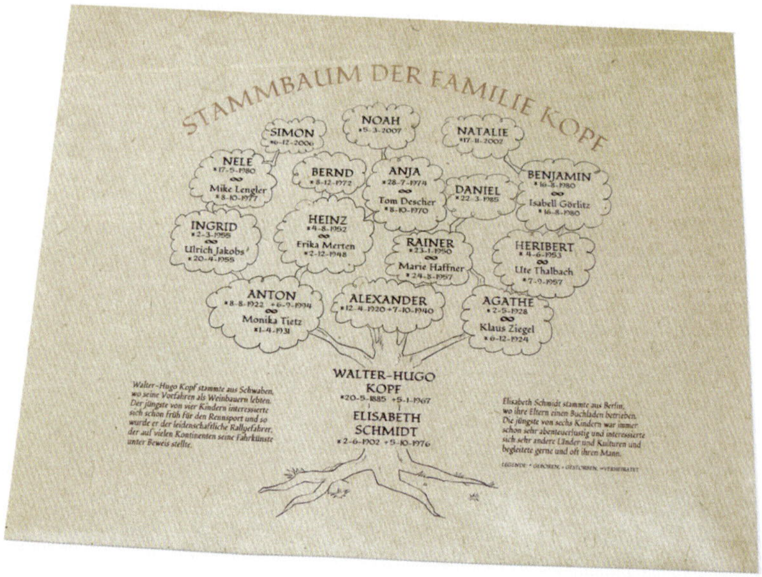


So ein Stammbaum ist ein ganz besonderes Geschenk! Zudem ist es ein spannendes Abenteuer, in die eigene Vergangenheit einzutauchen.

# HERALDIK

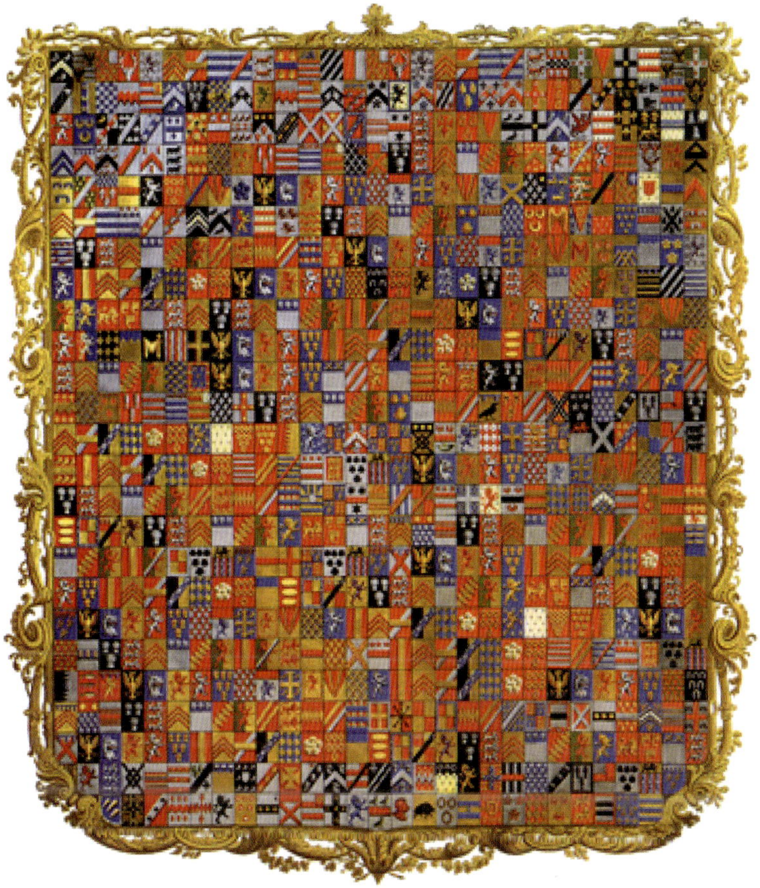

*In manchen Fällen konnte ein Wappen etliche andere Wappen umfassen und aufführen – je nach dem, welche Bündnisse und Abkommen zwischen den unterscheidlichen Wappenträgern bestanden .*

**Stellen wir uns folgende Situation vor: Ein schlammiges Schlachtfeld im 12. Jahrhundert. Etliche Ritter liegen in schweren Rüstungen leblos am Boden. Für die Helfer ist es schwer, ihre jeweiligen Herren auszumachen, da die mit Schlamm übersäten Rüstungen kaum voneinander zu unterscheiden sind ...**

Diese dramatische Einführung verdeutlicht, warum das Wappenwesen eingeführt worden ist. Das Problem der Zuordnung in kriegerischen Auseinandersetzungen wird uns hier klar vor Augen geführt. Das Problem konnte jedoch damit behoben werden, dass man den Rittern Erkennungszeichen und Symbole – Wappen – auf die Schilde malte, mit denen sie sich nun eindeutig voneinander unterscheiden konnten. Die Ausgestaltung jedes einzelnen Wappens war für den Ritter so etwas wie seine Visitenkarte.

Die nun mit unterschiedlichen Wappenschilden ausgestatteten Ritter wurden bei den beliebten Ritterspielen vom Herold – dem Boten des Lehnsherrn – mit der genauen Beschreibung ihrer Wappen angesagt. Diese Form der Beschreibung zur Ankündigung, die Blasonierung, war bei den Ritterspielen eine regelrechte Attraktion. So lautete beispielsweise eine damalige Blasonierung:

*„gespalten von Rot und Silber*
*über grünem Schildfuß zweimal gespalten*
*unter goldenem Schildhaupt gespalten*
*durch grünes Wellenband schräg geteilt"*

Die Heraldik – oder Heroldskunst – bezeichnet das Wappenwesen mit den Bereichen Wappenkunst, Wappenkunde und Wappenrecht.
Wir lernen in diesem Kapitel Grundlagen der Wappenkunde kennen und wie wir nach den Regeln der Wappenkunst ein eigenes Wappen gestalten und mit einer Blasonierung versehen können. In meinem Beispiel arbeite ich ein Wappen für meine Nachbarn, die Doggenzüchter-Familie Kämpf aus.

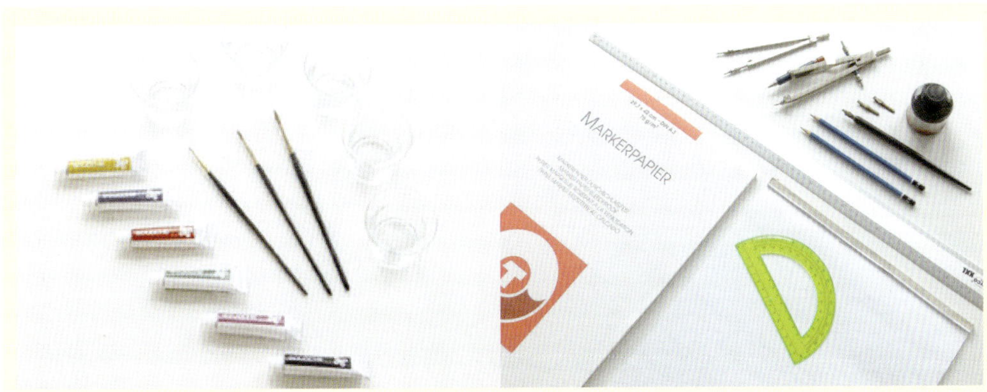


**Hierzu benötigen wir:**

- Layoutpapier
- Zeichenpapier
- Elefantenhautpapier
- langes Lineal
- Zirkel
- Bleistift 2H und 4B
- Federhalter
- Bandzugfeder Gr. 2½
- schwarze wasserfeste Tusche
- Schere
- Klebestift
- Gouachefarben
- Marderhaarpinsel in Gr. 1, 3 und 6
- Marmeladengläser oder Mischpalette

# BASISWISSEN WAPPENKUNDE

Eine Vielzahl an Wappen wird auch heute noch von Einzelpersonen, Gruppen, Familien, Vereinen, Organisationen, Gemeinden, Städten, Ländern und Staaten verwendet. Ein eigenes Wappen ist etwas ganz besonderes und kann nach §12 BGB wie ein Name weitervererbt werden. Auf den nächsten Seiten finden wir alle wichtigen Informationen, um unser eigenes Wappen auszuarbeiten.

## Vollwappen

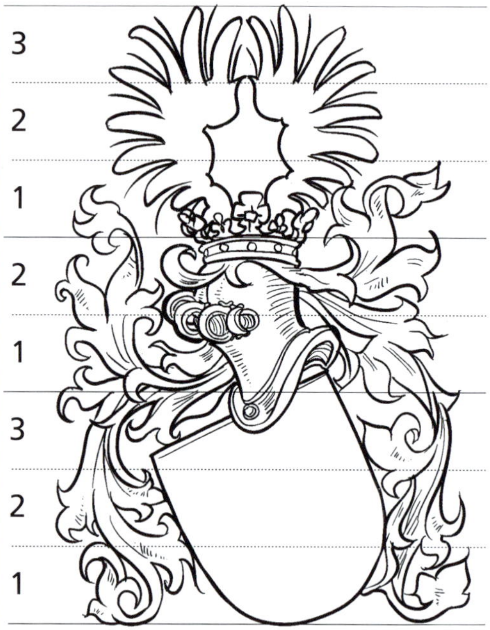


Zwar nicht erforderlich, aber meistens eingearbeitet sind sogenannte Schildhalter an den Seiten, ein Wappenmantel und eine Devise/ein Spruchband.
Alte Herrscher- und Staatswappen beinhalten oft integrierte kleinere Wappen, die auf Allianzen und Zusammenschlüsse hinweisen.

Ist der Schild gerade, wie bei (a), hat man es mit einem Adelswappen zu tun – ist er geneigt, wie bei (b), mit einem Bürgerwappen.

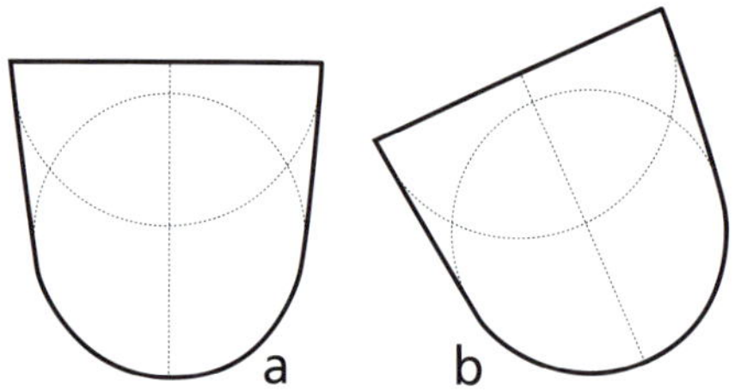


## Wappenarten

- Adelswappen
- Anspruchswappen
- Bauernwappen
- Bistumswappen
- Bürgerwappen
- Ehewappen
- Ehrenwappen
- Erbschaftswappen
- Familienwappen
- Gedächtniswappen
- Gelehrtenwappen
- Geschlechtswappen
- Gnadenwappen
- Gunstwappen
- Handwerkerwappen
- Hauswappen
- Heiligenwappen
- Herrschaftswappen
- Klosterwappen
- Landeswappen
- Lehenswappen
- Ordenswappen
- Staatswappen
- Stadtwappen
- Stammwappen
- Studentenwappen
- Territorialwappen
- Universitätswappen
- Vereinswappen
- Zunftwappen

## „Schildtopographie" nach Leonhard

*(J.G. Leonhard Dorst, 1809 - 1852)*

1–3: Schild
4–6: Balkenstelle
7–9: Schildfuß
1–7: rechte Flanke
3–9: linke Flanke
2–8: Pfahlstelle

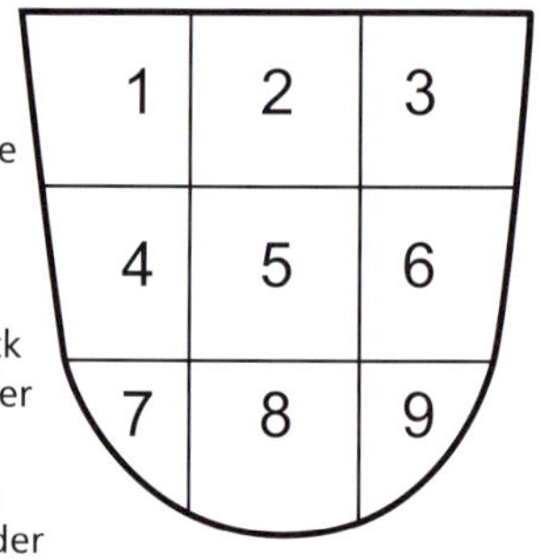


1: rechtes Obereck
2: Hauptstelle oder „der Ort"
3: linkes Obereck
4: rechte Hüft- oder Herzstelle
5: Herzstelle
6: linke Hüft- oder Herzstelle
7: rechtes Untereck
8: Fußstelle
9: linkes Untereck

## Schildteilung

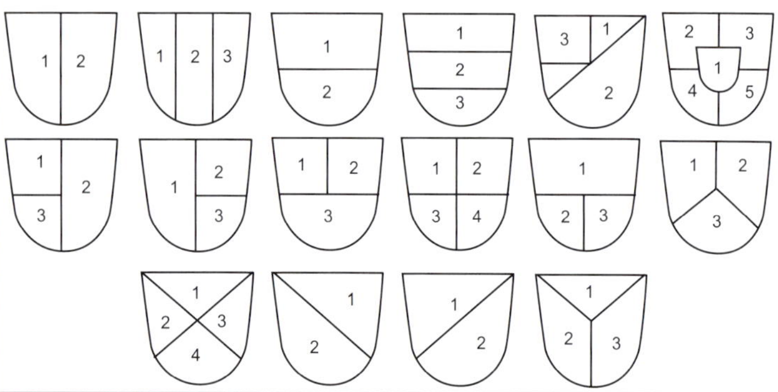

## Anordnung der Elemente und richtige Bezeichnung

*(Auswahl)*

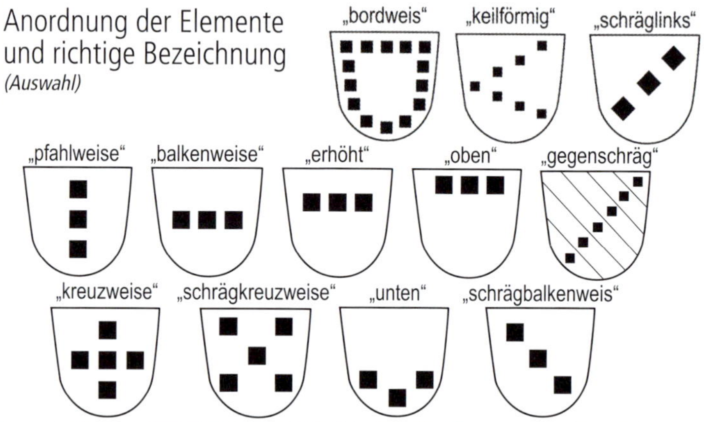

# BASISWISSEN WAPPENKUNDE

## Tinkturen

In der Heraldik gibt es nur sieben Tinkturen – fünf Farben, zwei Metalle und zwei Pelzarten. Sie können in Farbe oder Schwarz-Weiß-Schraffur dargestellt werden:

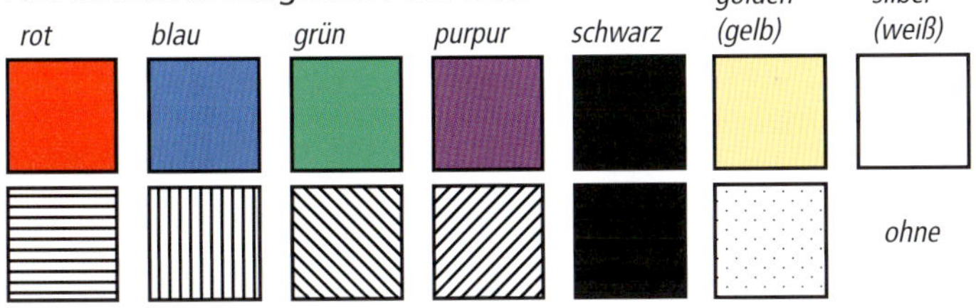


*Feh (sibirisches Eichhörnchen)*

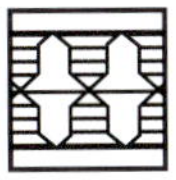

*Hermelin (Marderart)*

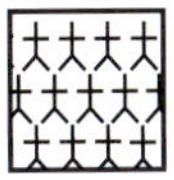

*Achtung: Andere Farben oder unterschiedliche Tonwerte gelten als unzulässig! Regel: Farbe an Metall! Nicht Farbe an Farbe oder Metall an Metall!*

## Schildformen

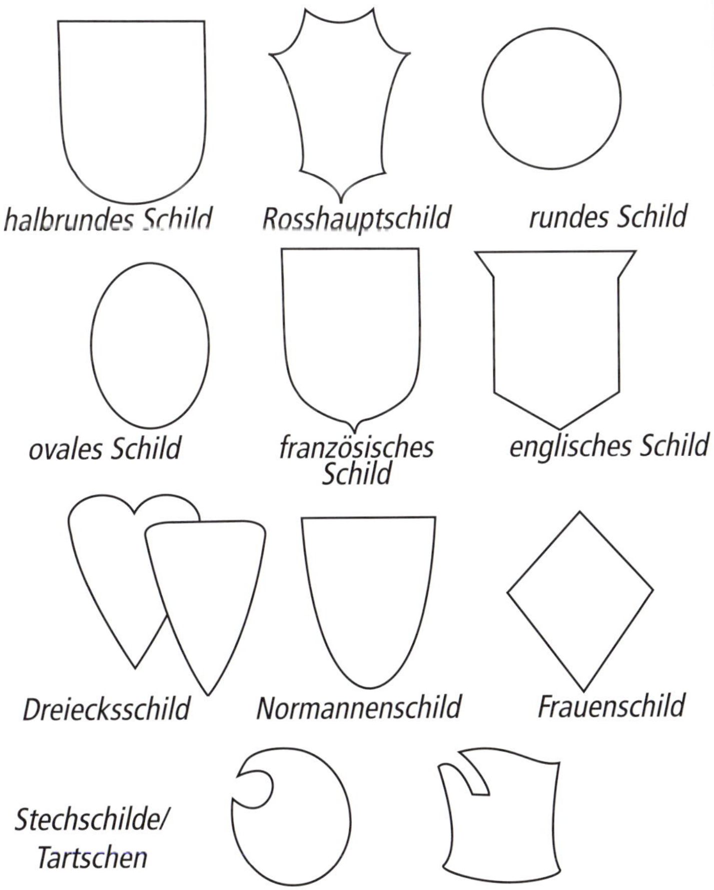


## Helmformen

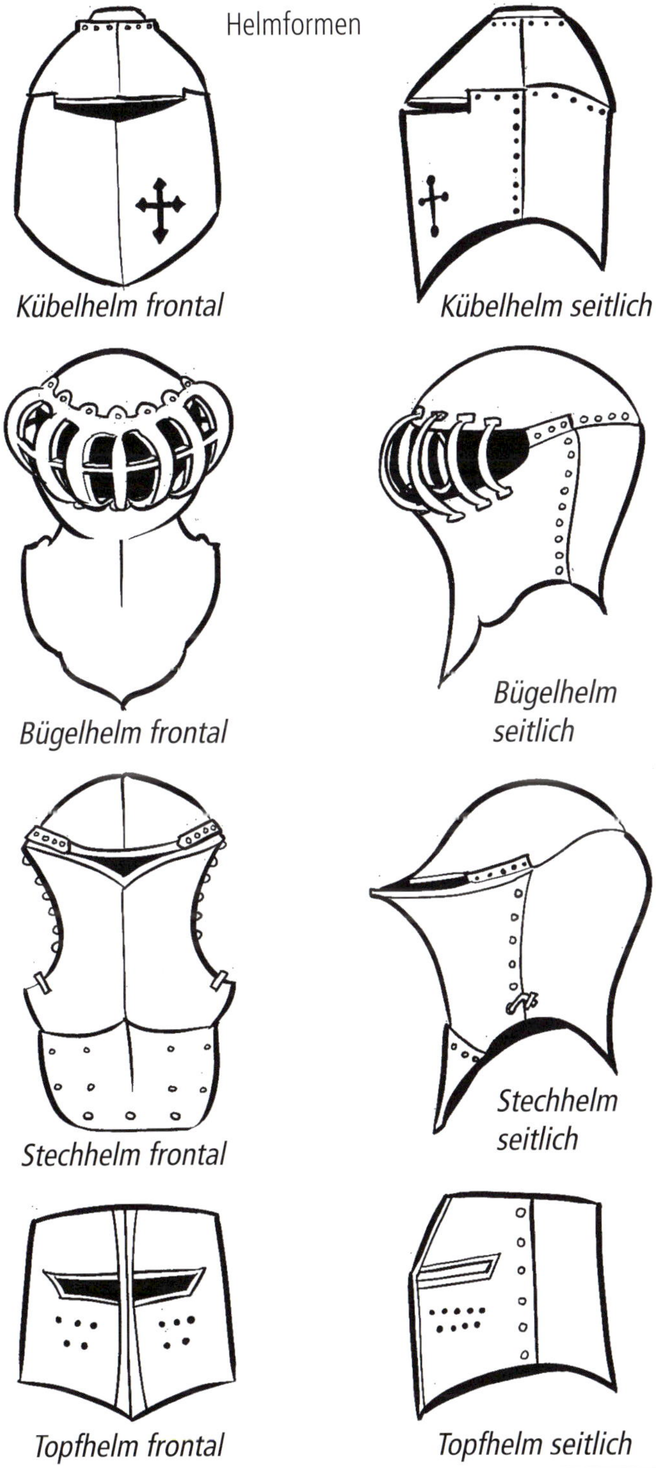

# BASISWISSEN WAPPENKUNDE

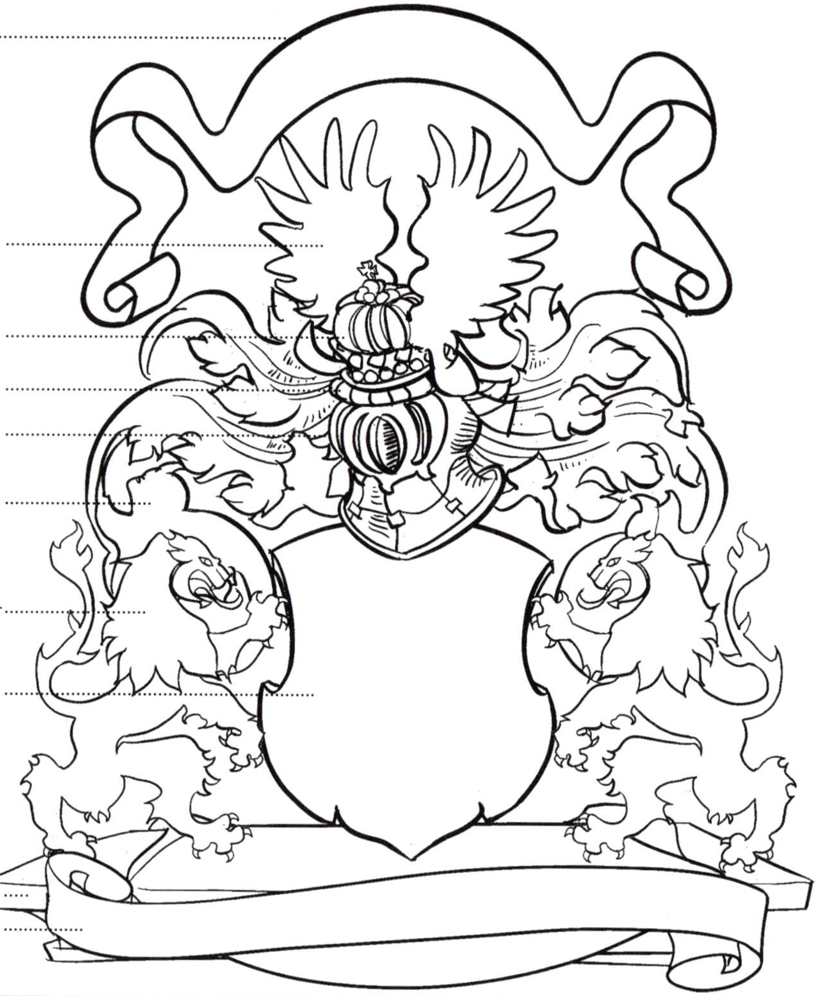


## Blasonierung

Die Blasonierung (von franz. Blason „Wappenschild") ist die sprachliche Beschreibungsform von Herolden, um die Wappen an- und durchreisender Ritter zu beschreiben. Sinn und Zweck war eine rein sprachlich artikulierte Beschreibung der Hoheitssymbole, Figuren und Zeichen, was bei Turnieren und Empfängen mit vielen Zuschauern den großen Vorteil hatte, dass sich jeder allein durch die Akkustik ein Bild des Wappens machen konnte.

Reihenfolge: Schildwappen, Schildhaupt, Krone, Helm, Helmzier, Prachtstücke, Schildhalter, Wappenmantel, Wahlspruch, Orden und Fahnen. Beispiel:

*Das erste Feld zeigt in Gold einen schwarzen Hengst begleitet von fünf roten Sternen.*
*Hinten fünfmal geteilt von Schwarz und Gold.*
*Belegt mit einem schräggestellten Rautenkreuz.*

## Panier

Auch *Kriegsgeschrei, Feldgeschrei oder Schlachtruf* genannt – ist ein Prachtstück innerhalb des Wappens und steht ganz oben.

## Helmwulst

Auch Bausch, Pausch, Löhr, Helmbinde oder Türkenbund genannt wiederholt die Farben des Wappenschildes und dient besonders im bürgerlichen Wappen als Ersatz für die Helmkrone. In der englischen Heraldik schmücken Wülste auch häufig Schilde.

## Schildhalter

Schildhalter – auch Wappenknechte, Wappenhalter, Schildbuben, Wappenstütze und Garde genannt – sind aus dem Siegel hervorgegangen und treten einzeln oder paarweise, gleichförmig oder unterschiedlich, neben oder hinter dem Schild auf, das sie tragen, halten oder stützen (einzige Ausnahmen sind fliegende Engel). Diese Menschen, Fabel- oder Tiergestalten sollten mit ihrem grimmigen Ausdruck den Ernst der Sache betonen ...

## Wahlspruch

Ein Wahlspruch – oder auch Devise – ist ein Motto, das einer langen Tradition oder einem besonderen Ereignis wie einem Bürgerkrieg oder einer Revolution entspringt. Er hat seinen Platz üblicherweise auf einem Spruchband unter dem Wappenschild.

## Helmkrone

Entsprechend dem Rang des Ritters waren an Schild und Helm Kronen angebracht. Aus Letzterem stach die Helmzier heraus, die gerne in Turnierspielen vom Helm gestoßen wurde.

## Helmzier oder Helmkleinod

Kleine, plastische Figuren, die den Schildinhalt wiedergeben, oder Federbüsche, Hüte, Vogelflügel (paarweise angebrachte Vogelflügel nannte man beim Blasonieren „einen Flug"). Es war ein ausgesprochen beliebtes Ziel unter Turnierrittern, sich gegenseitig die Helmzier vom Helm zu stoßen.

## Helmdecke

Dieses Stück Stoff sollte ursprünglich den Helm vor der Hitze der sommerlichen Sonneneinstrahlung schützen, die sehr unangenehm werden konnte. In der Heraldik wird sie so dargestellt, dass beide Farben – Farbe und Metall – sichtbar sind.

## Postament

Das Postament – auch Grund, Konsole oder Podest genannt – ist ein ornamentales Grundelement und besteht aus stilisierten Pflanzen, Steinen, Felsen, Hügeln und Bergen. Bei größeren Wappen fügt man das Wappenzelt hinzu (jedoch nicht den Wappenmantel).

# ANLEITUNG FAMILIENWAPPEN

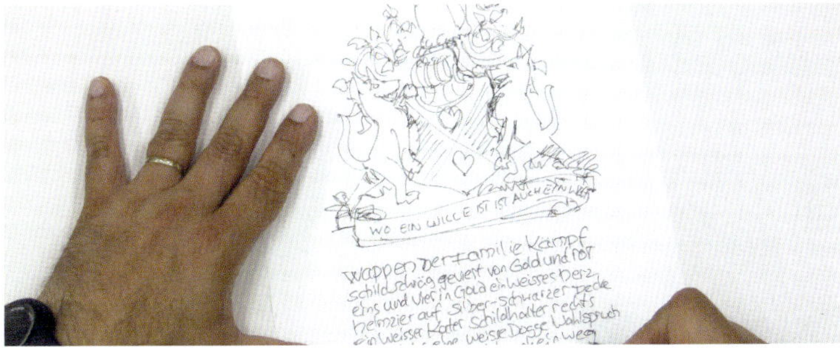

Nachdem wir uns nun genauer mit Wappenkunde beschäftigt haben und uns die Methodik der Wappenkunst vertraut ist, machen wir uns nun Gedanken über die Bestandteile des neuen Wappens, das wir anfertigen wollen: Die Blasonierung sowie die Bestandteile, die das Wappen aufweisen kann, sind geklärt. Im ersten Schritt erstellen wir einen Grobentwurf und schreiben die Blasonierung.

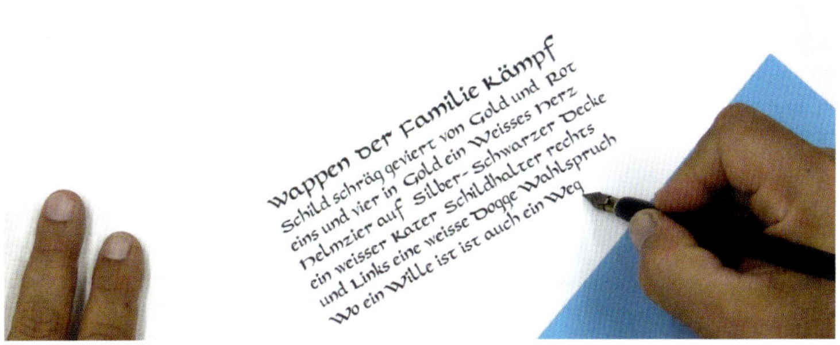


Dann gehen wir wie gewohnt vor: Wir schreiben unseren Text mittels Federtreppe und Hilfslinien auf Layoutpapier, achten aber hier schon darauf, den Text etwas zusammenzuhalten, weil wir dieses Mal nicht die einzelnen Zeilen zerschneiden – bei kurzen Textblöcken kann man dies überspringen. Wir schreiben die Blasonierung in der Unziale, die gut dazu passt.

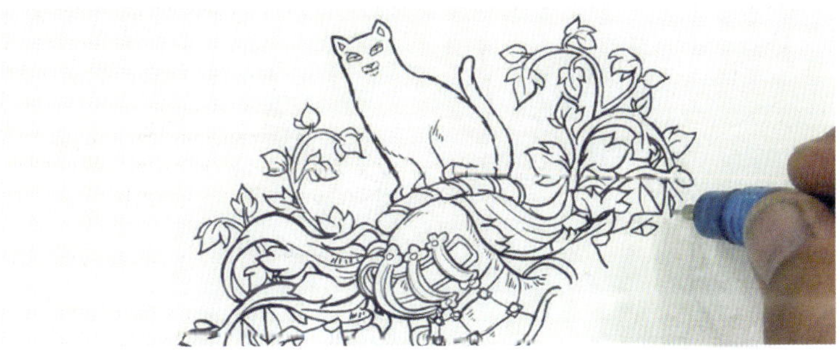

Nun geht es ans Wappen: Der erste Grobentwurf wird verfeinert und optimiert, sodass er ins Reine gezeichnet werden kann. Der Entwurf wird entweder abgepaust oder mit der Bleistift-Aufreibe-Methode (das Blatt wird auf der Rückseite mit Bleistift geschummert, umgedreht und die Linien werden nachgefahren) auf den Hauptbogen übertragen. Die Tuschausführung kann mit Zeichenfeder oder Füller gemacht werden.

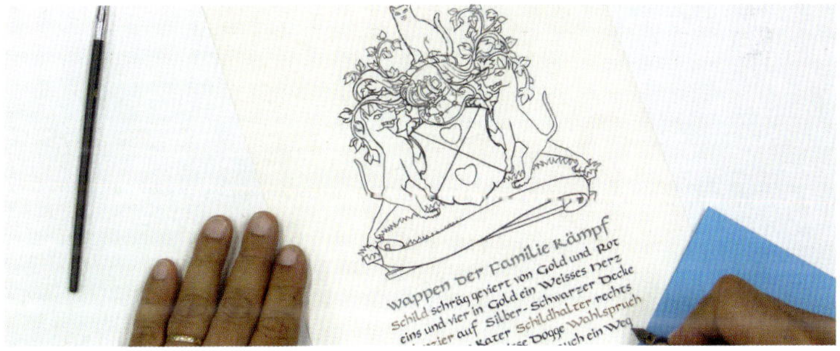

Nachdem wir das Wappen sauber angelegt haben, geht es ans Schreiben: Wir platzieren zuerst den im zweiten Schritt auf Layoutpapier geschriebenen Text an die richtige Stelle, markieren die Grundlinien mit dem Lineal links und rechts und ziehen die Hilfslinien leicht, damit wir diese später ohne Probleme wieder ausradieren können. Wir schreiben in Gouachefarbtönen und betonen Überschrift und Hervorhebungen.

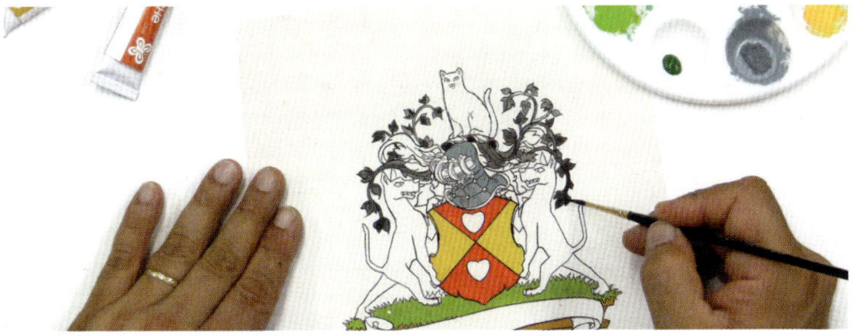

Nachdem wir die Schrift haben trocknen lassen, gehen wir zum Wappen zurück. Im nächsten Schritt mischen wir uns zu Beginn die richtigen Farbtöne für alle entsprechenden Bestandteile des Wappens mit Gouache. Dann pinseln wir vorsichtig mit einem feinen Marderhaarpinsel an den Konturen beginnend nach innen die Flächen aus.

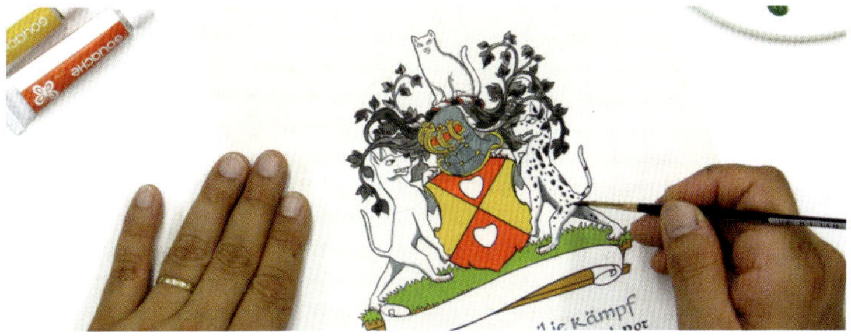

Darauf folgt die weitere Feinausarbeitung, in der wir Muster und weitere dunklere Farbtöne anbringen. Die Katze oben ist allem Anschein nach eine gewichtige Figur im Hause Kämpf, obwohl die Familie Doggen züchtet. Wir arbeiten das Wappen noch weiter aus, bis es zu einem richtigen Blickfang wird.

# ANLEITUNG FAMILIENWAPPEN

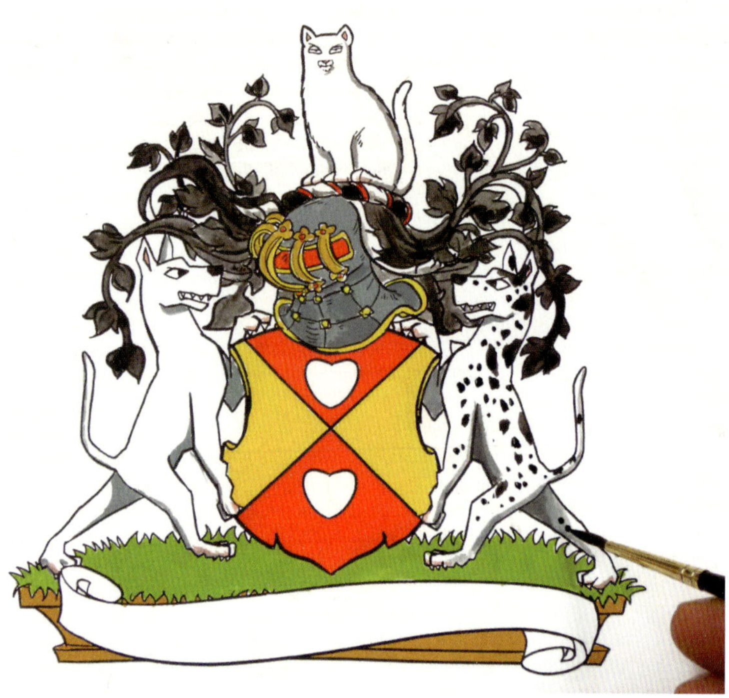

Bei Schildhaltern mit Tieren sollten diese einen grimmigen Ausdruck verliehen bekommen, um die Ernsthaftigkeit des Wappens zu betonen.

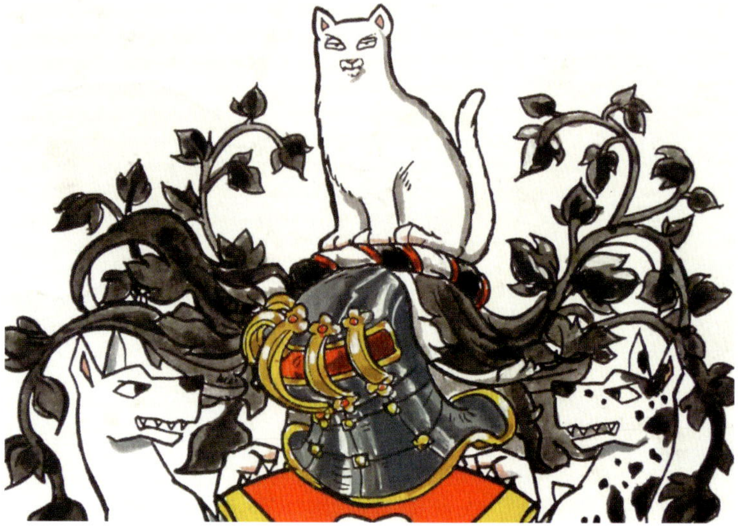

Im nächsten Schritt verleihen wir unserem Motiv die richtige Tiefe und Komplexität, indem wir verschiedene dunklere Tonwerte, Spitzlichter und Schatten ausarbeiten.

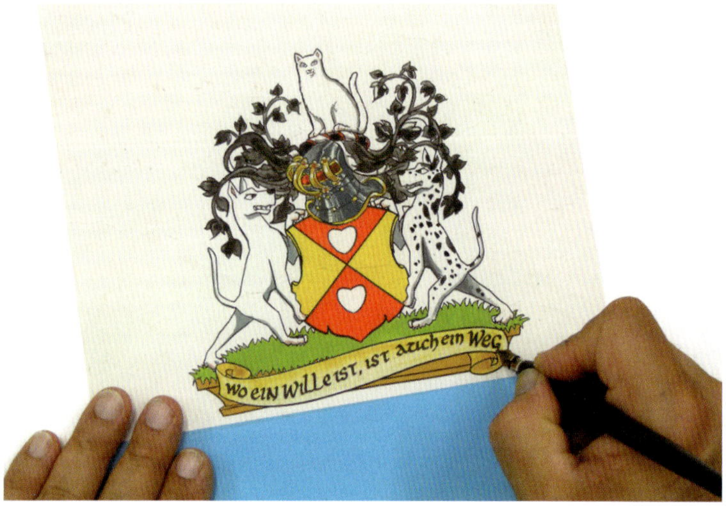


Nachdem wir alle Feinarbeiten ausgeführt haben, fehlt jetzt noch das Tüpfelchen auf dem „i“, der Wahlspruch. Diesen schreiben wir zuerst auf ein separates Blatt Papier, schneiden ihn aus und benutzen ihn als Vorlage beim Schreiben. Fertig.

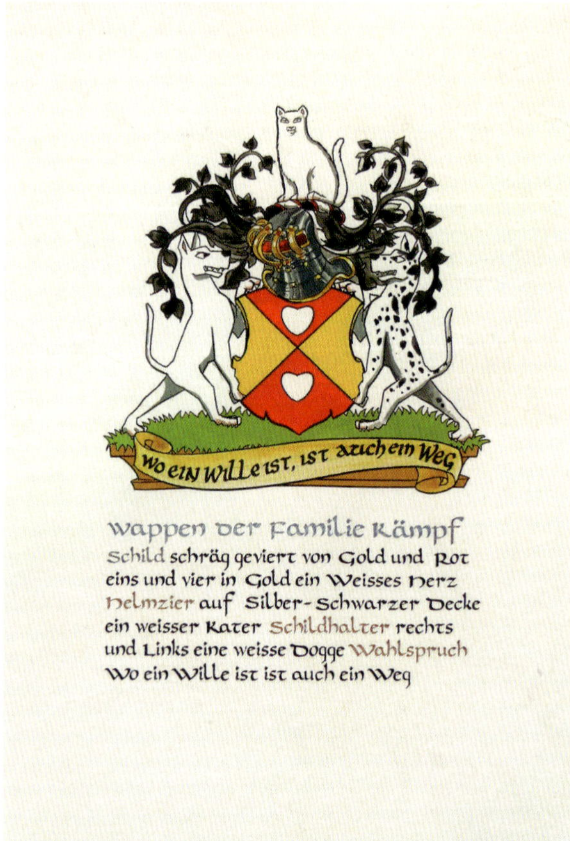

# LAGEPLAN

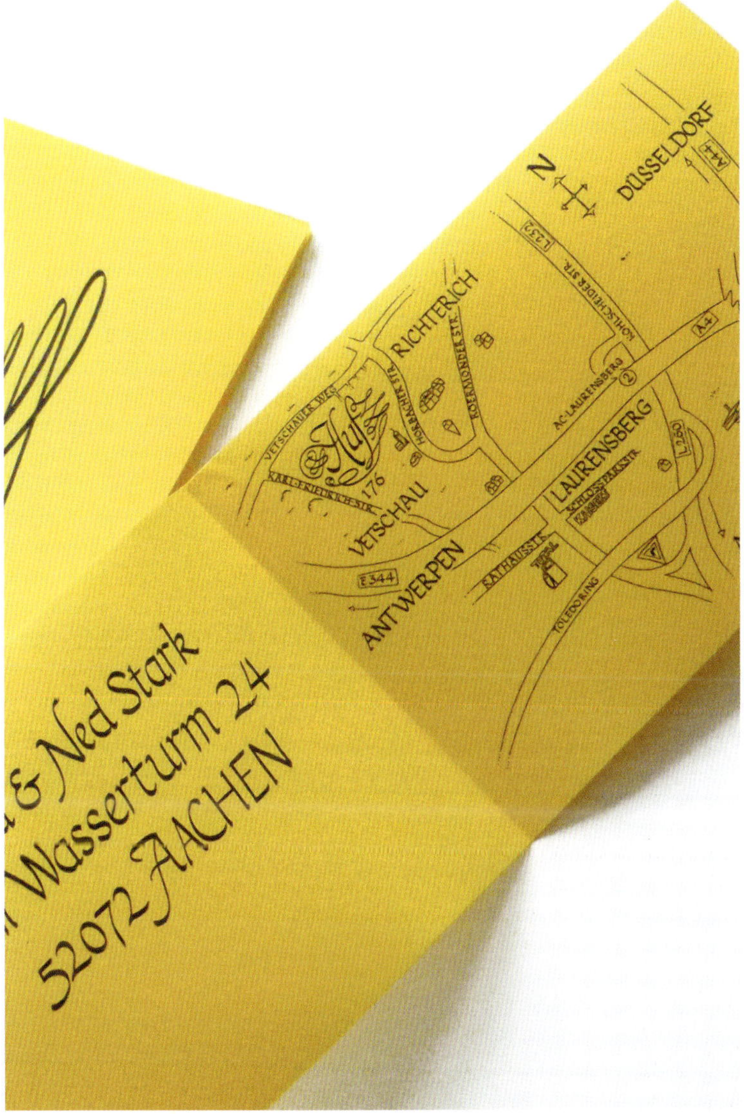


**Natürlich kann sich heute jeder eine Anfahrtsroute über das Internet besorgen, keine Frage. Es gibt mittlerweile fast alles kostenlos und wir können es in Sekundenschnelle ausdrucken. Allerdings ist die kostenlose „Stangenware" nicht immer so ansprechend.**

Manchmal wundern wir uns darüber, dass die gezeichnete Version eines Gesichts im Vergleich zur fotografierten besser aussieht. In der gezeichneten Version scheint sich etwas zu befinden, das der Fotografie oftmals fehlt: „Leben".

Das darin vermutete Geheimnis ist eigentlich gar keines: Der Zeichner „übersetzt" das Gesehene, betont die für die Person oder das Objekt bedeutenden Aspekte und rückt die nebensächlichen in den Hintergrund. Solch einen „Filter" besitzt jeder. Auf diese Weise funktionieren auch Karikaturen. Man betont, anders als beim Foto, nur bestimmte Eigenschaften und lässt dafür andere, überflüssige Merkmale weg.

Und genau hier liegt der Vorteil eines selbstgemachten Lageplans. Im Vergleich zu einem ausgedruckten Satellitenbild oder einer Standardkarte können wir bestimmen und steuern, was abgebildet wird. Durch die verwendete Zeit und Mühe entsteht so eine besondere Karte, die kein Navigationsgerät auf diese Weise erstellen konnte.

In diesem Kapitel lernen wir, worauf es beim Anlegen eines Lageplans ankommt, und wie wir sie als Vorlage für Fotokopien aufbereiten.

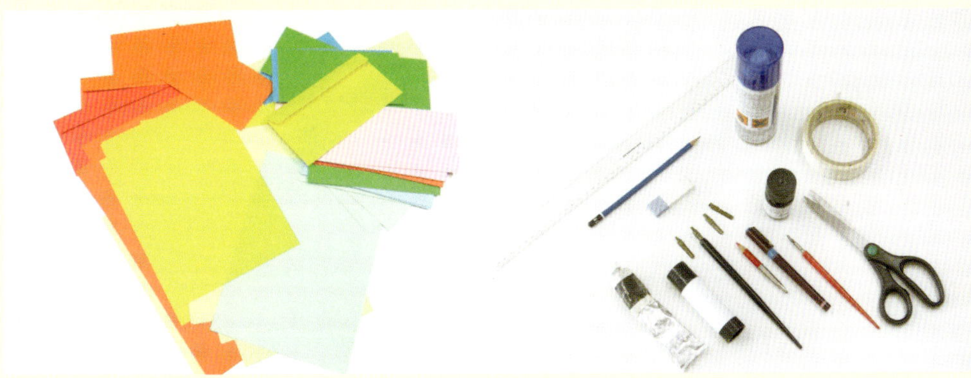

**Hierzu benötigen wir:**

- Layoutpapier A3
- Transparentpapier
- Klebeband
- Sprühkleber
- bunte Papierbögen und Umschläge
- langes Lineal
- Bleistift
- Radiergummi
- Zeichenfeder
- Federhalter
- Bandzugfeder Gr. ½, 1 und 2
- wasserfeste Tusche
- Tuschefüller
- roter Farbstift
- Schere
- Klebestift
- Tube Deckweiß

# BASISWISSEN

Anders als bei rechnergenerierten Wegbeschreibungen aus dem Internet oder dem Navigationsgerät hat der von Hand gefertigte Lageplan den einzigartigen Vorteil, Informationen, die verwirren statt helfen, nach Belieben einzuschränken. Der Empfänger erhält somit eine „gefilterte" Wegbeschreibung, die ihm kurz und bündig den Weg weist. Auf maßstabsgetreue und topografisch richtige Wiedergabe von Landschaften und Straßen wird hierbei verzichtet.

### Anmutung und Stilmittel

Am schönsten sieht ein handgefertigter Lageplan aus, wenn „alles wie aus einem Guss wirkt" – sprich, wenn Schriftbild und Abbildungen harmonisch zueinander passen und sich gegenseitig ergänzen. Es ist daher sinnvoll, wenn wir für beides das gleiche Schreibgerät verwenden: Die Bandzugfeder z. B. eignet sich hervorragend zum Schreiben wie auch zum Zeichnen.

Wie wir die Symbole und Zeichen darstellen, ist eine Frage des Geschmacks. Ob mit Zeichenfeder, Pinsel oder Stift – unserer Kreativität sind keine Grenzen gesetzt.

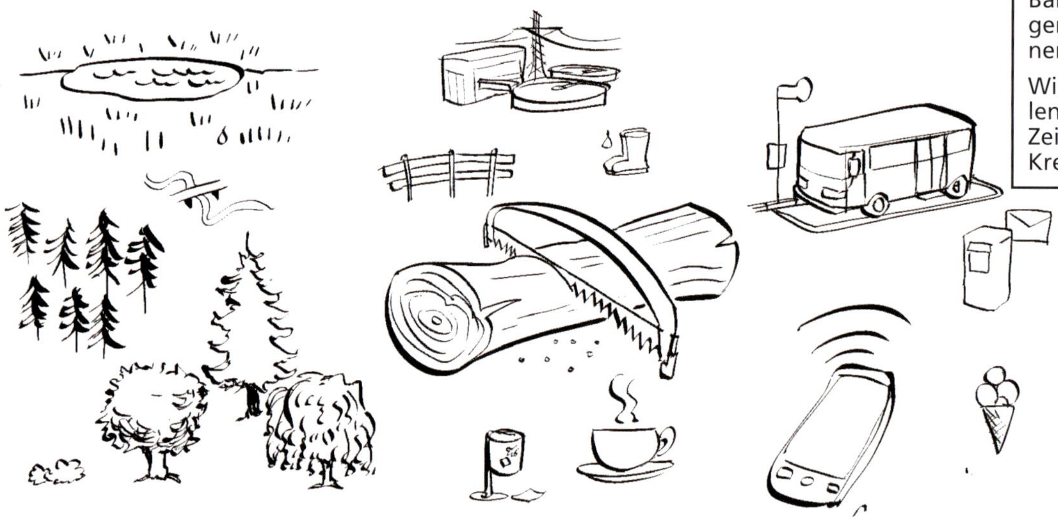

Einige Beispiele für Symbole. Natürlich brauchen wir das Rad nicht neu zu erfinden: Wir können nach Lust und Laune auch Piktogramme, Logos und Markenzeichen einbringen.

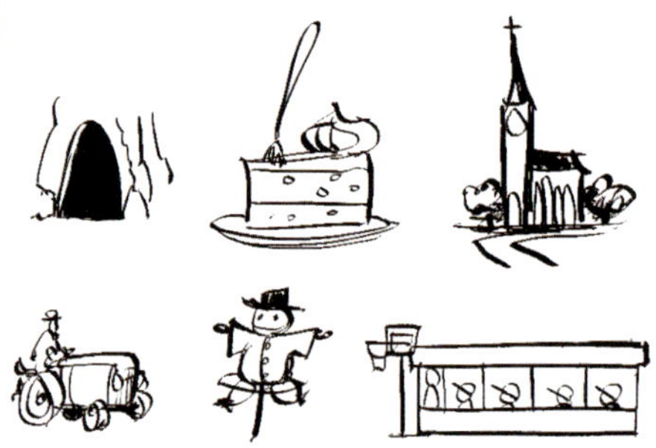

Die Symbole müssen nicht fotorealistisch genau sein, sollten jedoch einigermaßen zu verstehen geben, was gemeint ist.

### Entwürfe

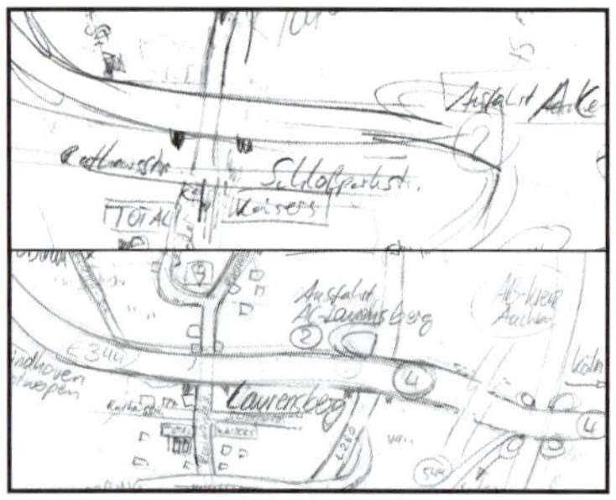

Im ersten Entwurf kommt es nicht darauf an, dass alles perfekt angelegt ist. Unsere Vorlage soll uns hier helfen, alle wichtigen Informationen zusammenzutragen. Im zweiten Entwurf lassen wir Überflüssiges weg und beschränken und auf das Wesentliche.

### Bauplan

| VORDERSEITE (Monogramm o.a.) | |
|---|---|
| ADRESSE (innen links)) | PLAN (innen rechts)) |

Bevor wir anfangen, legen wir ein Muster mit einem Bauplan an: Wir falten ein A4-Blatt je einmal längs und quer und erhalten damit vier Nutzen auf einer Seite. Am Schluss falten wir das Blatt zu einer Klappkarte, die ungeöffnet nur postkartengroß ist.

### Schriften

Mit unterschiedlichen Schrifttypen wird die Wegbeschreibung verständlicher und sieht schöner aus. Wir müssen nur darauf achten, dass wir uns nicht zu lange mit dem Schreiben aufhalten: Im Lageplan hat alles seine Bedeutung.

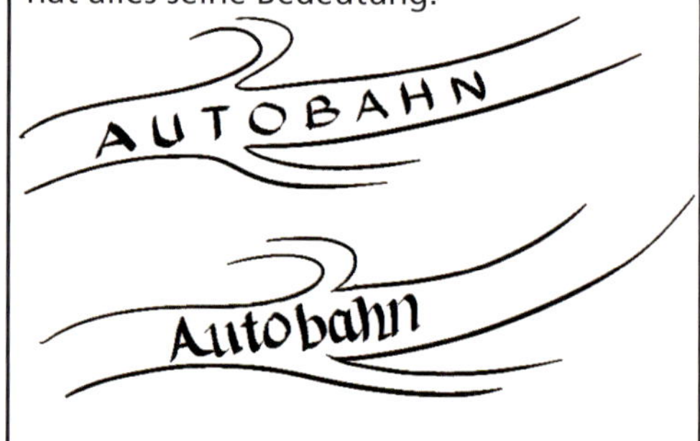


*Für Straßennamen eignen sich in der Regel Großbuchstaben wegen der guten Lesbarkeit am besten.*

# VERZIERUNGEN

Schleifen und Spiralen setzen unübersehbare Akzente und werten die Schriftarbeiten auf. Den „Coca-Cola"-Schriftzug z.B. kennt man auf der ganzen Welt. Allerdings erzielen diese geschwungenen Linien erst dann ihre volle Wirkung, wenn die Feder selbstbewusst und mit leichter Hand geführt wird – und das erfordert Übung. Erfahrene Schreiber können jedoch auf diese Weise an nur einem Buchstaben unzählige Verzierungen anbringen, ohne dass diese störend wirken. Verzierungen können einen Lageplan zu etwas ganz Besonderem machen.

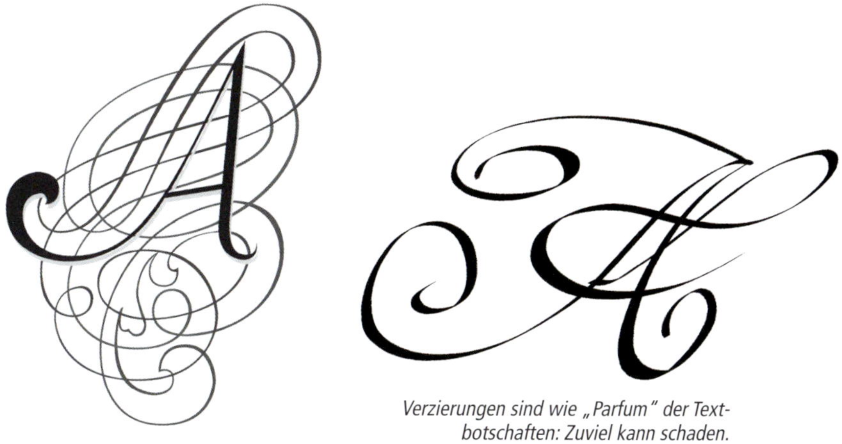

*Verzierungen sind wie „Parfum" der Textbotschaften: Zuviel kann schaden.*

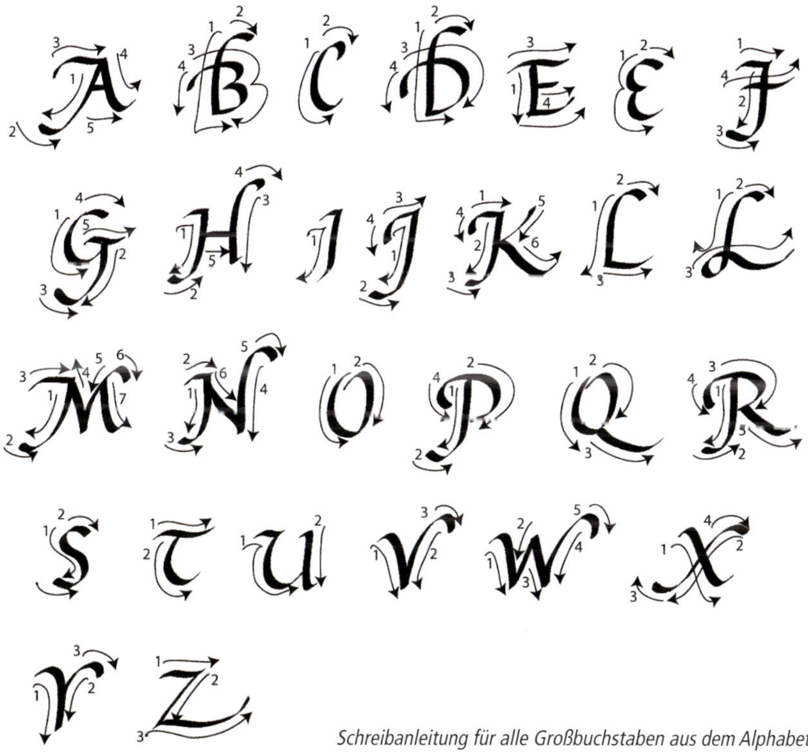

*Schreibanleitung für alle Großbuchstaben aus dem Alphabet*

*„Coca-Cola" – eine der berühmtesten Schleifenverzierungen der Welt*

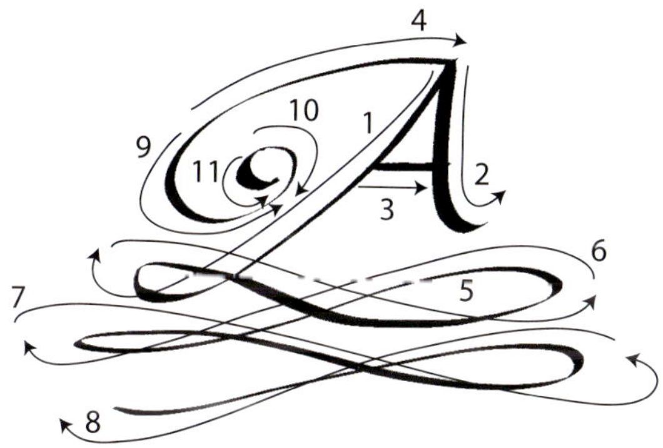

Haben wir noch keine sichere Hand, ist es sinnvoll, mit Bleistift vorzuzeichnen, damit wir „die Kurve richtig kriegen".

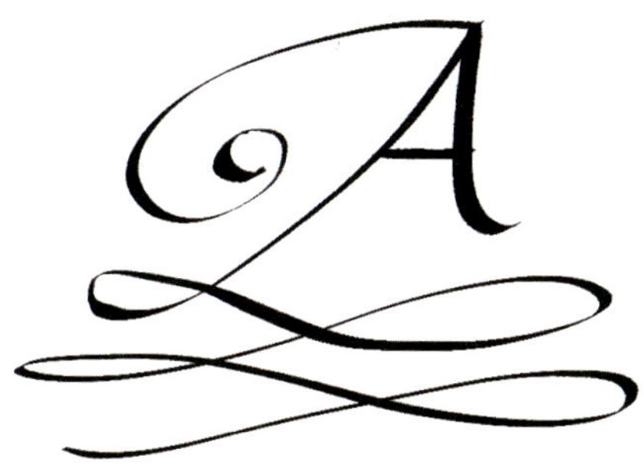

Mit etwas Übung geht es ohne Vorzeichnung und wie von Geisterhand geführt. Jetzt ist es nur noch ein kleiner Schritt zu freien Kalligraphien mit Pinsel und Rohrfeder.

# ANLEITUNG ANFAHRTSBESCHEIBUNG

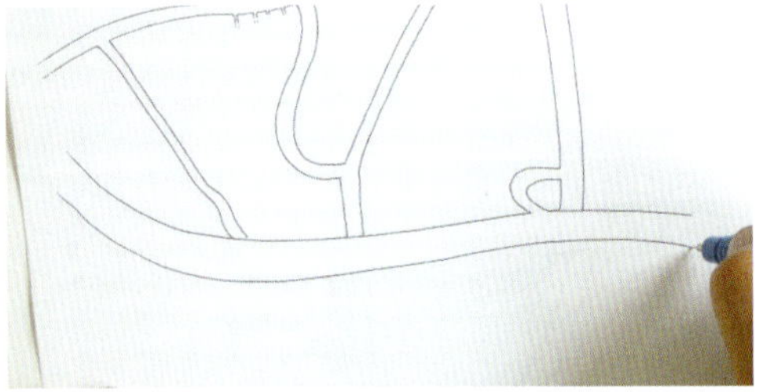

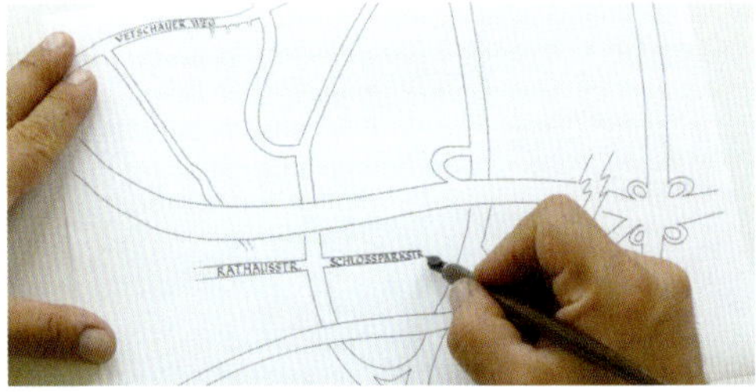

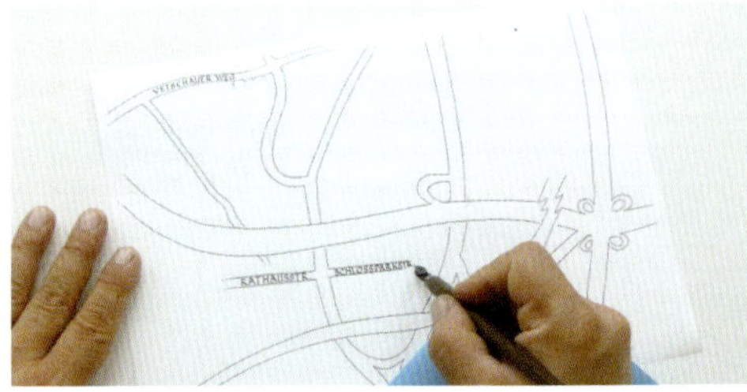

Nachdem wir unsere Rohskizze vorher schon in einen besseren Entwurf weiterentwickelt haben, zeichnen wir auf einem Layoutpapier die Linen mit Tusche nach.

Haben wir das Straßensystem einigermaßen nachgefahren, schreiben wir mit der Bandzugfeder einen oder zwei Straßennamen mit Versalien, um die richtige Größe herauszufinden. Wem es leicht von der Hand geht, der kann auch sofort alle weiteren Straßennamen eintragen.

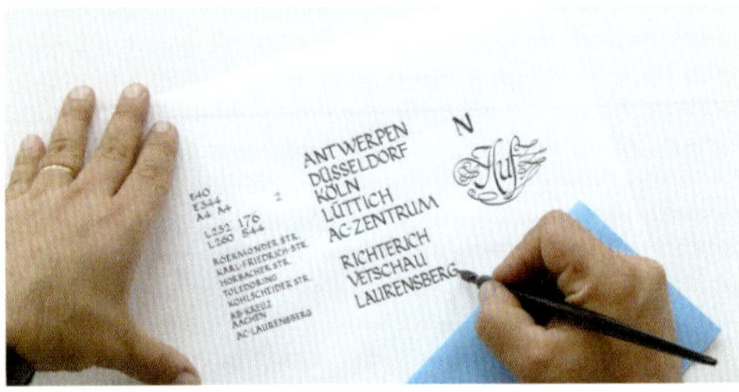

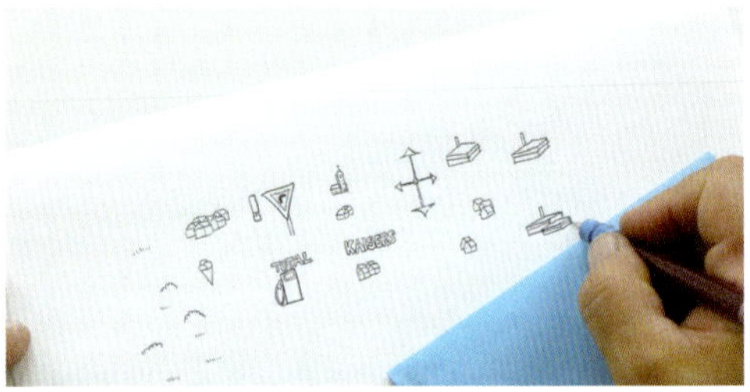

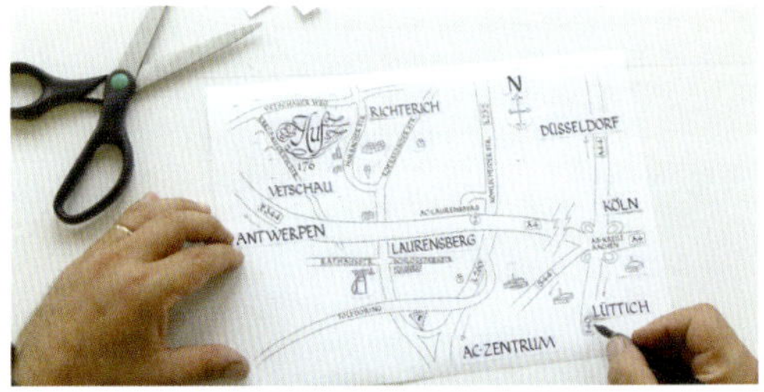

Nun schreiben wir wieder mit der alten Methode erst einmal alles an einem Stück nieder, um die Zeilen für den späteren Montagebogen zu kopieren.

Dann zeichnen wir die Symbole auf ein neues Blatt Layoutpapier mit Zeichenfeder auf, die ebenfalls nachher kopiert und ausgeschnitten werden.

Als Nächstes wird kopiert und alles fein säuberlich ausgeschnitten, um anschließend am richtigen Platz mit Sprühkleber fixiert zu werden.

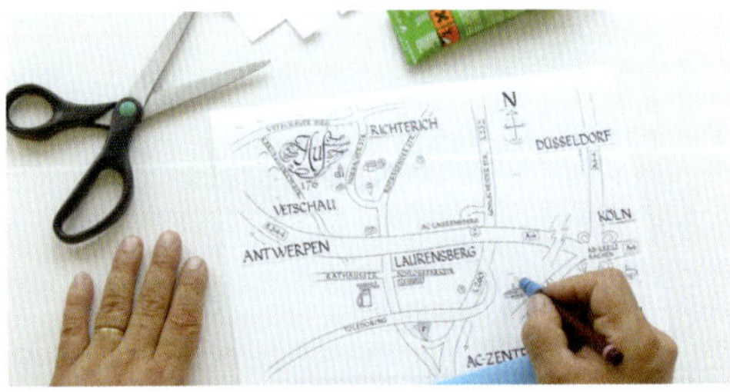

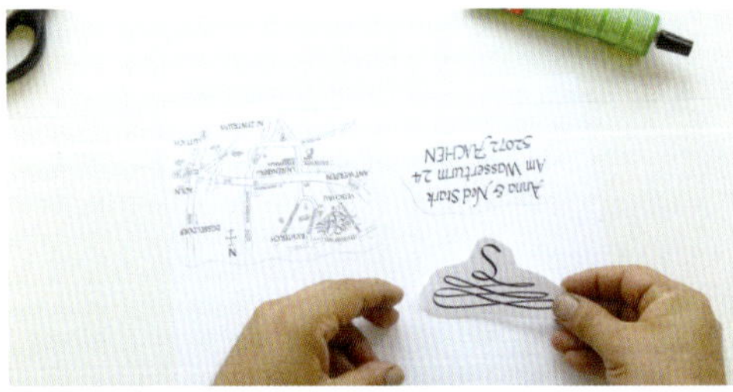

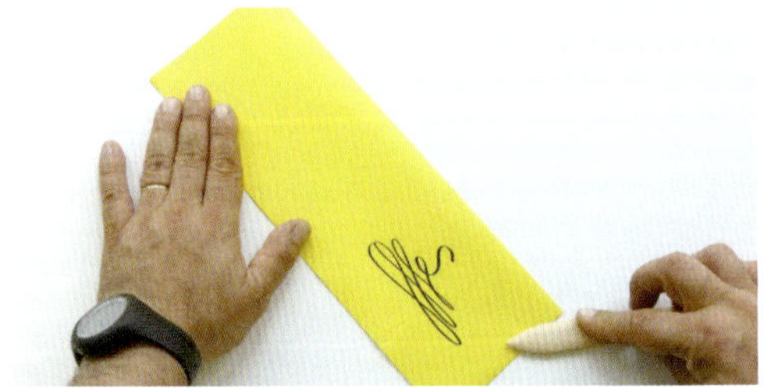

Wir beginnen jetzt die restlichen Details einzuzeichnen, wie Grashalme oder fehlende Straßenummerierungen. Wir achten darauf, dass wir unsere Hände in Abständen reinigen, um das Papier nicht zu verschmutzen.

Die Karte wird am Kopierer so verkleinert, dass sie auf eine Viertelseite einer A4-Seite passt (s. Bauplan). Die Initiale und die Adresse werden ebenfalls mit Kopierer und Kleber eingepasst.

Dann vervielfältigen wir so viele Seiten am Kopierer, wie wir Karten benötigen, und falzen anschließend mit dem Falzbein die Seiten einmal längs ...

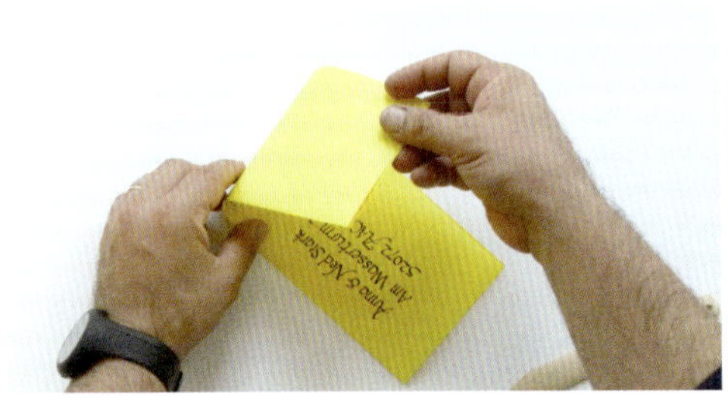

... und einmal in der Mitte, sodass wir eine schöne, stabile Klappkarte erhalten. Wer mag, kann am Schluss noch einen Farbakzent auf die Karte setzen.

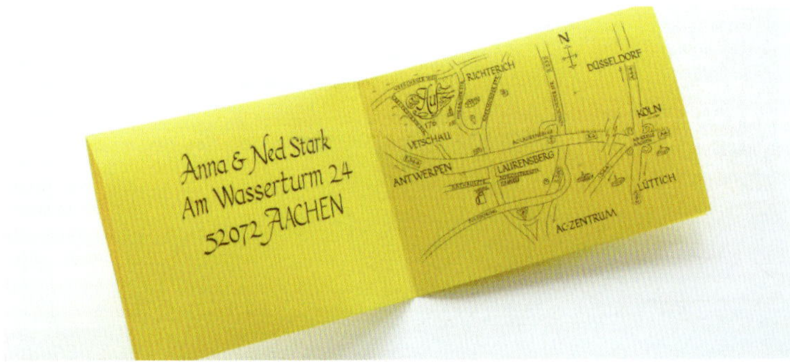

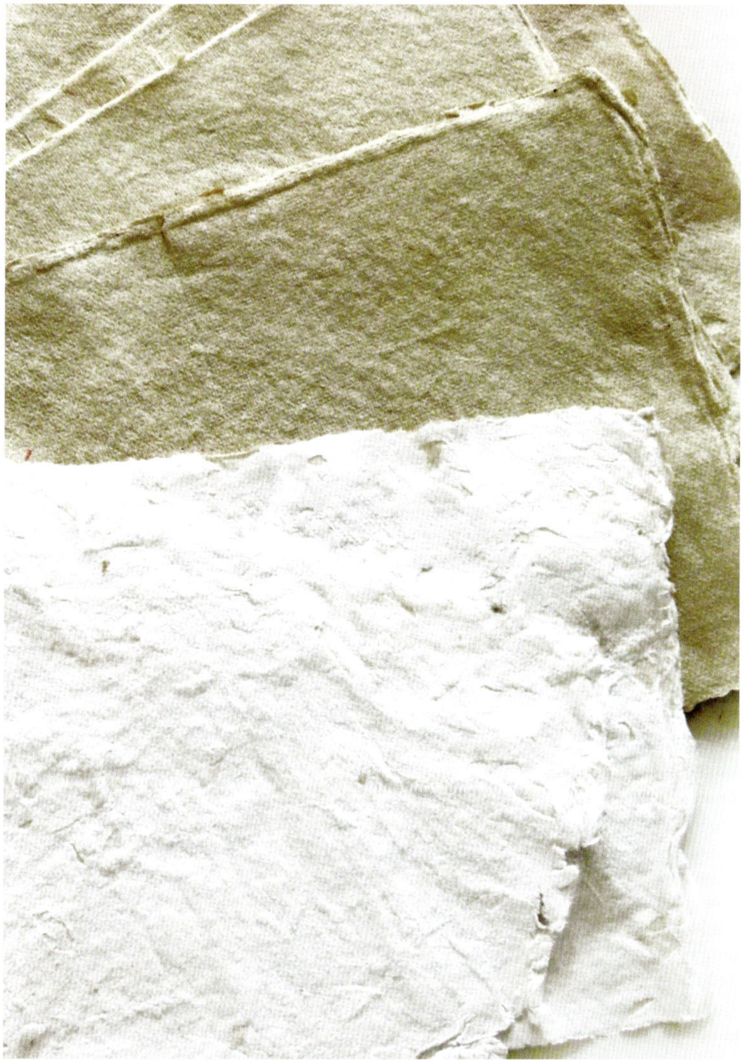

# PAPIERSCHÖPFEN

Büttenpapier, wie man handgeschöpftes Papier nennt, ist eine der kostspieligsten Papiersorten, da die Herstellung reine Handarbeit ist. Auf Büttenpapier verewigen Künstler wertvolle Aquarelle und schaffen Drucke für Sammler. Zudem fühlt sich Büttenpapier aufgrund seiner Beschaffenheit wunderbar an. Deswegen lassen sich Individualisten darauf gerne ihre Visitenkarten drucken, statt maschinell erzeugtes Billigpapier zu verwenden.

Im Jahr 1390 wurde von Ulman Stromer (1329–1407) die erste Papiermühle in Deutschland in Betrieb genommen: die Gleißmühl an der Pegnitz in Nürnberg – eine ehemalige, umgebaute Kornmühle, deren Wasserrad statt einem Mahlwerk nunmehr ein Stampfwerk antrieb, und damit als erste Mühle Papier statt Mehl produzierte und zur ersten Papierwerkstatt des Landes avancierte.

Papier wurde im Folgenden ausschließlich aus alten Lumpen hergestellt, die von Lumpensammlern überall im Land zusammengetragen und an die Papiermühlen geliefert wurden. Dort wurden sie von Frauen mit großem Aufwand sortiert, aufgetrennt und mit kleinen Sensenmessern zerkleinert. Nach einem Mazerationsprozess, einem Faulungsprozess, wurden die Lumpen vom Stampfwerk zerstampft, zu einem Faserbrei verarbeitet und nach weiteren Schritten am Ende zu Papierbögen gepresst.

Auf den nächsten Seiten lernen wir, Papier herzustellen, verzichten dabei jedoch auf den unangenehmen Faulungsprozess zur Faserbreiproduktion.

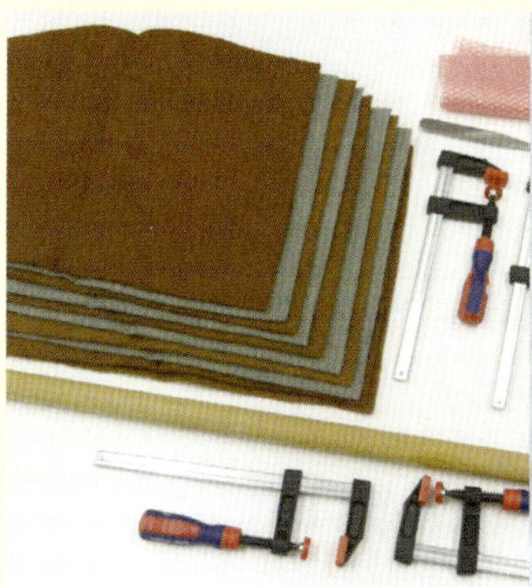

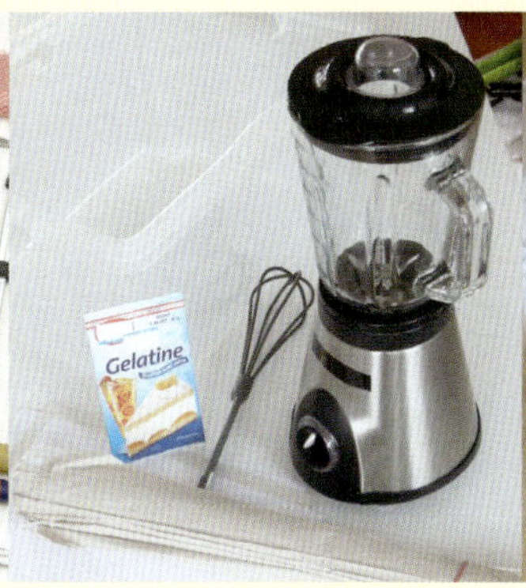


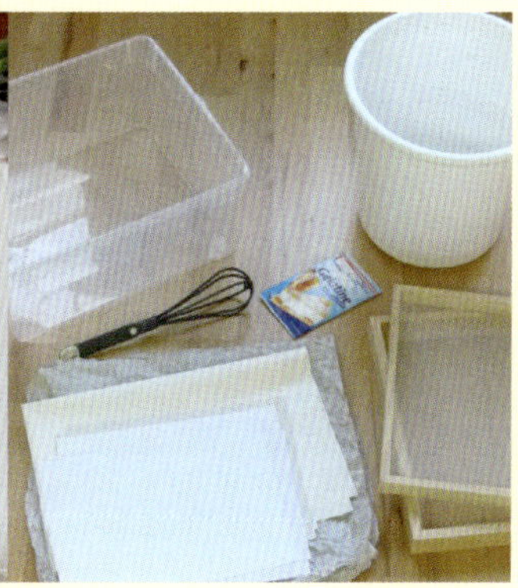

**Hierzu benötigen wir:**

- Papier-Schöpfsieb (gibt es günstig im Handel in A5- und A4-Größe)
- rechteckige Waschschüssel, in die das Sieb passt
- Küchenmixer
- Plastikeimer
- Rührbesen
- Altpapier (Reste an Schreib- und Zeichenpapier)
- Zeitungspapier
- Gelatine
- Küchenwischtücher
- Filzmatten
- zwei Holzbrettchen
- vier Schraubzwingen
- ein Nudelholz

# ANLEITUNG PAPIERSCHÖPFEN

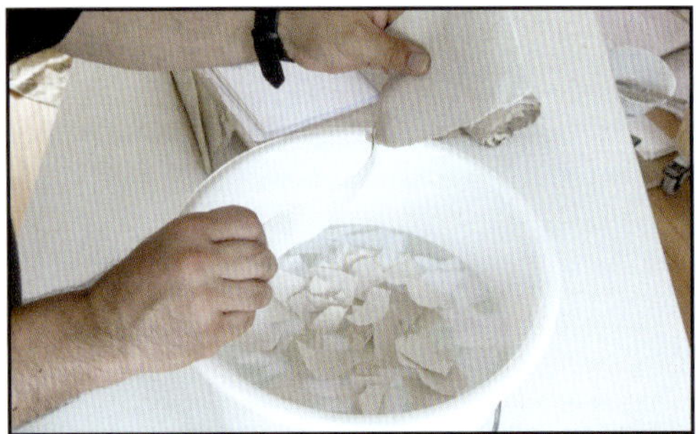

Wir beginnen damit, warmes Wasser in einen Eimer zu füllen und reißen vorher das bereitgelegte Altpapier in 3 cm lange Längsstreifen ...

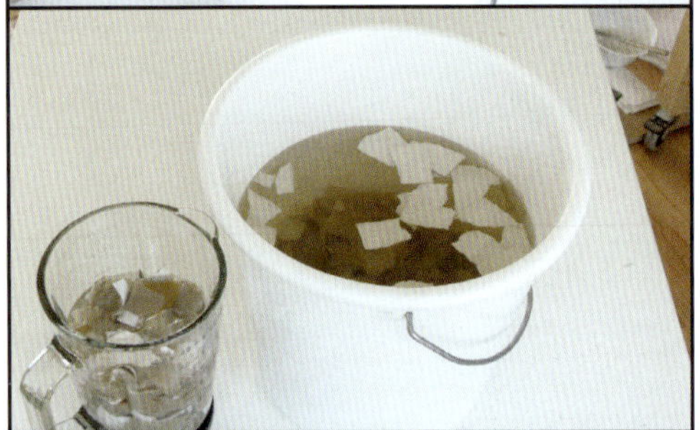

Das Ganze lassen wir idealerweise über Nacht stehen oder zumindestens einige Stunden, wenn wir vorher siedend heißes Wasser genommen haben.

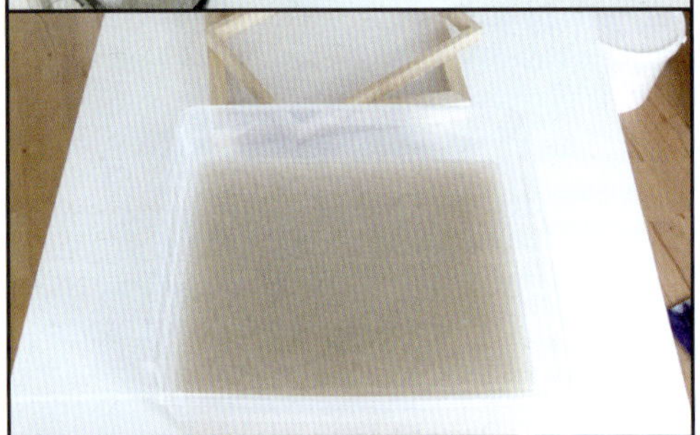

Jetzt können wir den Paperbrei in die Wanne kippen, in der wir ihn mit dem Rührbesen durchrühren. Man kann dem Papier auch Baumwollfasern dazumischen, die man vorher aus Fetzen zerkleinert, zerfasert und ebenfalls eingeweicht hat.

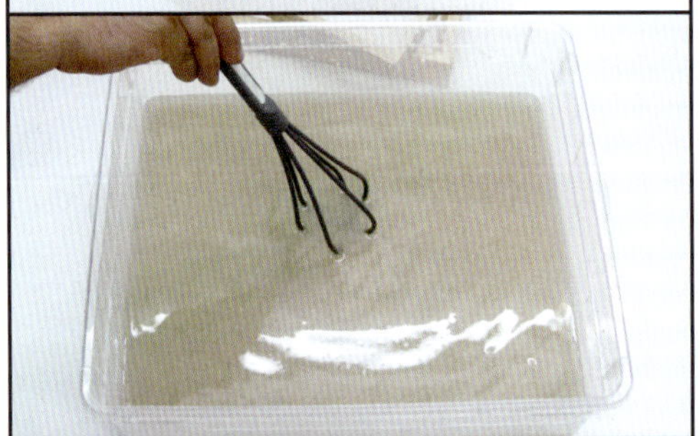

Bevor wir sieben, rühren wir jedes Mal zunächst den Papierbrei um, damit sich die Fasern schön verteilen.

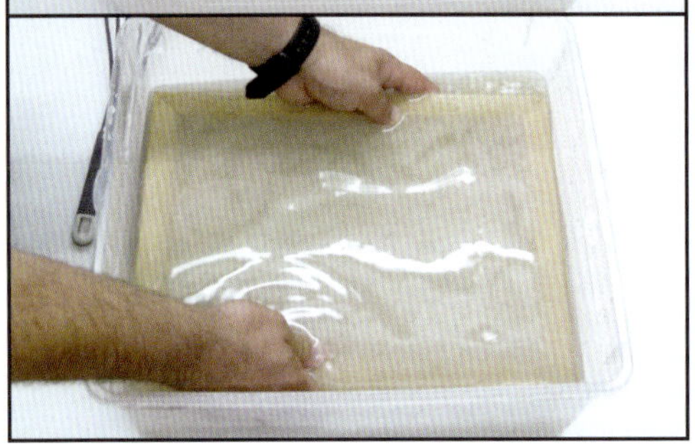

Nach einem kurzen Moment unter Wasser heben wir das Papiersieb gleichmäßig und langsam an und aus dem Wasser nach oben. Wir bleiben in der waagerechten Position.

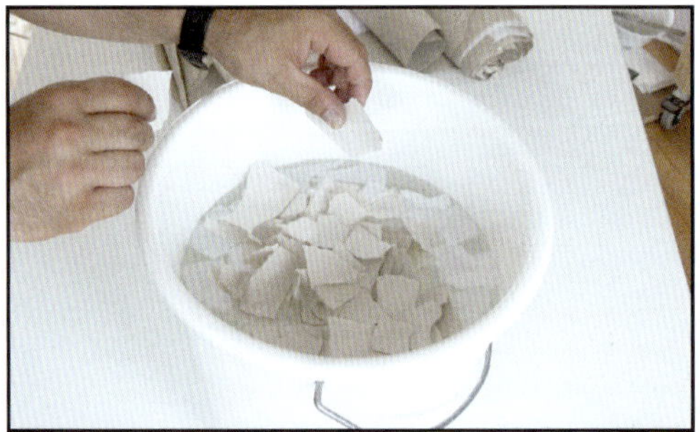

... die wiederum in 3-cm-Quadrate gerissen werden. So hat das Papier die optimale Größe, um sich vom Wasser aufweichen zu lassen..

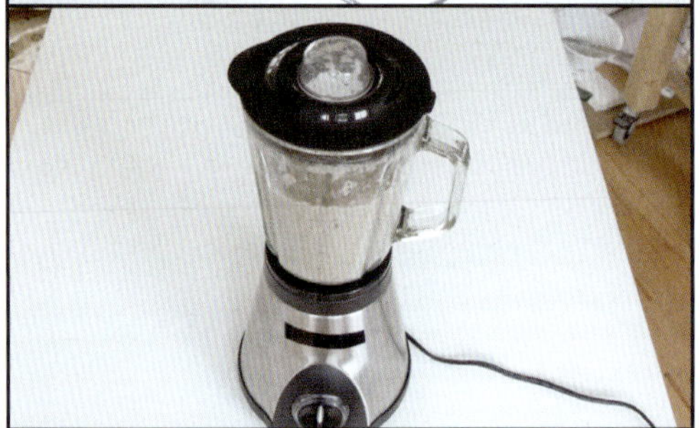

Im nächsten Schritt wird die Papiermasse in einen Küchenmixer gefüllt und intervallartig zu einem weichen, zähflüssigen Papierbrei verarbeitet. Wir geben auch immer etwas Flüssigkeit aus dem Eimer dazu, damit der Papierbrei nicht zu zäh wird.

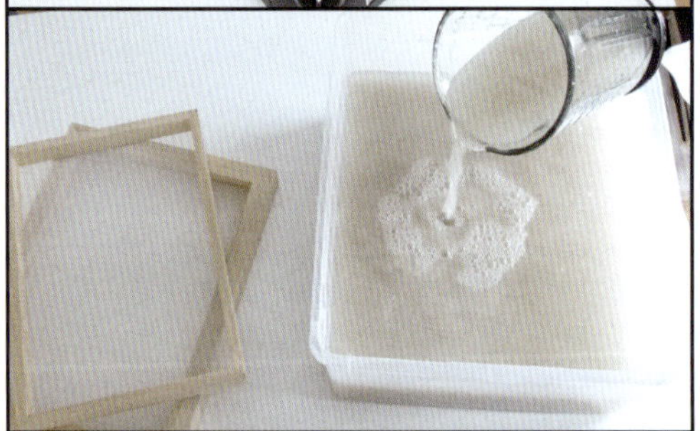

Wir produzieren so viel Papierbrei, dass wir die Wanne damit mindestens 8 bis 10 cm hoch gefüllt haben. Das Papier-Schöpfsieb muss später völlig eingetaucht werden können.

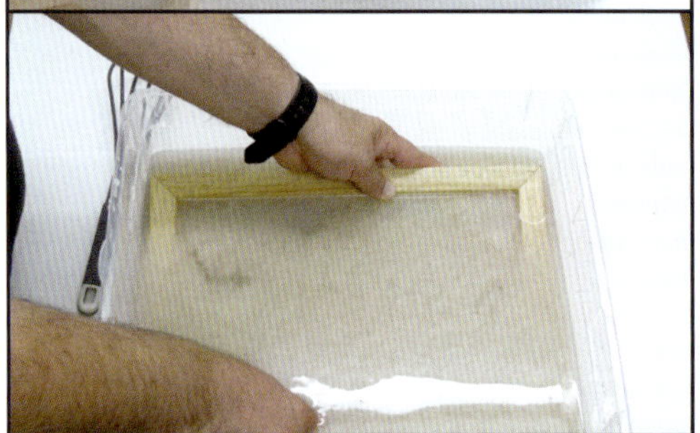

Dann geht es ans Schöpfen: Wir achten darauf, dass wir das Papiersieb vorher richtig zusammengesteckt haben, und schieben das Sieb zuerst senkrecht von der Seite her nach unten, drehen es dann in eine waagerechte Position, sodass es vollständig mit dem Papierbrei bedeckt ist.

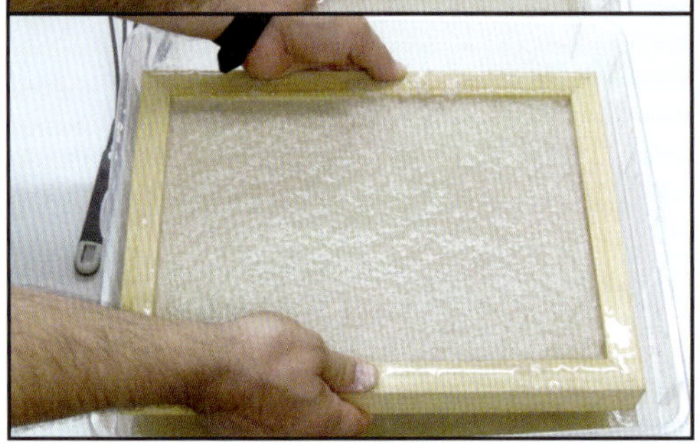

Das Wasser beginnt sofort nach unten abzutropfen und der Papierbrei wird deutlich sichtbar. Hat man alles richtig gemacht, sollte sich jetzt eine gleichmäßige Oberfläche abzeichnen.

# ANLEITUNG PAPIERSCHÖPFEN

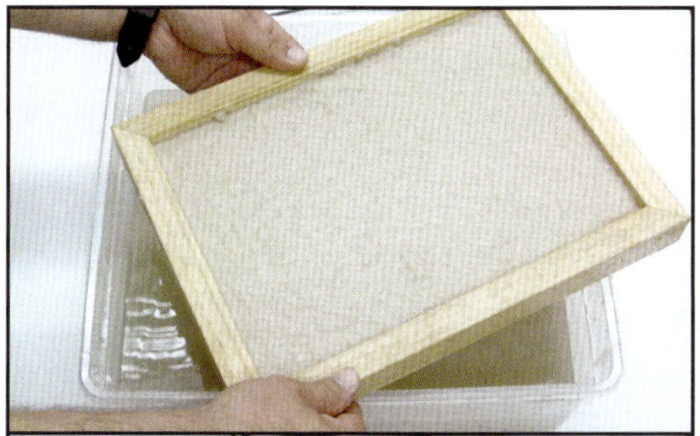

Im nächsten Schritt kippen wir den Rahmen etwas, achten jedoch darauf, dass sich der Brei nicht verschiebt und dass uns der Rahmen nicht auseinanderfällt.

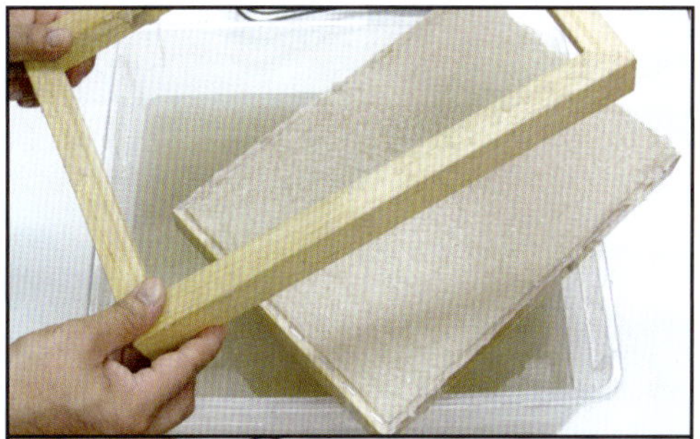

Dann platziert man das Sieb an einer sicheren Stelle und hebt den Rahmen an. Wir lassen den Papierbrei noch ein paar Sekunden austropfen.

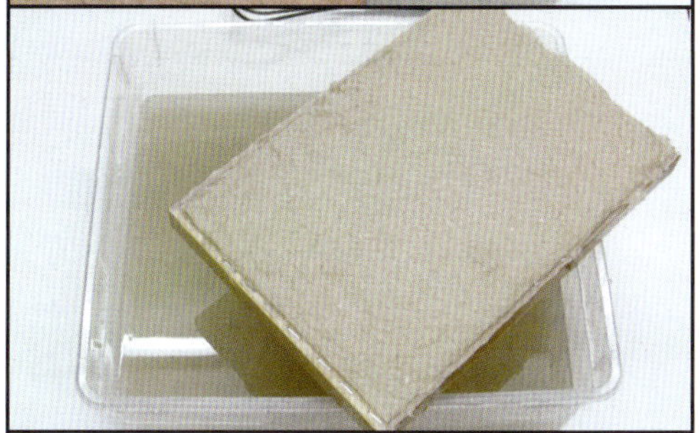

Es genügt in aller Regel, wenn wir Altpapierreste nehmen – die Färbung des geschöpften Papiers wird aber entsprechend dunkler, und das Papier bekommt damit einen Naturbraunton.

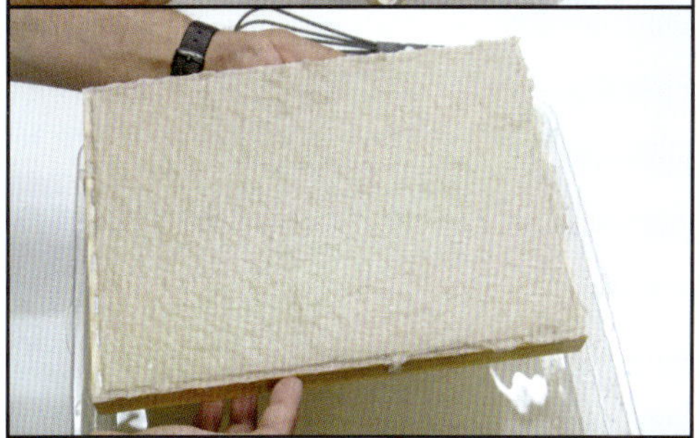

Jetzt gehen wir zum nächsten Schritt über und platzieren das Sieb etwas außerhalb der Reichweite des Wassers, um zu vermeiden, dass es hineinfällt.

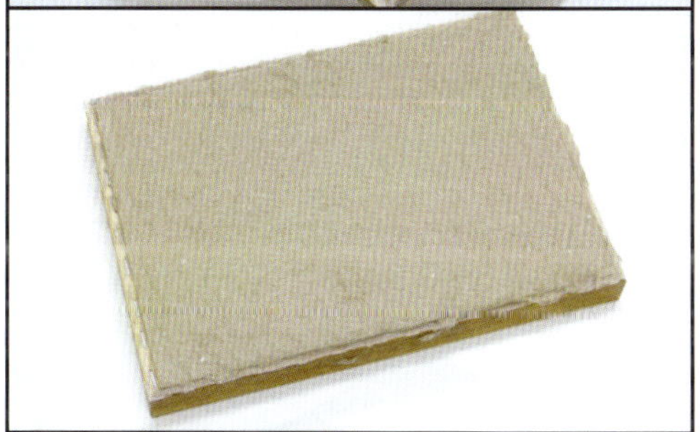

Es gibt mehrere Möglichkeiten: Will man nur einen Bogen Papier und hat nur wenig Brei angelegt, kann man das Papier auf dem Sieb so trocknen lassen. Möchte man mehrere Bögen, muss man pressen, sofern man nicht zahlreiche Siebe zur Verfügung hat.

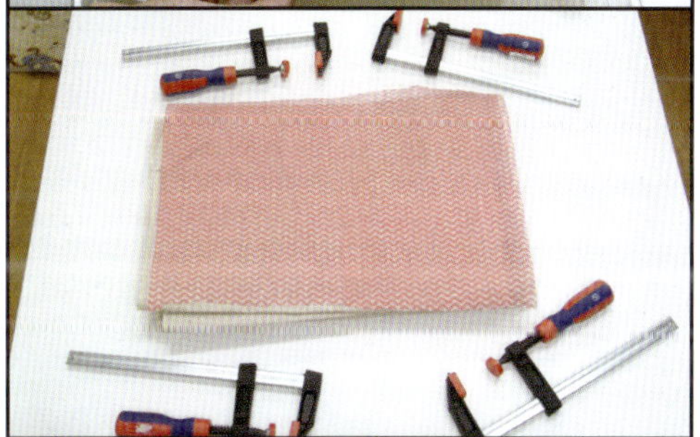

Papier pressen und trocknen ist einfach: Zuerst nehmen wir eine Holzplatte als Unterlage – am besten Siebdruckholz. Darauf eine Lage Zeitungspapier und ein Stück Filz und darüber ein Stück Küchentuch legen.

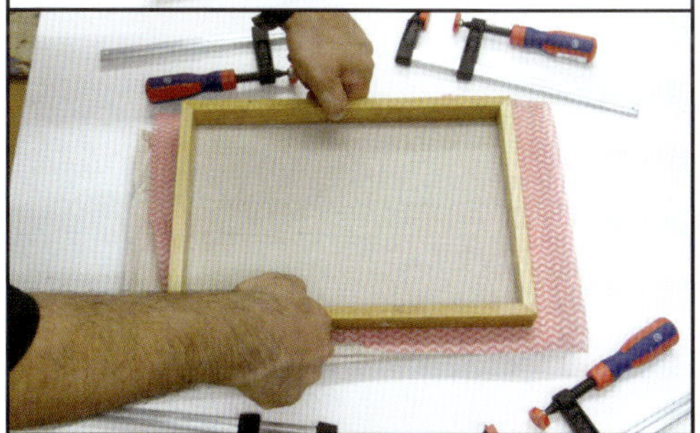

Auf dieses Küchenwischtuch wird nun das geschöpfte Papier gekippt. Keine Sorge, der Papierbrei haftet sehr gut am Sieb und es lässt sich mühelos bewerkstelligen.

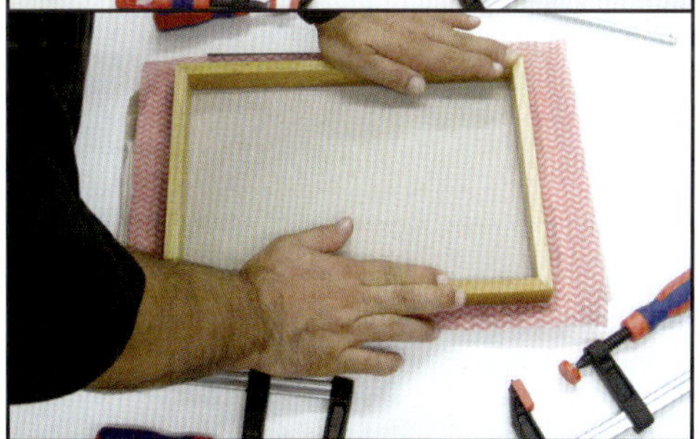

Als Nächstes drückt man nun das Sieb fest gegen den Tuchuntergrund, indem man den Rahmen andrückt. Wir sehen, wie sich der Papierbrei von allein löst und auf dem Tuch haften bleibt.

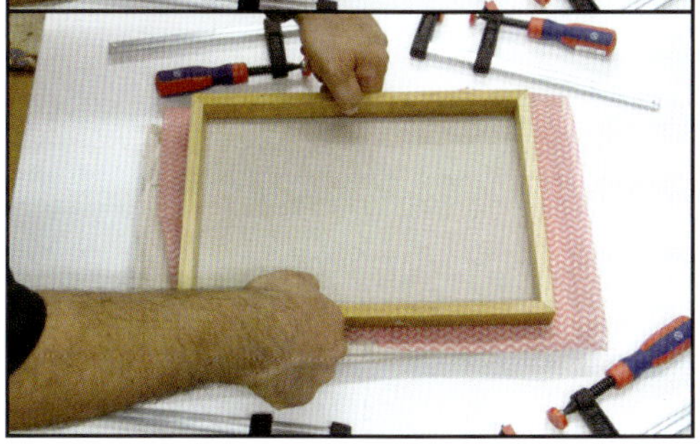

Jetzt kann man das Sieb vorsichtig lösen und leicht anheben.

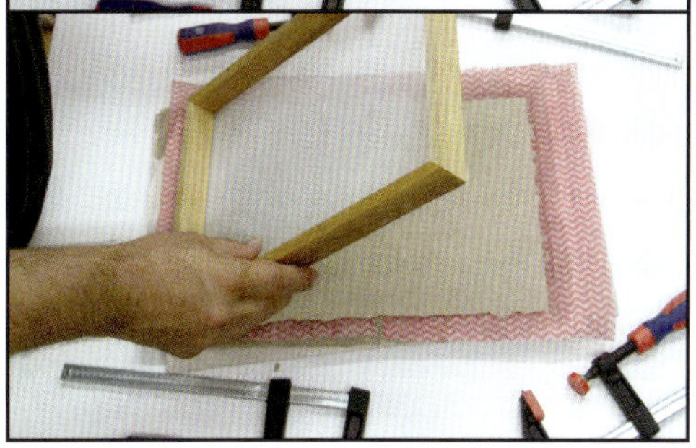

Nun legt man ein Küchenwischtuch darüber, dann wieder Filz/Tuch/Brei/Tuch/Filz/Tuch /Brei/Tuch/Filz usw. – bis am Ende nach dem Brei das Tuch, der Filz, die Lage Zeitungen und das zweite Holzbrett abschließen. Dann kommen die Schraubzwingen zum Einsatz.

# ANLEITUNG PAPIERSCHÖPFEN

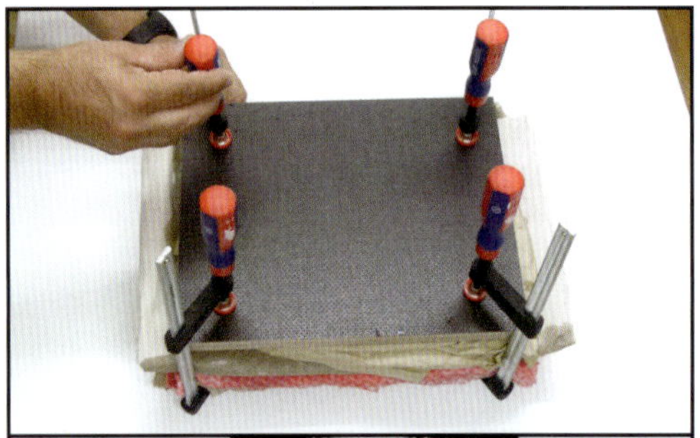

Die Schraubzwingen machen kurzen Prozess mit dem Wasser: Abwechselnd von einer Seite zur anderen dreht man an den vier Ecken, bis es nicht mehr geht. Ein paar Minuten lassen wir das Wasser abtropfen.

Dann lösen wir die Schraubzwingen und entfernen Holzbrett, Zeitung und Filz und heben vorsichtig den von nunmehr zwei Tüchern umschlossenen Papierbrei zur Seite. Das machen wir mit all den andern Tuch-Papier-Tuch-Schichten und legen alle nebeneinander oder hängen sie an die Wäscheleine. Wir lassen die Bögen mindestens einen Tag lang trocknen, besser mehrere Tage. Dann legen wir sie unter schwere Bildbände und lassen sie damit zu ihrer endgültigen Schönheit heranreifen.

Jetzt stellen wir noch weißes, ungetrübtes Papier her, für diejenigen, die dieses bevorzugen.

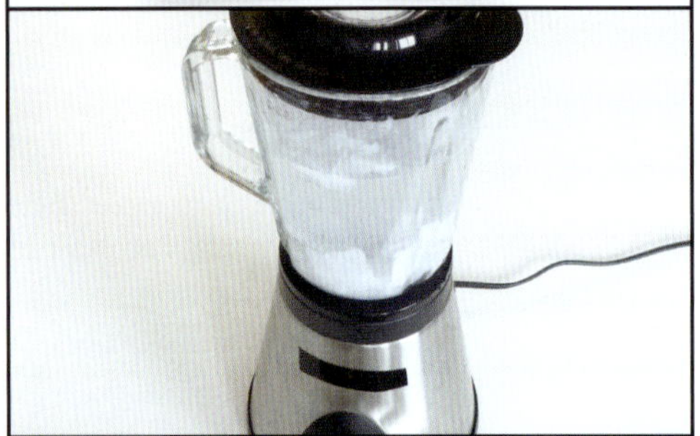

Wir wiederholen den Prozess mit dem Papier – nehmen jedoch nur reinweißes und fügen weiße Baumwollfasern hinzu. Nach einer Nacht im Eimer kommt alles in den Küchenmixer …

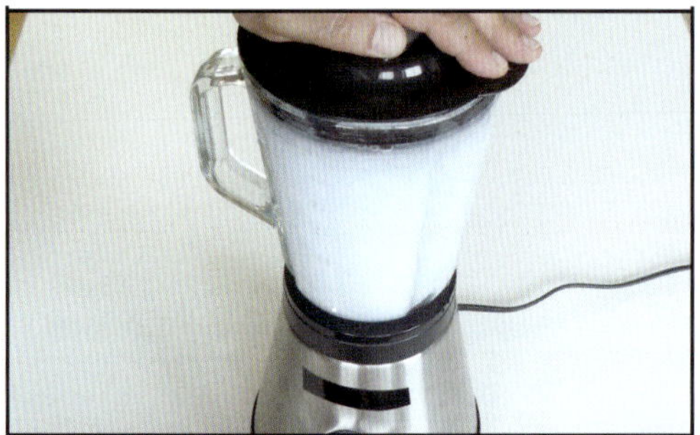

… wo es wieder zu einem flüssigen Papierbrei verarbeitet wird. Wir produzieren davon eine ausreichende Menge.

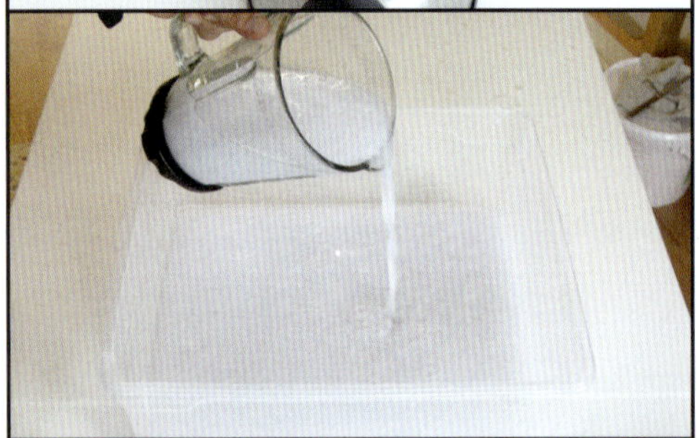

Der Papierbrei wird nach und nach in die Wanne geleert. Wenn wir die Saugfähigkeit bei unserem Papier verringern wollen, sodass wir z. B. auch mit Tinte darauf schreiben können, dann fügen wir jetzt Gelatine bei.

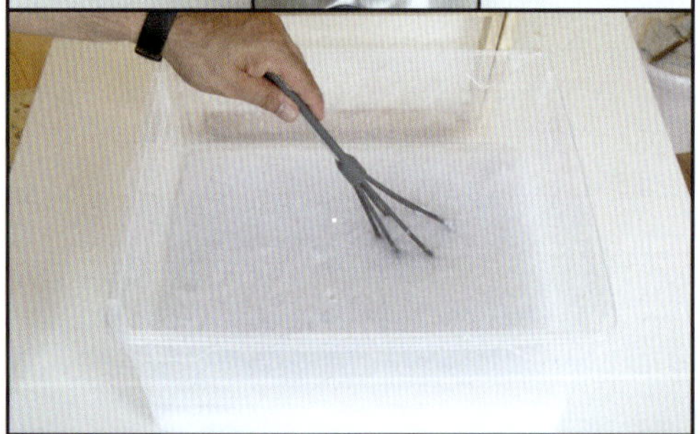

Vor jedem Papierschöpf-Vorgang wird mit dem Schneebesen ordentlich verrührt, damit sich die Fasern gleichmäßig verteilen.

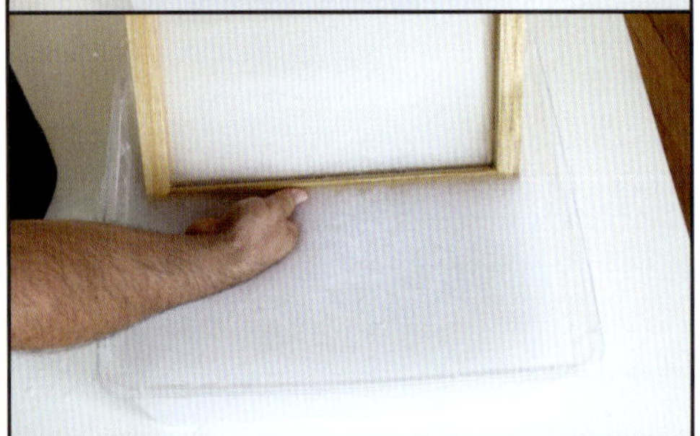

Dann führen wir wieder das Papiersieb seitlich am Rand senkrecht nach unten, drehen es dann in eine waagerechte Lage, um es kurz so zu halten und dann langsam wieder …

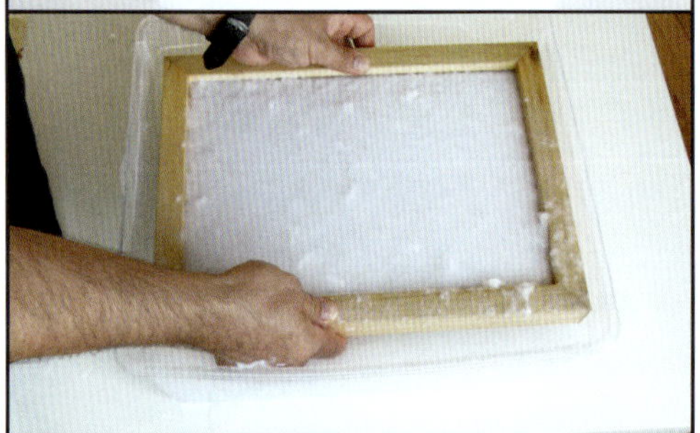

… aus dem Wasser zu heben. Haben wir alles richtig gemacht, ist die Oberfläche eben und es hat sich kein Hügel oder Wellenkamm gebildet. Wir heben das Sieb langsam ganz aus dem Wasser, lassen es abtropfen und stellen es ab.

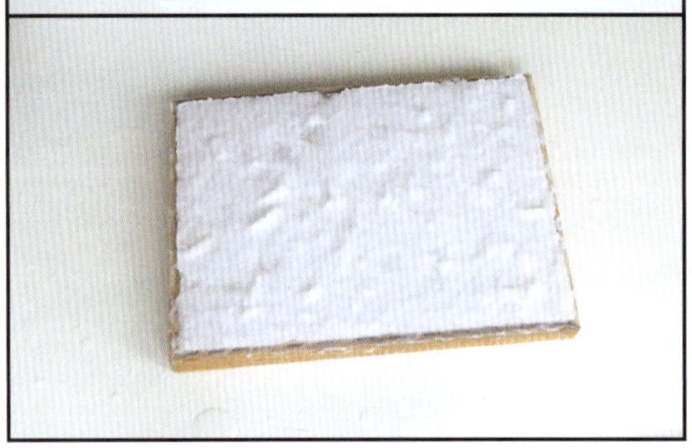

So ein rein weißer Papierbrei macht schon etwas her.
Ich verstehe es, wenn manche weißes handgeschöpftes Papier lieber mögen – es sieht einfach schön aus. Das ist der Zeitpunkt, bei der sich einige förmlich in die Materie verlieben …

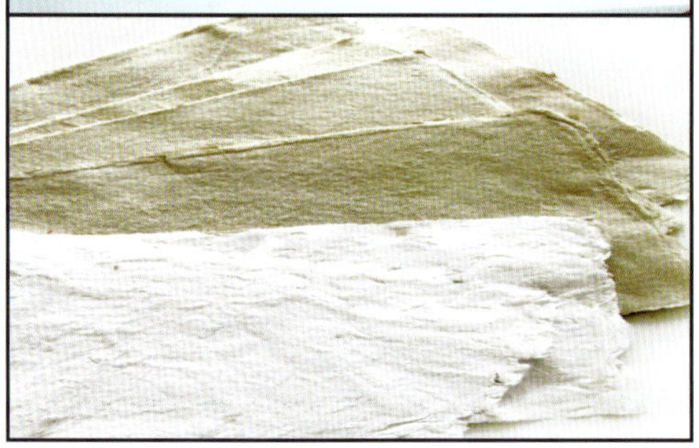

Handgeschöpfte Papiere sind einfach wunderschön sinpel und natürlich. Wie gutes Obst, die Herbstsonne oder der erste Schnee im Winter …

# EIGENES BRIEFPAPIER

**Selbst hergestelltes, verziertes Briefpapier signalisiert Fantasie und Extravaganz. Zudem ist es auch ein wunderbares Gefühl, auf solch einem Papier zu schreiben, das bis in die kleinste Faser nach eigenen Vorstellungen und mit Liebe zum Detail hergestellt wurde. Wer solche persönlichen Papiere mit selbst gemischten Farben, einem eigenem Wasserzeichen und kreativen Verzierungen einmal zubereitet und benutzt hat, mag nie wieder herkömmliches Papier beschreiben.**

Briefpapier mit eigenem, eingearbeitetem Wasserzeichen verwenden in der Regel nur wichtige Leute in wichtigen Positionen.

Viele von uns kommen gar nicht auf den Gedanken, eigenes Briefpapier herzustellen – oft, weil man keine Ahnung hat, wie das geht, und weil man denkt, es sei viel zu teuer und zeitaufwendig. Das ist jedoch nicht der Fall: Eigenes, individualisiertes Briefpapier kostet nur wenig bis kaum etwas und ist schnell hergestellt. Und wenn man es einmal gemacht hat, findet man garantiert große Freude daran, es wieder zu tun.

In diesem Kapitel lernen wir, wie wir ein eigenes Wasserzeichen erzeugen, sowie Papier zu färben und zu verzieren.

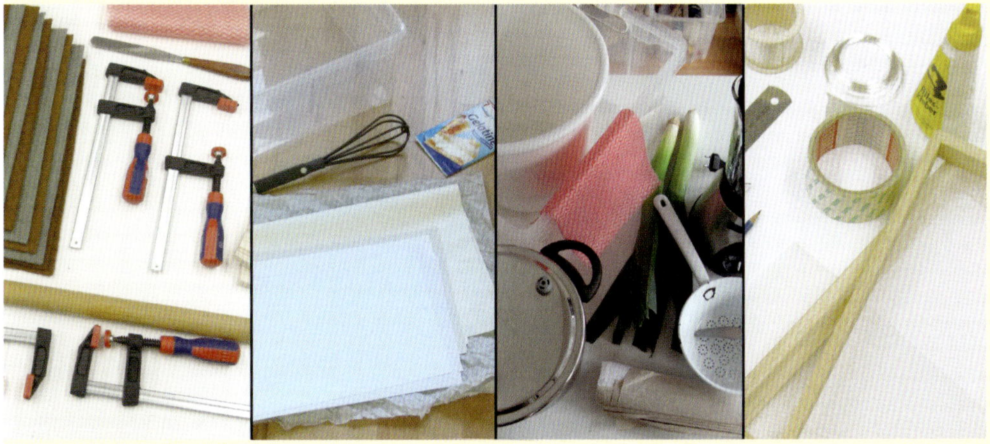

### Hierzu benötigen wir:

*Für den Papierbrei:*
- Papier-Schöpfsieb
- rechteckige Waschschüssel
- Plastikeimer
- Schneebesen
- Altpapier
- Palettenmesser
- Gelatine
- Baumwollzellstoff (im Handel erhältlich)

*Zum Färben:*
- Küchenmixer
- Kochtopf
- 500 g Lauch
- Küchensieb
- Messer

*Zum Verzieren:*
- Silberdraht
- Basteldraht
- Zange
- Karton
- Klebstoff
- gepresste Blütenblätter

*Zum Trocknen:*
- zwei Holzbrettchen
- vier Schraubzwingen
- Zeitungspapier
- Küchenwischtücher
- Filzmatten

# ANLEITUNG PAPIERFÄRBEN

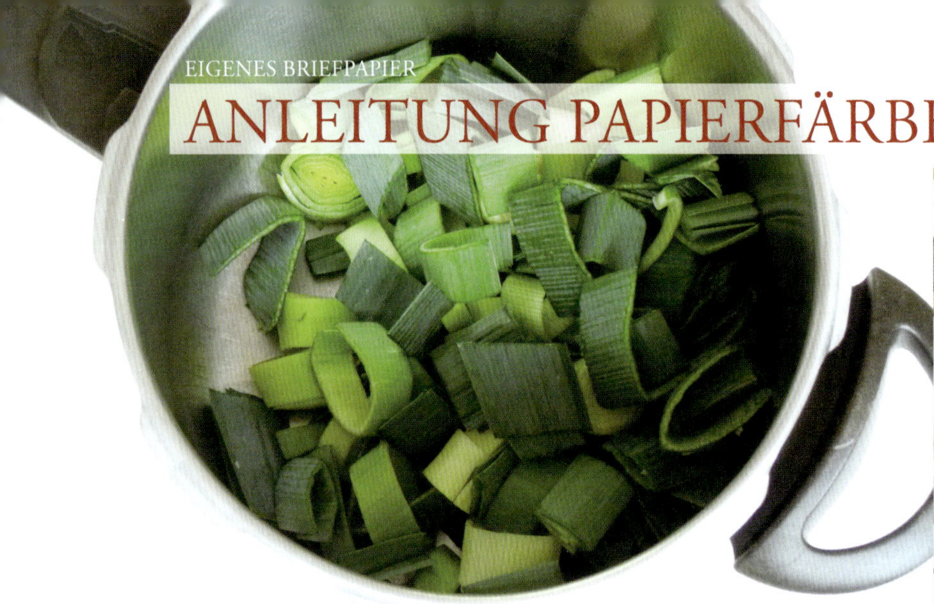

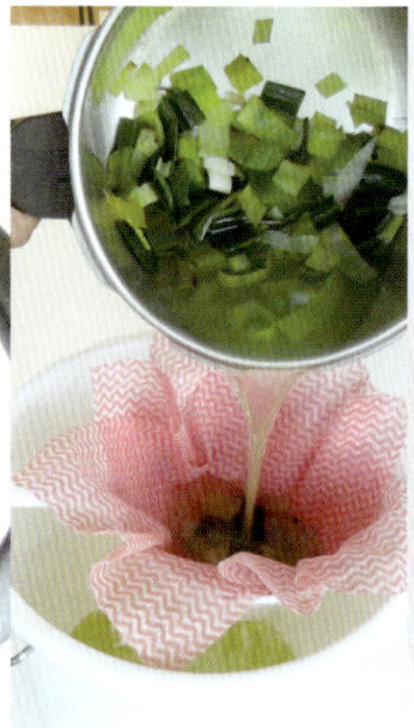

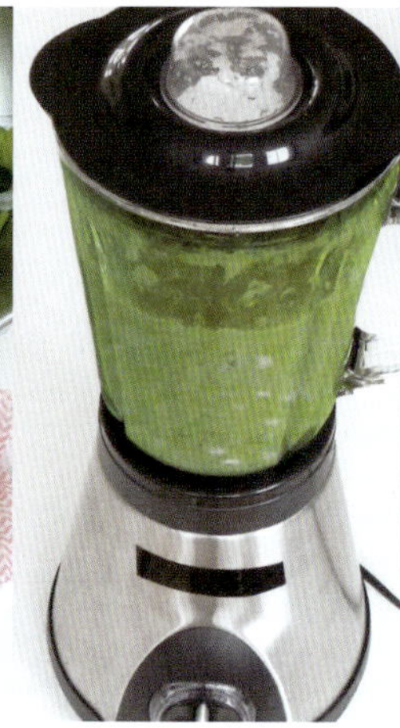

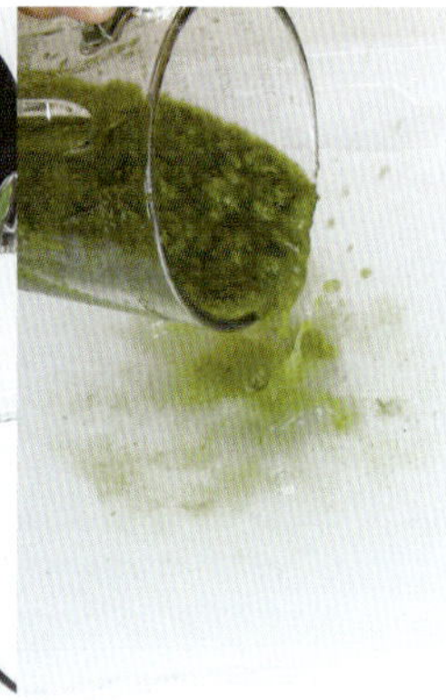

Jetzt geht es ans Eingemachte: Der Lauch wird mit etwas Flüssigkeit im geschlossenen Topf eine halbe Stunde lang gedünstet und anschließend solange mit Wasser ausgewaschen, bis nur noch klares Wasser abläuft.

Das verbliebene Fasergemüse wird dann in den Küchenmixer gegeben und zu einem Gemüsebrei zerkleinert. Das wird unser natürlicher Farbstoff für unser handgeschöpftes Papier. Das Auskochen hat den Lauchgeruch so gut wie entfernt.

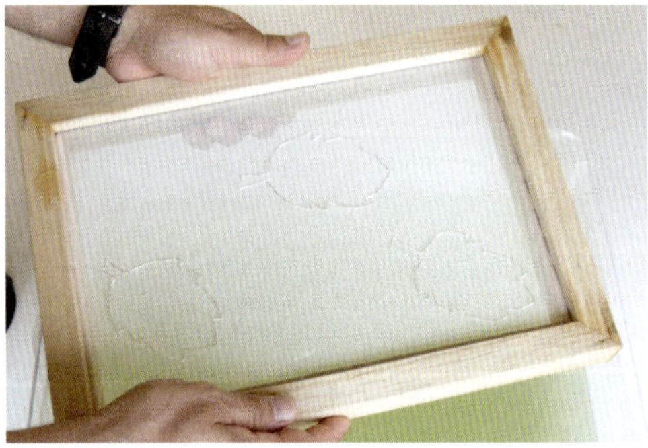

Bevor wir sieben, rühren wir den mit Lauchfasern durchsetzten Papierbrei mit dem Rührbesen gut um, damit sich keine Klümpchen bilden.

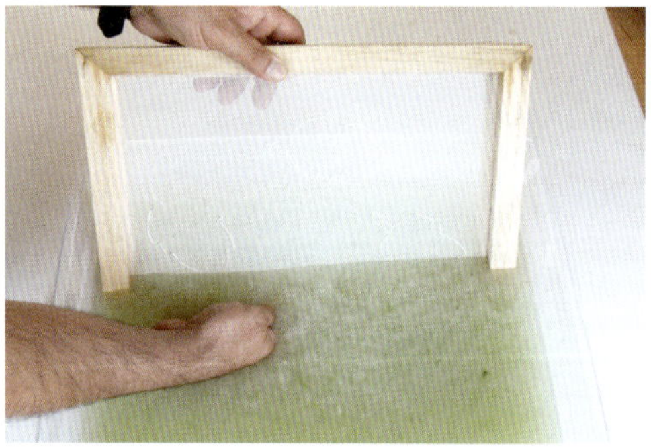

Wir führen das Papier-Schöpfsieb seitlich am Rand senkrecht nach unten in den Papierbrei und drehen es dann sachte in eine waagerechte Lage.

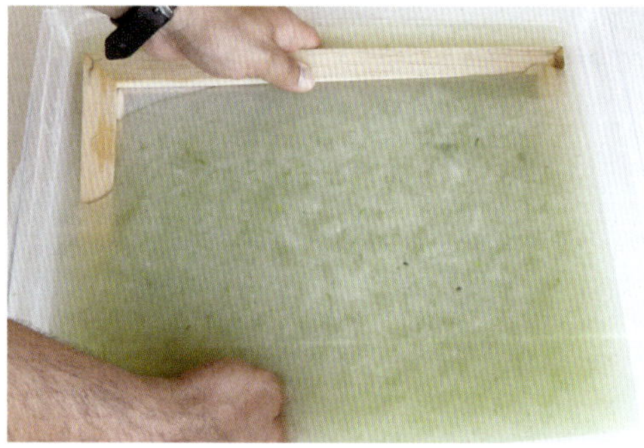

Wir halten das Papiersieb einen kurzen Moment in dieser Position und beginnen, es langsam und gleichmäßig aus dem Wasser zu heben.

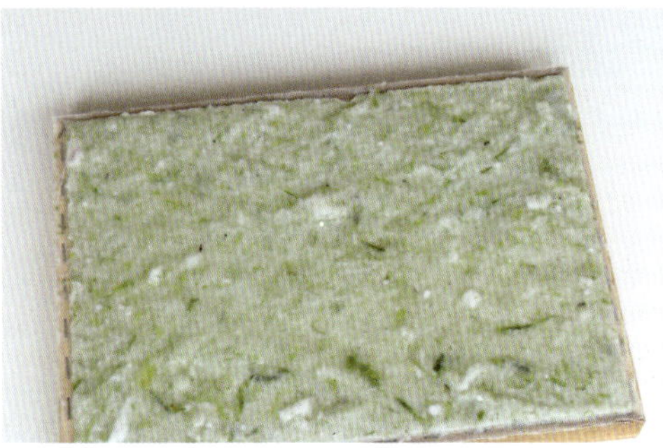

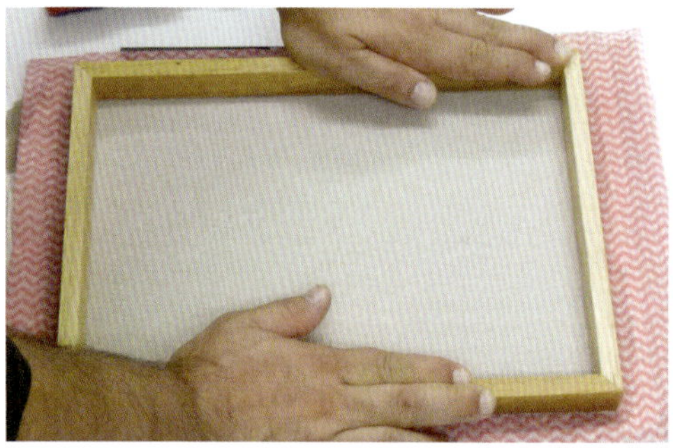

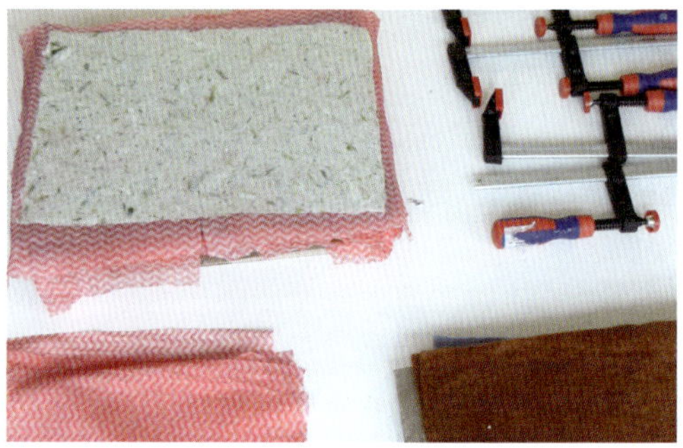

Wollen wir nur einen Bogen produzieren, lassen wir den Papierbrei auf dem Papiersieb trocknen. Wollen wir mehrere Bögen herstellen, wenden wir wieder das „Papier-Pressen und Trocknen"-Prinzip aus dem Kapitel Papierschöpfen an, indem wir den geschöpften Papierbrei nach und nach auf die Filz-Wischtuch-Filz-Kombination legen und am Schluss mit Schraubklemmen auspressen und zum Trocknen nebeneinander legen.

# ANLEITUNG PAPIERPRÄGEN / WASSERZEICHEN

## Prägen

Wir zeichnen eine Vorlage, kleben sie auf stärkeren Karton und schneiden sie aus. Dann legen wir sie unter das zu prägende Papier und reiben und drücken mit den Fingern solange, bis sich die Kanten scharf abzeichnen. Ähnlich funktioniert das Blumenpressen: Auf ein Holzbrett Blumen oder flache Gegenstände legen, darüber das trockene Papier und dann mit schweren Büchern beschweren.

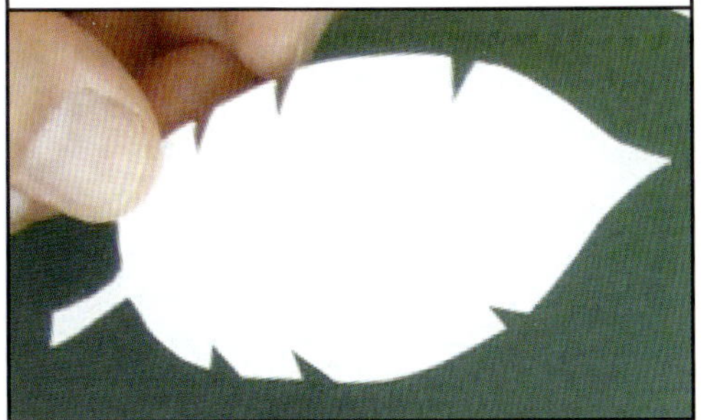

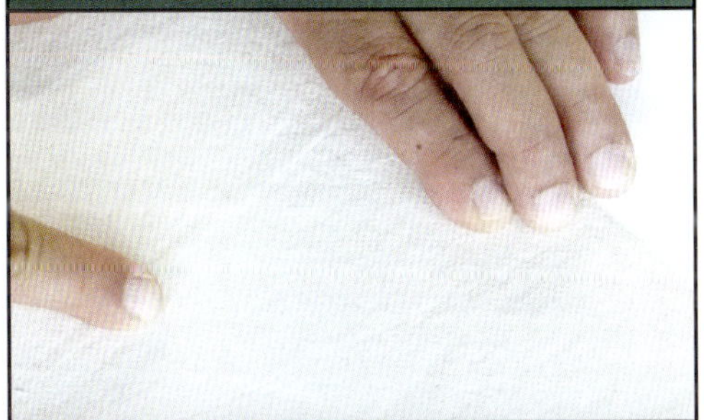

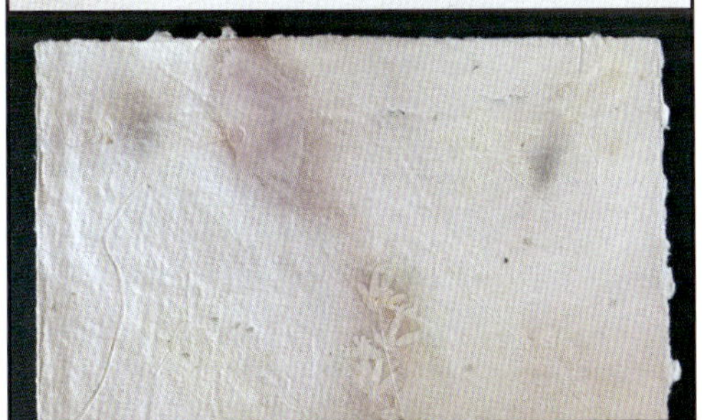

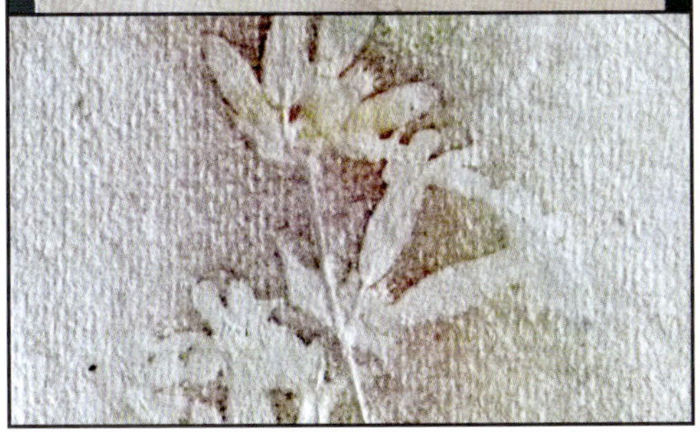

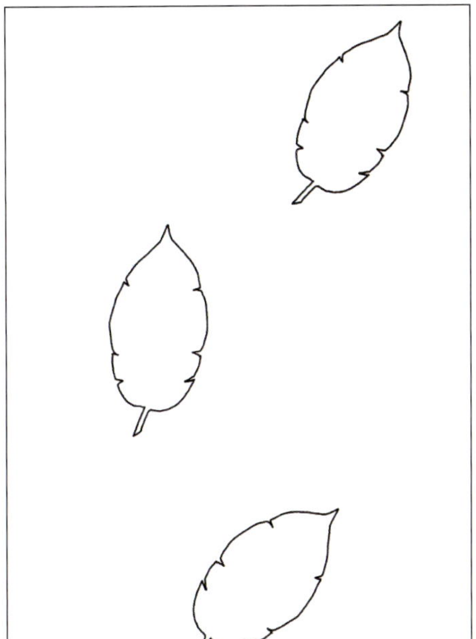

(auf A4 vergößern)

Kopiervorlage

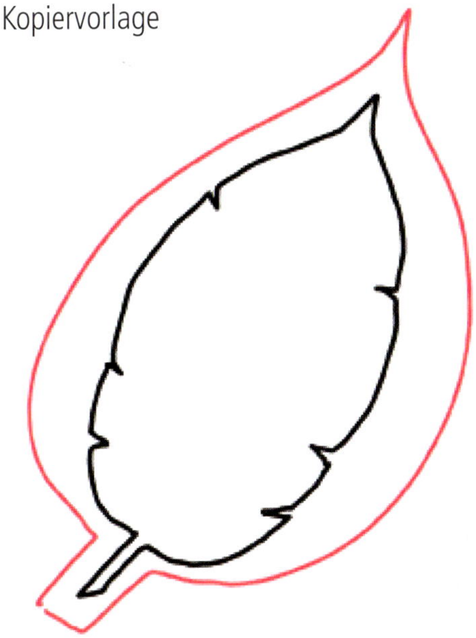

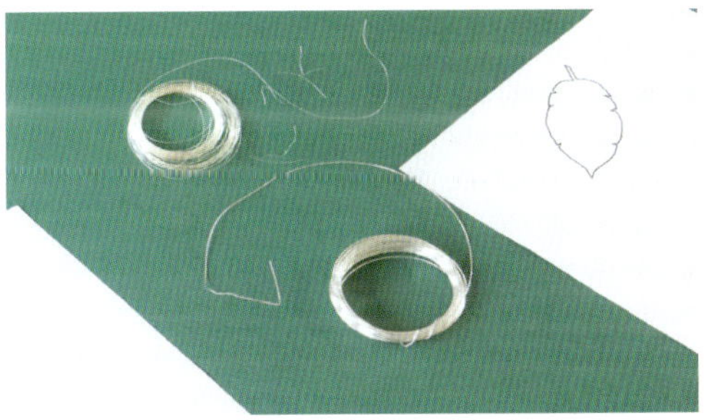

Wir schneiden den Silberdraht in drei etwa 30 cm lange Stücke. Der Sicherungsdraht liegt für später bereit.

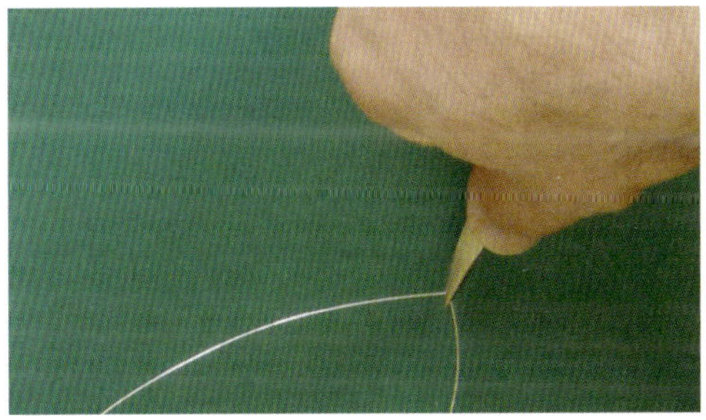

Wir setzen zum Knicken des Silberdrahts die Zange ein, um exakte Knickwinkel zu erhalten.

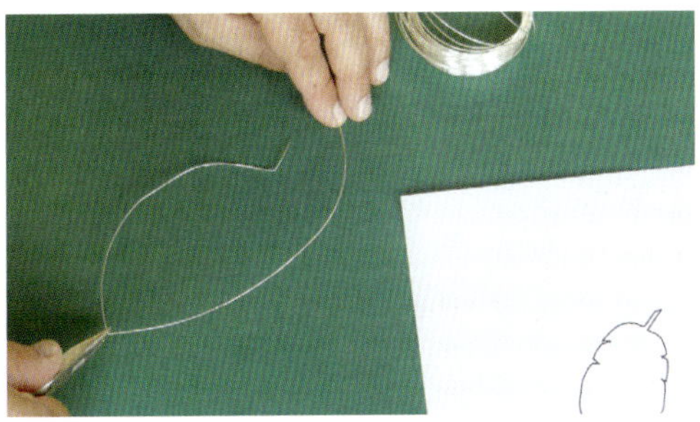

Dann formen wir die Blattform wie in der roten Kontur nach.

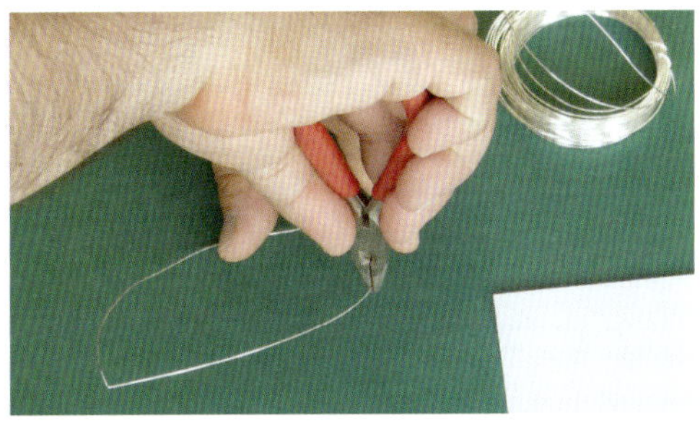

Hin und wieder muss der Draht etwas verdreht werden, damit die Form gleichmäßig eben auf dem Tisch liegt.

# ANLEITUNG PAPIERPRÄGEN / WASSERZEICHEN

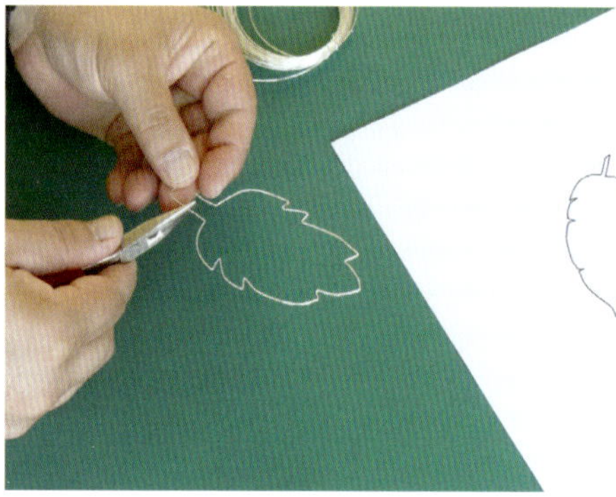

Wie in der Bildhauerei erarbeiten wir uns zuerst die groben Formen und arbeiten uns dann weiter zu den kleinen Details vor.

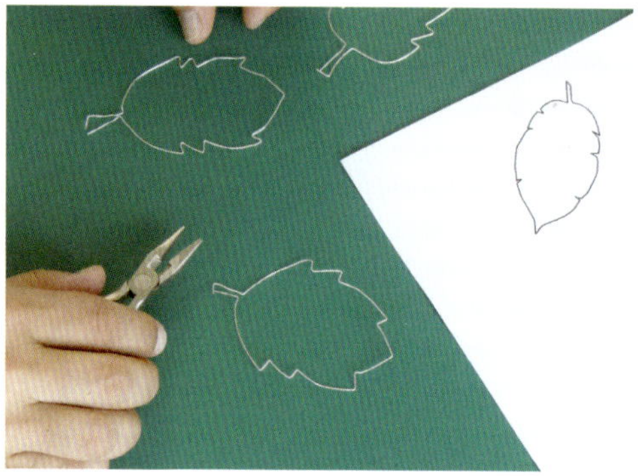

Hin und wieder korrigieren wir die Spannung des Drahts durch Verdrehen und legen nacheinander die für unser Wasserzeichen benötigten drei Muster aus.

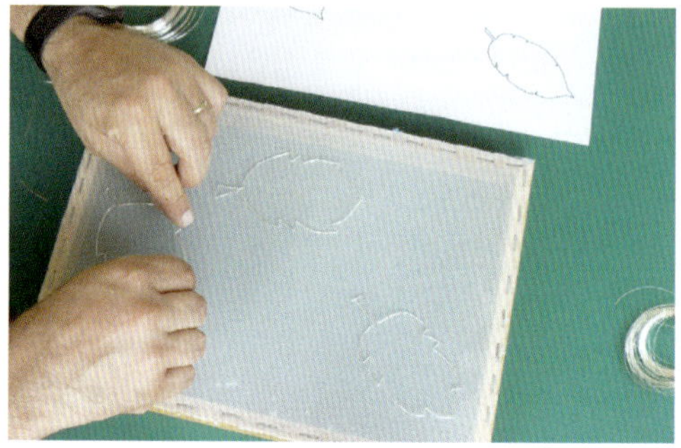

Wir schneiden uns ca. 5 cm lange Stücke Sicherungsdrahte, biegen diese in der Mitte in V-Form um, stecken sie durch das Siebgewebe, fassen den Draht der Prägeform mit ein, stecken sie wieder durch das Siebgewebe und verzwirbeln die Enden.

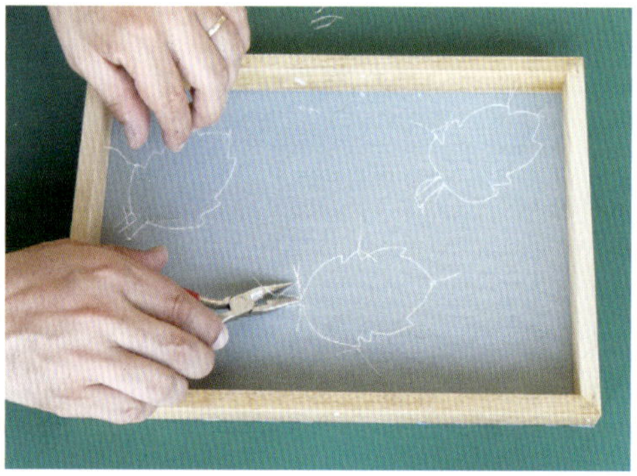

Ist das erledigt, nehmen wir die Zange zur Hand, fahren dicht über das Gewebe und knipsen dabei überall die überstehenden Enden des Sicherungsdrahts ab.

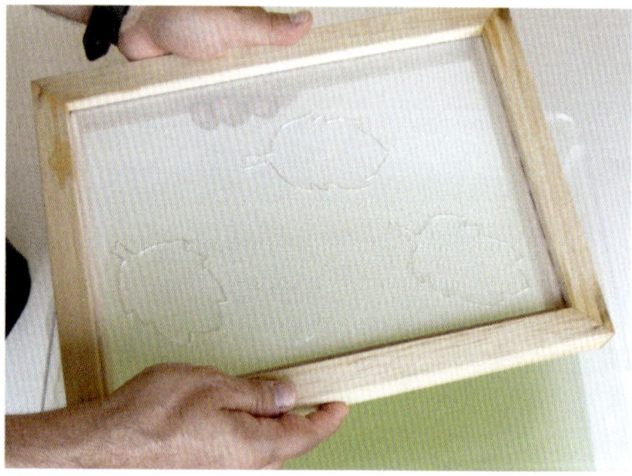

Jetzt haben wir unser Papier-Schöpfsieb mit einem Wasserzeichen versehen. Dieses Prinzip lässt sich vielfach mit anderen Mustern wiederholen.

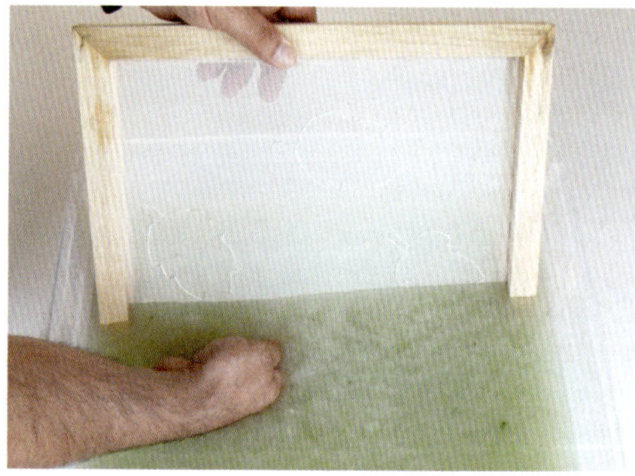

Das Papiersieb wird in die Wanne mit dem Papierbrei gebracht, indem wir vorsichtig an der Seite senkrecht eintauchen.

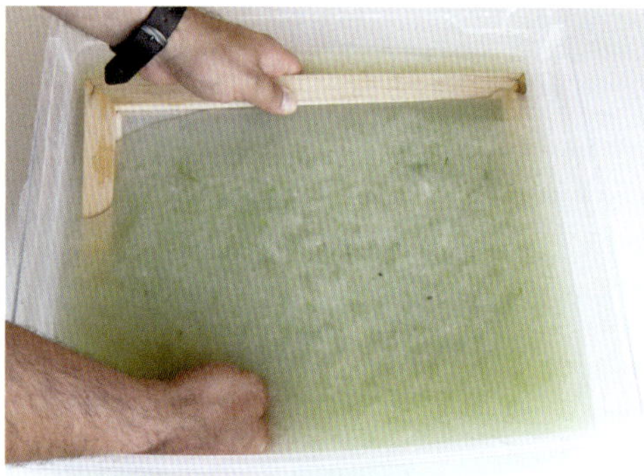

Dann schieben wir das Sieb in die waagrechte Position und heben es langsam an. Bilden sich Wellenkämme, wiegen wir es etwas hin und her.

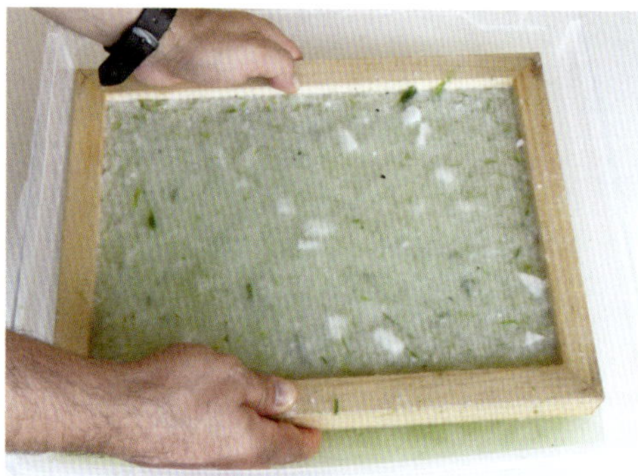

Nachdem wir das Sieb langsam aus der Wanne gehoben haben, lassen wir für ein paar Sekunden die Flüssigkeit etwas abtropfen.

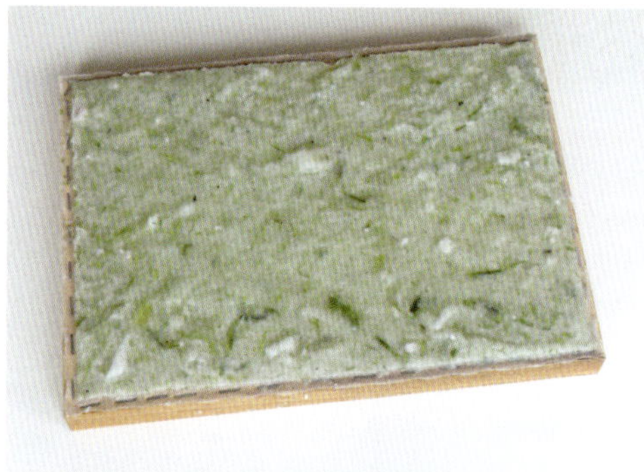

Dann entfernen wir wie gewohnt den Holzrahmen, belassen aber dieses Mal das geschöpfte Papier auf dem Sieb zum Trocknen.

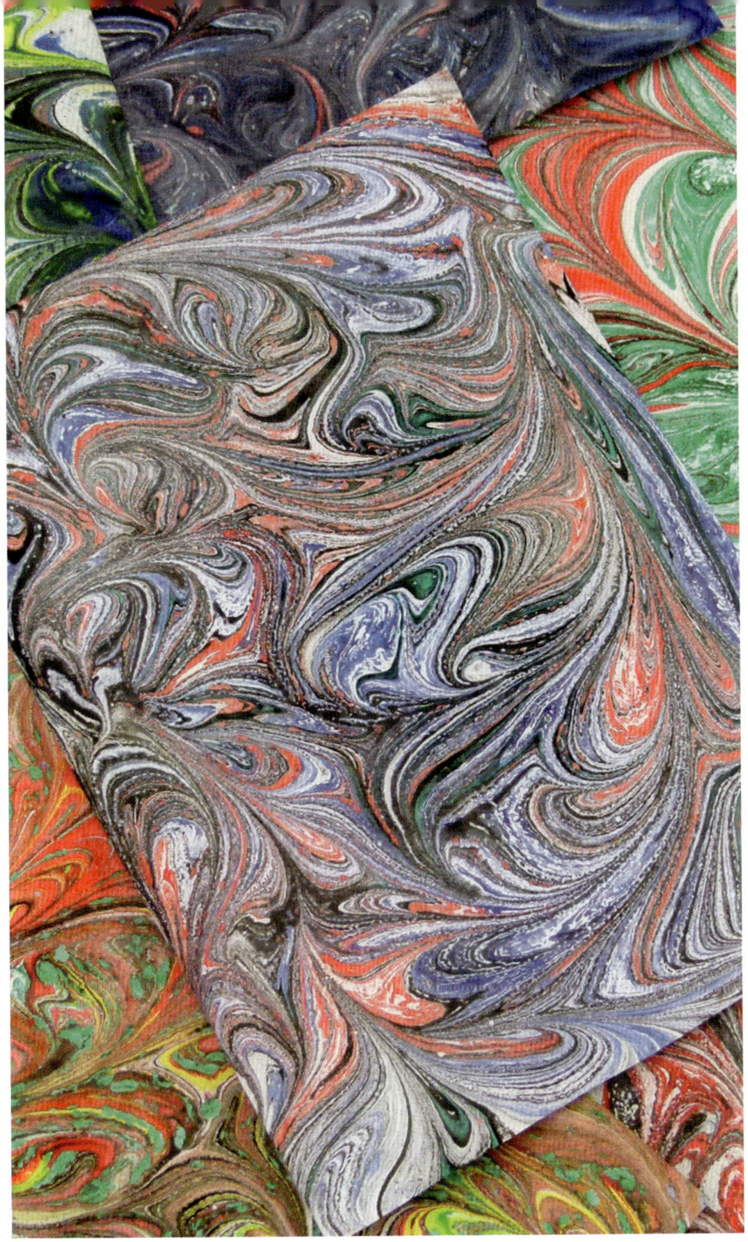



# MARMORPAPIER

**Marmorpapier, das auch als türkisches oder venezianisches Papier bezeichnet wird, wurde im 9. und 10. Jahrhundert in Japan hergestellt und hatte in Europa seinen Verbreitungshöhepunkt im 18. Jahrhundert. Es war beliebt als Überzugsmaterial für Umschläge von handgebundenen Büchern, als Vorsatzpapier, als Geschenkpapier, als Futteral für Schachteln, Schatullen und Etuis und wurde sogar für die Möbelproduktion eingesetzt.**

Erste Marmorpapierarbeiten – sogenannte suminagashi („fließende Tinte") – befinden sich in den japanischen Waka-Gedichten von Shigeharu (825–890). Im China des Jahres 986 wurde Marmorpapier in der Zusammenstellung „Die vier Schätze des Gelehrtenzimmers" (s. Kapitel „Chinesische Schriftzeichen") erwähnt. Bald wanderten die Kenntnisse über Marmorpapier in das angrenzende Indien, von wo es im 15. Jahrhundert über das benachbarte Afghanistan zu den Persern gelangte und schließlich im 16. Jahrhundert bei den türkischen Ottomanen ankam. Durch Reisende gelangte die Kunde um das Marmorpapier im 17. Jahrhundert dann nach Italien, von wo aus es sich schnell überall in Europa verbreitete.

Warum war Marmorpapier so beliebt? Weil das Prinzip der Herstellung einfach ist: Auf die Oberfläche eines Leimbads werden Ölfarben geträufelt, die sich nicht mit der Flüssigkeit darunter vermischen und anschließend verwirbelt werden. Man legt das Papier auf die Oberfläche, lässt die Farben einsickern und dann den Bogen trocknen. Die wunderschönen Ergebnisse sehen Marmorsteinschnitten verblüffend ähnlich, daher kommt der Name.

In diesem Kapitel lernen wir, was wir für eigenes Marmorpapier benötigen und wie wir Schritt für Schritt vorgehen, um es zu gestalten und herzustellen.

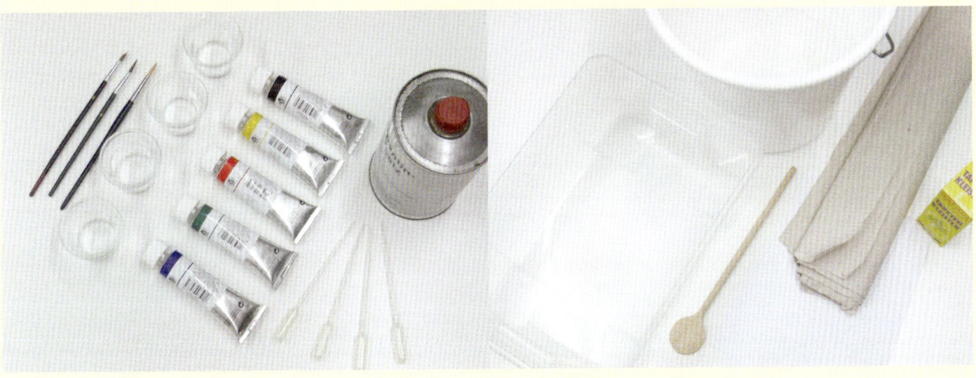

Hierzu benötigen wir:

- Plastikwanne
- Eimer
- Tapetenkleister aus Zellstoff
- Holzlöffel
- weißes Papier
- viel Abdeckpapier
- Ölfarben
- Gläser zum Mischen
- drei größere Haarpinsel
- Pipetten
- Terpentinersatz

# HERSTELLUNG VON MARMORPAPIER

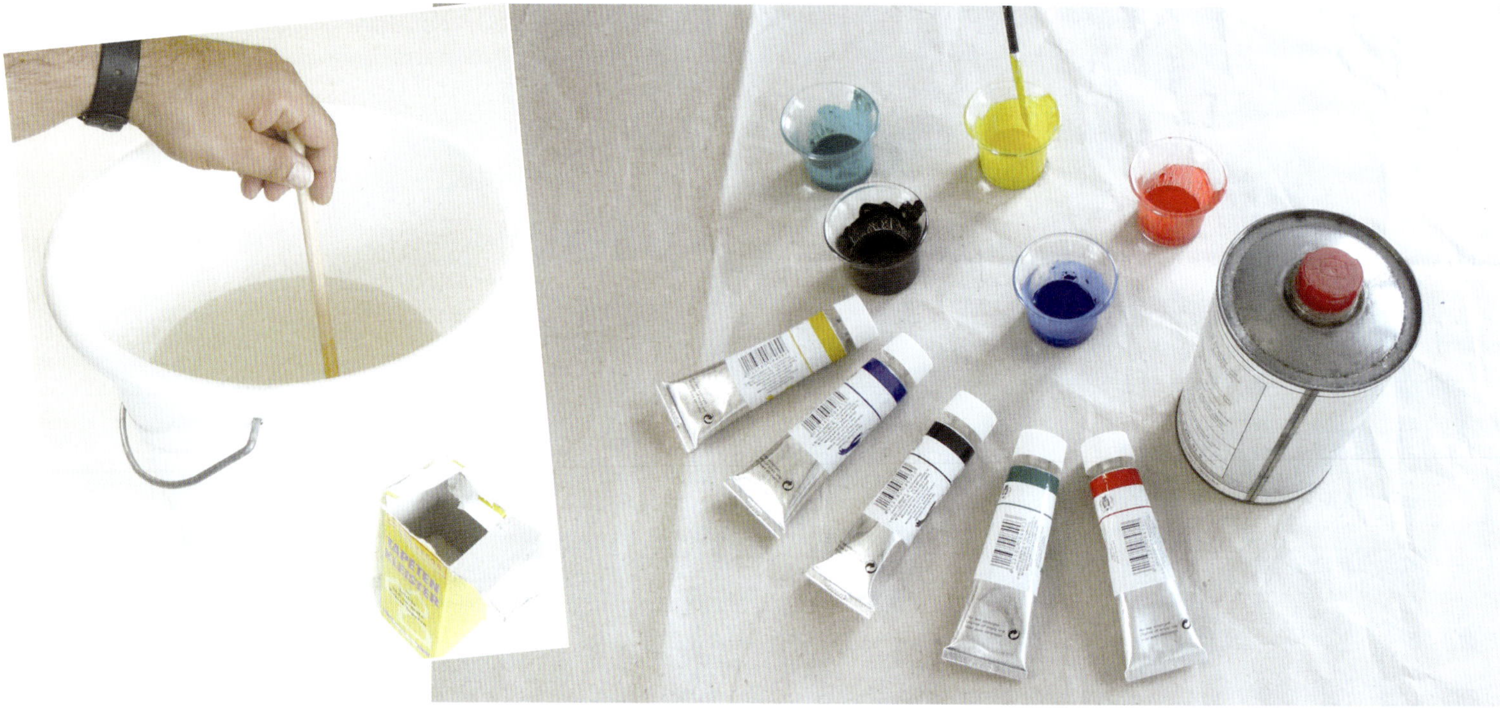

Als erstes schaffen wir die Basis zum Marmorieren, indem wir den Leim anlegen. Die Wanne sollte mindestens 5 bis 8 cm hoch sein. Wir füllen die Wanne entsprechend mit Wasser, schütten dieses in den Eimer und rühren ungefähr die Hälfte des Kleisters ein. Dabei vermeiden wir Klümpchenbildung.

Anschließend folgt der bunte Teil: Wir bereiten unsere Marmorierfarbe zu. Sie ist auch fertig gemischt im Handel erhältlich, aber selbst gemischte Farben wirken meistens schöner – vor allem, wenn man noch angebrochene Ölfarbtuben hat. Damit lassen sich antik wirkende Marmorpapiere herstellen.

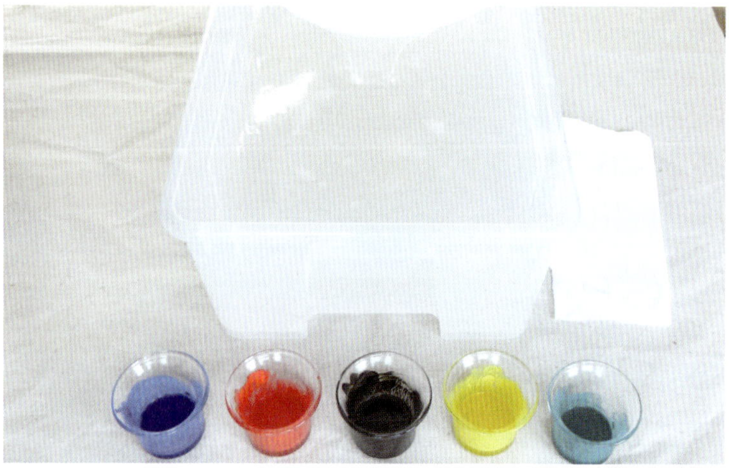

Auf Abdeckpapier stellen wir unsere Materialen so auf, dass wir alles gleich zur Hand haben: Wanne, Holzlöffel, Papiere, Pinsel und Pipetten, Papiertücher, die Gläser mit den mit Terpentinersatz statt Wasser verdünnten Farben – alles liegt gut erreichbar angeordnet. Dann füllen wir den Leim in die Wanne um.

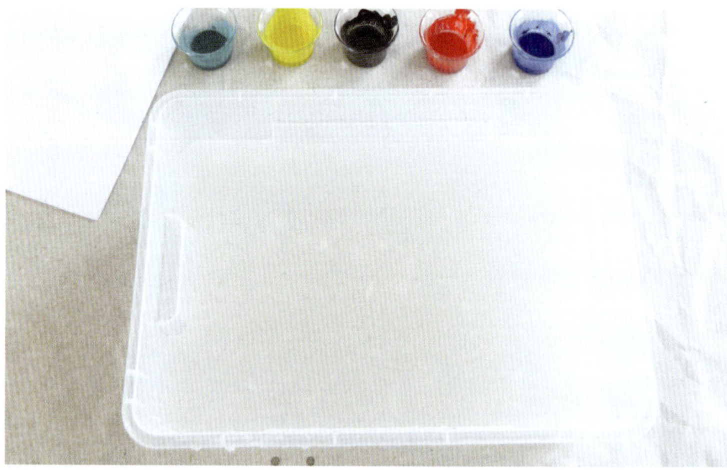

Im nächsten Schritt verrühren wir noch ein letztes Mal den Tapetenkleister in der Wanne, damit alles schön gleichmäßig verteilt ist, und entfernen noch vorhandene Klümpchen. Vor dem Papierauflegen wollen wir zuerst die Farben auftragen. Wir achten darauf, die Farben nur mit Terpentinersatz zu verdünnen.

# HERSTELLUNG VON MARMORPAPIER

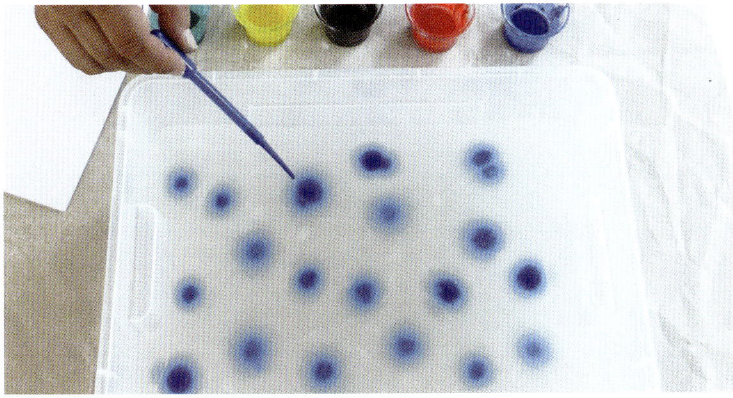

Dann wird es spannend: Wir träufeln mit einer Pipette an beliebigen Stellen unsere erste Farbe auf. Die Pipetten sind, sofern nicht aus Glas, nachher so gut wie nicht mehr zu gebrauchen. Daher benutzen wir für jede Farbe eine andere Pipette.

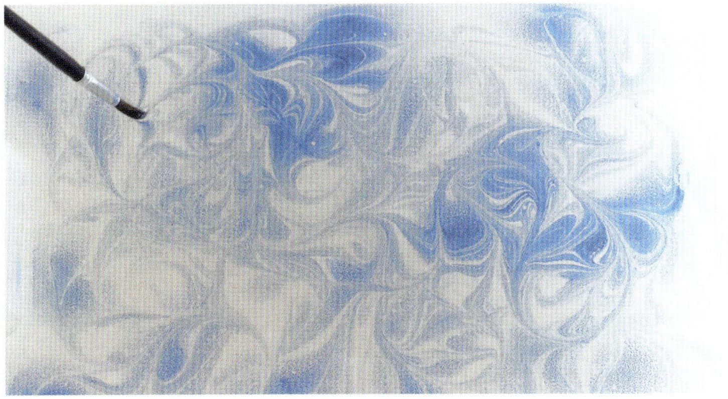

Dann lassen wir die Farbe sich ein paar Sekunden lang ausbreiten, nehmen einen der Haarpinsel und verrühren die Farbe auf der Oberfläche, bis sich schöne Muster ergeben. Keine Sorge – das geht wie von allein!

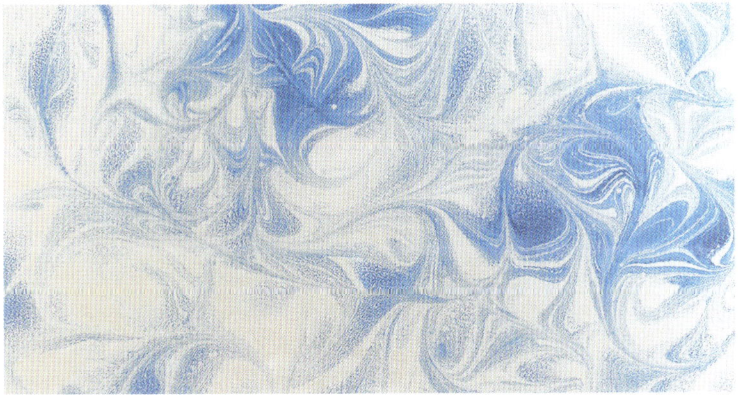

Nachdem wir unsere Farbe eine Zeitlang verrührt haben, lassen wir die Chemie für uns arbeiten und sich die Farbe weiter ausbreiten.

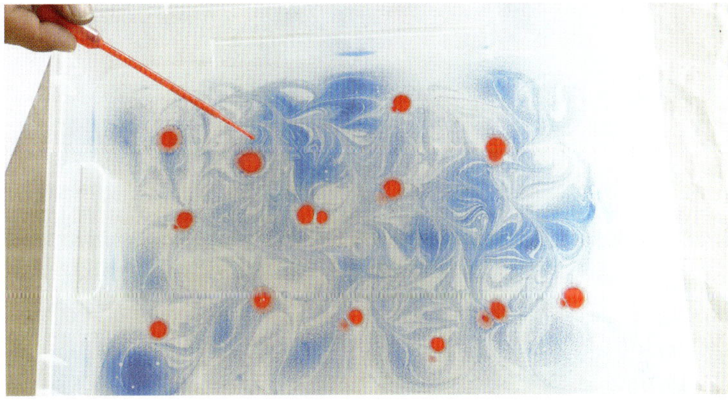

Dann fügen wir die zweite Farbe hinzu und setzen die Punkte an die Stellen, die uns gefallen. Beim Marmorieren spielt der Zufallsmoment eine gewisse Rolle; nicht selten beruhen die schönsten Muster auf Zufällen.

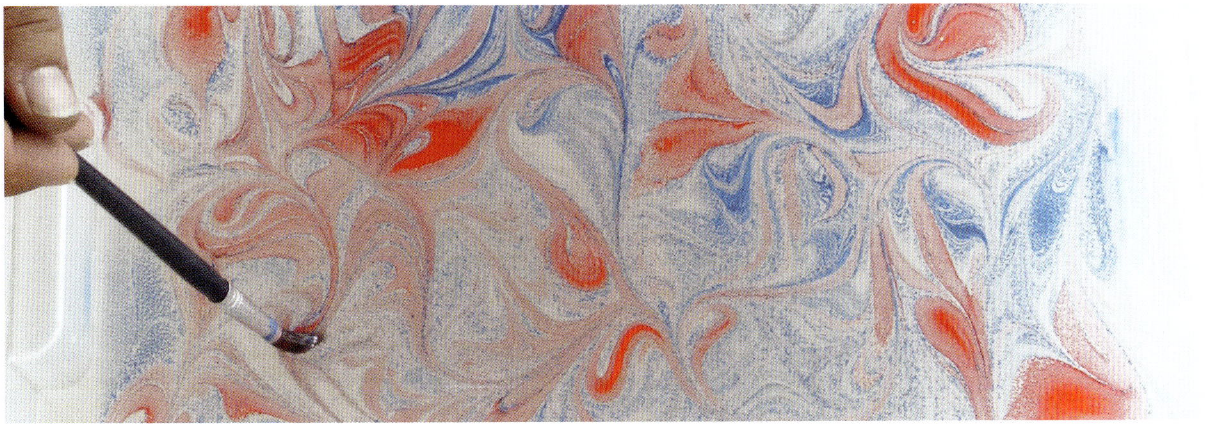

Die zweite Farbe wird nach einer Wartepause, in der sich die Farbe ausdehnen kann, wieder mit dem Pinsel beliebig verrührt, bis wir ein schönes Muster erhalten. Auf diese Weise können wir nun mehrere Farben hinzufügen und somit richtige Kunstwerke auf der Wasseroberfläche erzeugen.

# HERSTELLUNG VON MARMORPAPIER

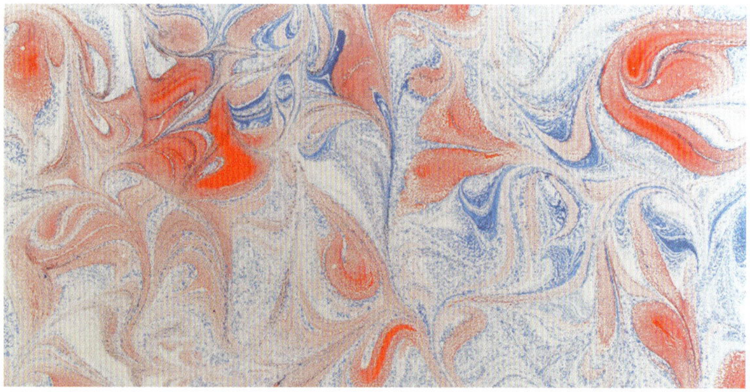

Nachdem wir das endgültige Muster fertiggestellt haben, lassen wir die Farbe sich wieder für ein paar Sekunden ausdehnen.

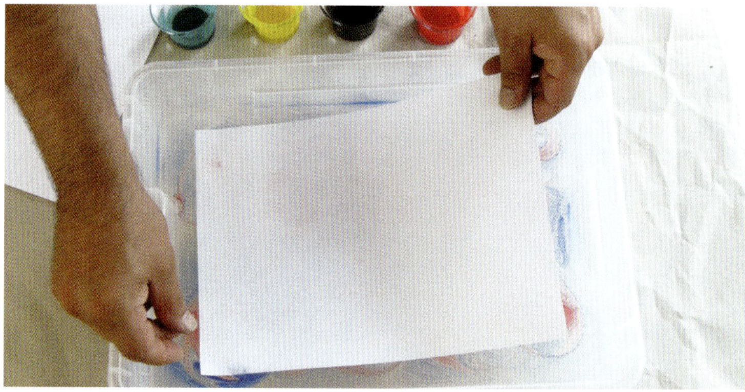

Dann greifen wir uns einen der Papierbögen, halten ihn an zwei Ecken, legen ihn dann vorsichtig mit einer Ecke auf das Leimbad und lassen ihn dann ganz los.

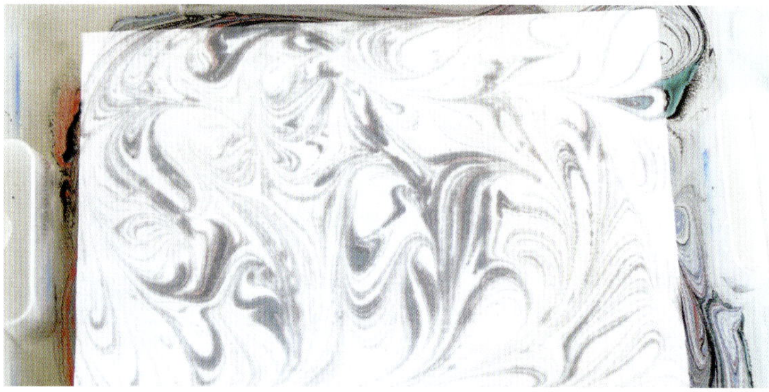

Wir geben dem Papier genügend Zeit, die Ölfarbe aufzusaugen, und drücken ggf. entstandene Luftblasen weg, um unbedruckte, weiße Stellen zu vermeiden.

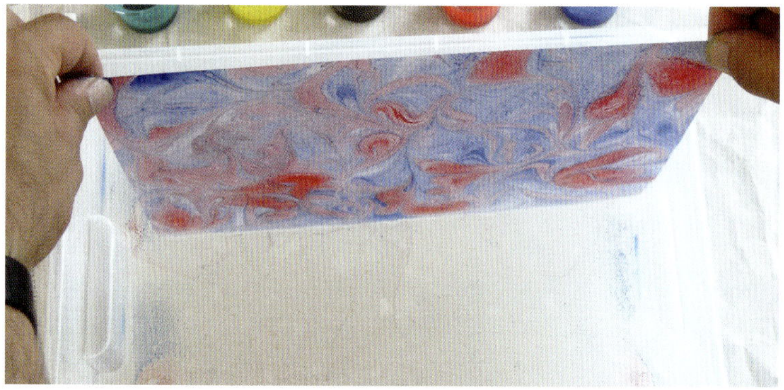

Dann greifen wir das Blatt an zwei gegenüberliegenden Ecken, heben es langsam an, ziehen es zügig aus dem Leimbad und legen es zum Trocknen auf eine dicke Schicht Altpapier.

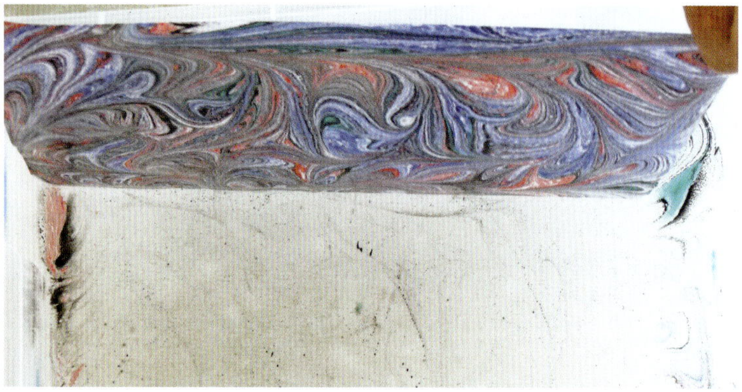

Ein neues Blatt legen wir auf die gleiche Weise an. Im Leimbad verbliebene Reste entfernen wir einfach mit Auflegen und Absaugen von altem Zeitungspapier.

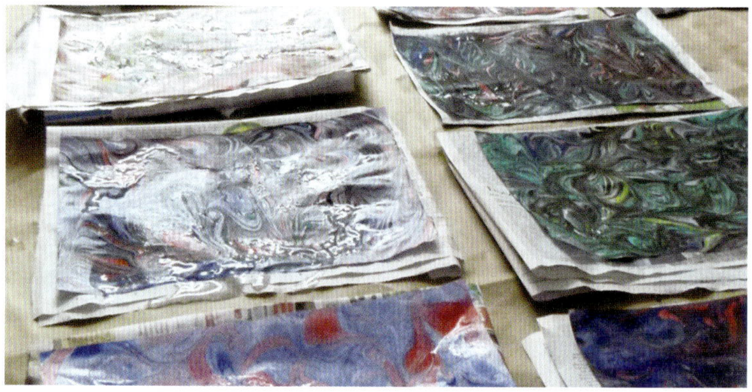

Das Marmorpapier legen wir nach und nach nebeneinander auf Abdeckpapier, wo es dann ein paar Tage zum Trocknen ausliegt. Sind die Blätter ganz trocken, werden sie gestapelt und mit Bildbänden beschwert und glatt gepresst.

# NOTIZBUCH

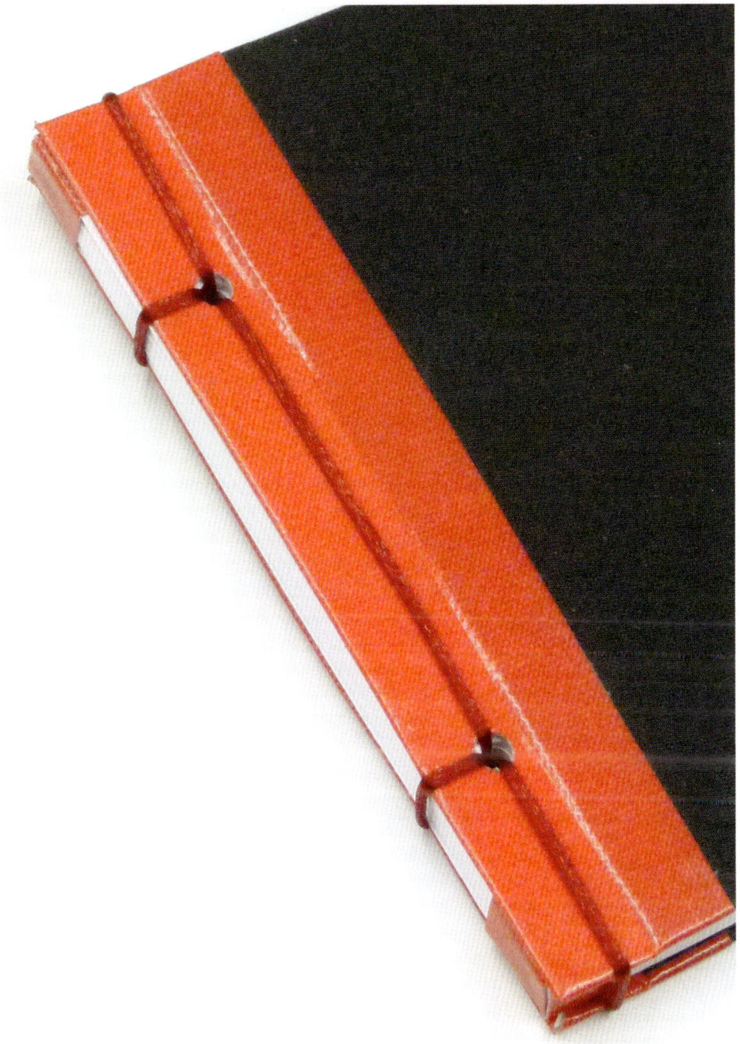

**In der Steinzeit bemalte der Mensch die Höhlenwände, ritzte dann in der Frühantike in Ton und ging mit wachsender Zahl an Niederschriften und wegen Platzbedarfs über auf Pergamentrollen, die sich stapelten, um am Ende als glatte Papierbögen von zwei simplen Holzbrettchen als Umschlag zusammengebunden zu werden: So wurde das Buch erfunden.**

Genau genommen ist es eigentlich schon die antike Papyrus- und Pergamentrolle, die als Buch behandelt wurde, weil man durch sie auf die einfache, aber geniale Idee kam, mehrere solcher Schriftblätter aufeinanderzulegen, zu falten und zu heften, und damit viel Platz einsparte. Solche Papierstapel bezeichnete man als Kodex – von dem lateinischen codex für „Baumstamm".

Die Holzbrettchen, die man zum Beschweren dieser Papierblöcke und zum Glattpressen und Zusammenhalten solcher Stapel nutzte, wurden in logischer Konsequenz zusammengebunden und haben sich als ideales Prinzip des Bucheinbands bis in unsere Gegenwart bewährt. Das Prinzip ist einfach: Die Blätter werden in Lagen geschnitten, gefaltet und entlang der Falzlinie mit dem Buchrücken vernäht.

Angesichts der Papiergröße und Seitenanzahl von bis zu 1600 Seiten konnte ein Kodex schon einmal den gigantischen Buchrücken von 40 cm Breite aufweisen – für damalige Verhältnisse war das nichts Ungewöhnliches. Unzählige Kodizes entstanden auf diese Weise in Griechenland und vor allem im antiken Rom, in denen die zeitgenössische Poesie und Wissenschaft festgehalten wurde. Im 14. Jahrhundert entwickelte man in China eine extrem stabile Bindetechnik, die sich schnell nach Korea und nach Japan ausbreitete: die Yotsume-toji-Technik – das gebundene Taschenbuch

Wir lernen auf den nächsten Seiten, wie wir mit dieser alten, bewährten Bindetechnik ein eigenes Notizbuch herstellen. Natürlich lassen sich mit dieser Anleitung auch Fotos, Zeichnungen und vieles andere als Buch zusammenbinden.

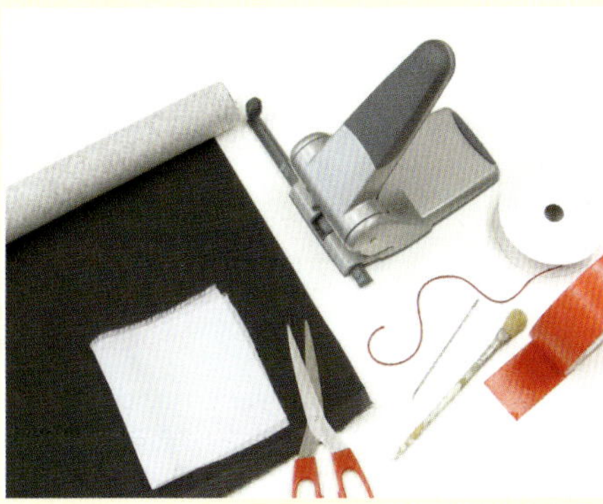

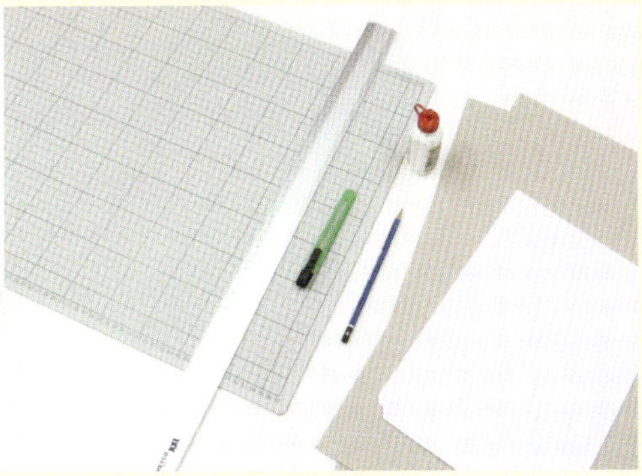

**Hierzu benötigen wir:**

- Buchbinderleinen
- ein Stück Nylonstoff
- Graukarton oder Schuhschachtelkarton
- 20 Blatt A4 –Papier
- Schneidematte
- langes Lineal
- Bleistift
- rotes Teppichklebeband
- Schneidemesser
- Schere
- Holzleim
- alter Pinsel
- Locher
- rote Kordel
- große Stopfnadel

# HERSTELLUNG NOTIZBUCH

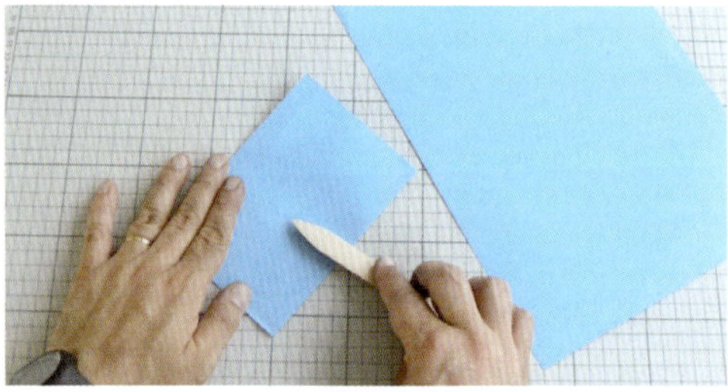

Wir falten ein A4-Blatt auf eine Viertelgröße und nehmen, um scharfe Kanten zu erzeugen, den Fingernagel oder das Falzbein zur Hilfe.

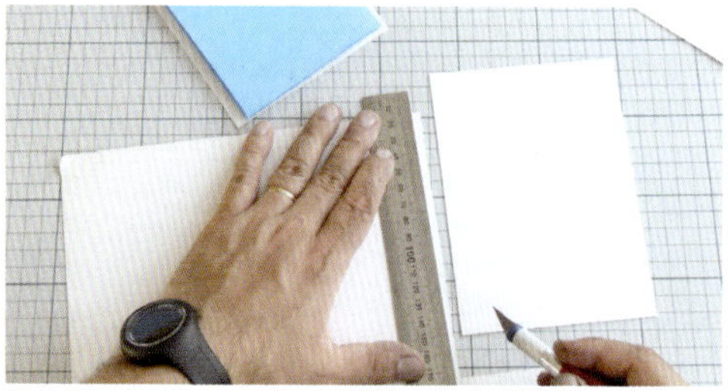

Dann messen wir die Seitenlängen ab, addieren je 5 mm hinzu und schneiden uns die neue Größe gleich zweimal aus dem Karton mit dem Schneidemesser aus.

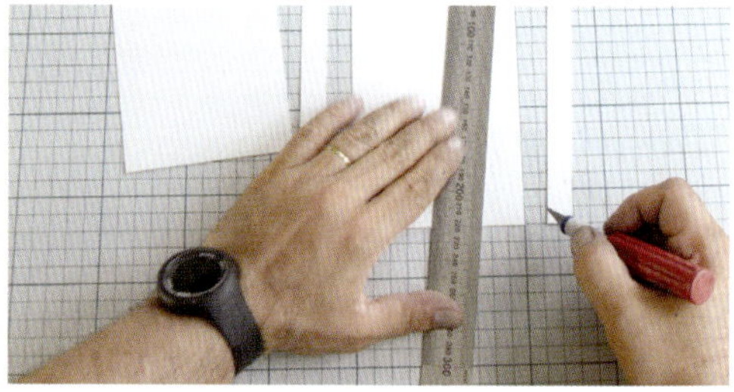

Nun schneiden wir von beiden Kartonstücken jeweils längs einen Streifen von 1,5 cm Breite ab. Die beiden Streifen brauchen wir nachher für den Umschlag.

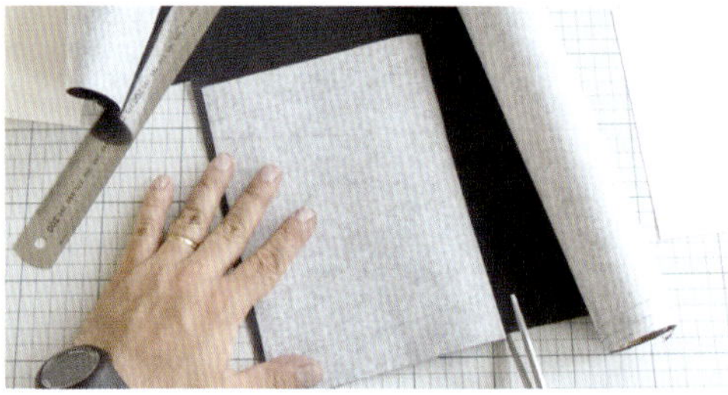

Danach legen wir den Karton auf Buchbinderleinen, fügen einen Rand von 25 mm hinzu und schneiden zwei Stücke einschließlich Rand aus dem Stoff aus.

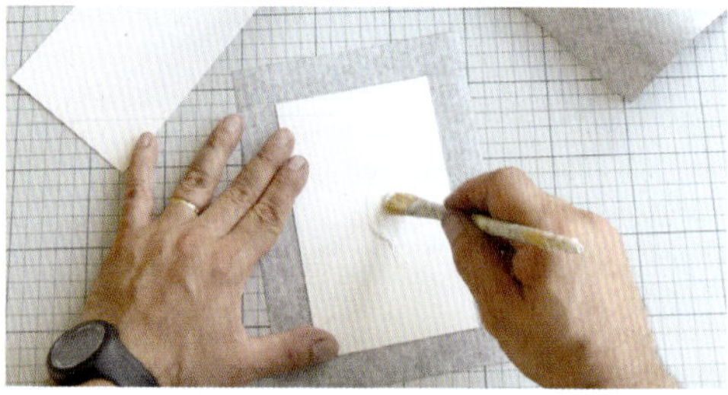

Die Kartonstücke werden nun mit Weißleim dünn ausgepinselt. Den Karton haben wir mittig auf das Leinen gelegt. Die schöne Seite des Leinens liegt unten.

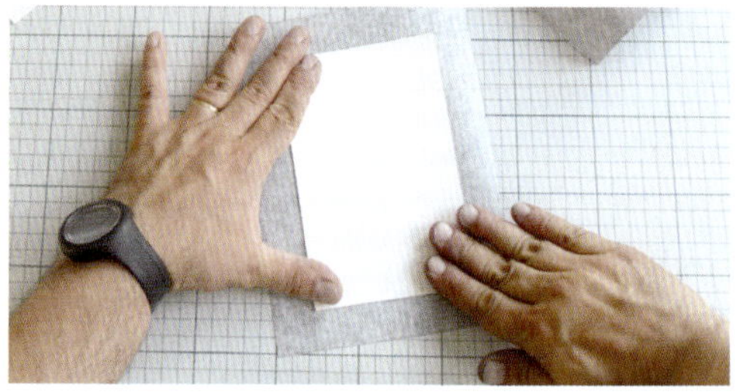

Anschließend drehen wir den geleimten Karton um und setzen ihn mittig auf das Buchbinderleinen. Wir streichen den Karton fest ans Leinen.

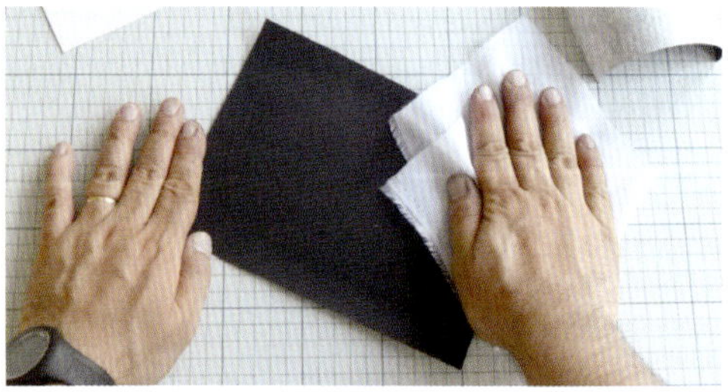

Dann drehen wir alles, nehmen uns das Nylontuch und streichen das Leinen damit glatt. Luftblasen werden damit auf wunderbare Weise entfernt.

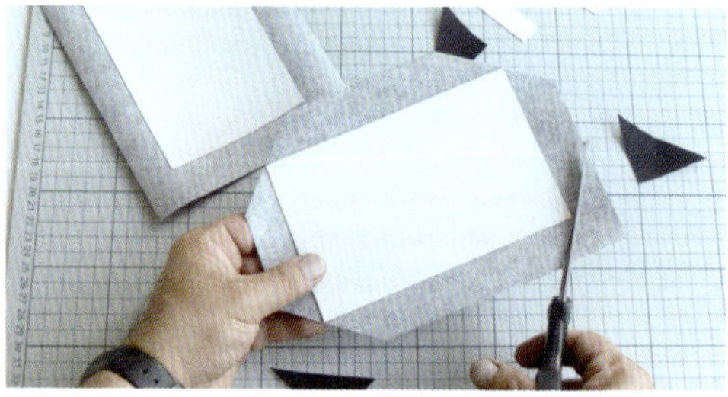

Nachdem wir beide Kartons aufgeklebt und glattgestrichen haben, schneiden wir überstehendes Leinen knapp über den Kartonecken ab.

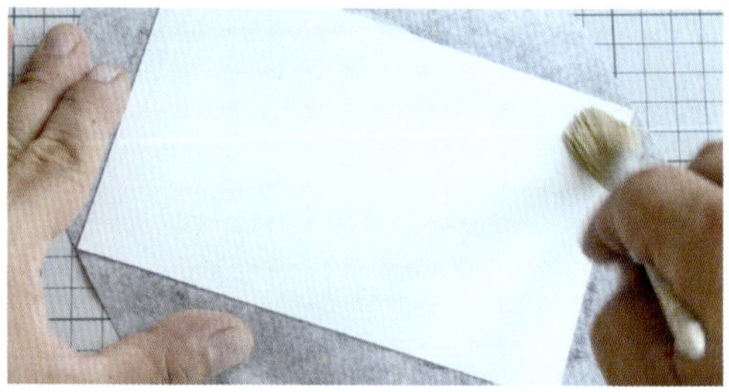

Nun wird diese Seite mit weißem Holzleim ausgepinselt, wobei wir das Leinen nicht vergessen. Wir achten darauf, dass unsere Finger sauber bleiben.

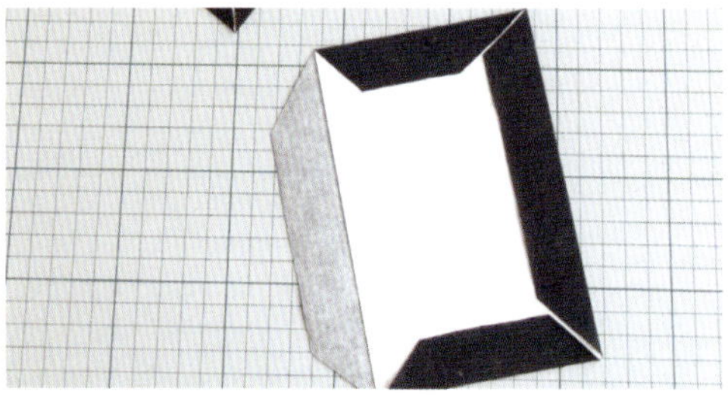

Jetzt klappen wir das Buchbinderleinen von allen Seiten nacheinander um und streichen es fest. Hier müssen wir besonders auf saubere Hände achten.

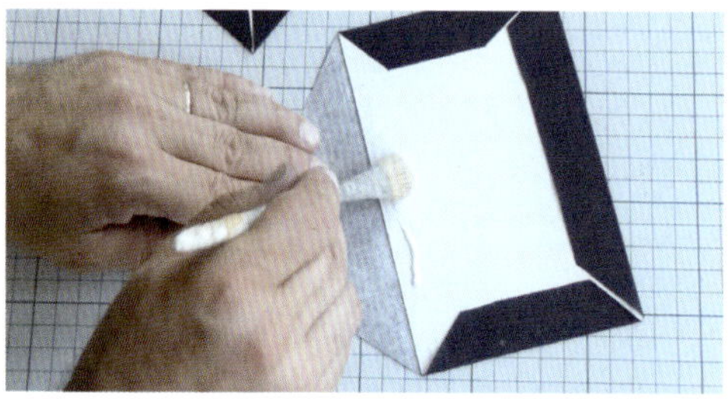

Um Leimflecken zu vermeiden, trägt man den Leim so auf, dass man über den Stoff nach außen und nicht zu weit nach innen auf den karton pinselt.

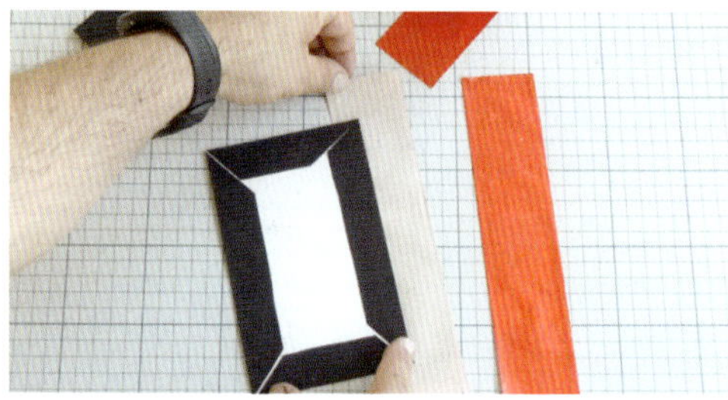

Vom Teppichband schneiden wir je einen Streifen ab, der oben und unten 2,5 cm übersteht. Der Karton wird bei ca. einem Drittel der Klebeflache platziert – die Vorderseite liegt auf der Klebefläche.

# HERSTELLUNG NOTIZBUCH

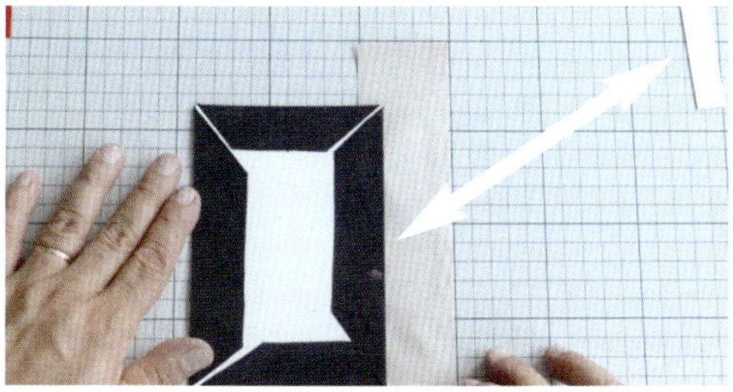

Nun kommt der schmale 1,5 cm breite Kartonstreifen zum Einsatz: Wir setzen diesen mit geringem Abstand direkt neben unseren Textilkarton auf die Klebefläche.

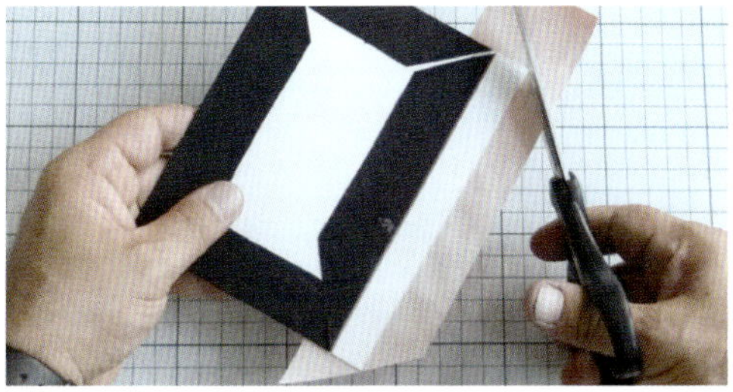

Dann schneiden wir am Teppichband die oberen Ecken ab, sodass diese nicht überstehen und nachher unangenehm aufblitzen.

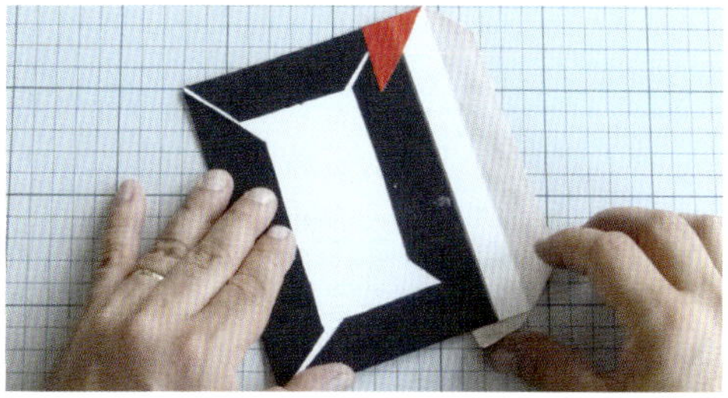

Zuerst schlagen wir die kleinen Teppichbandreste oben und unten um und verkleben sie sorgfältig. Anschließend machen wir das Gleiche mit den Längsstreifen.

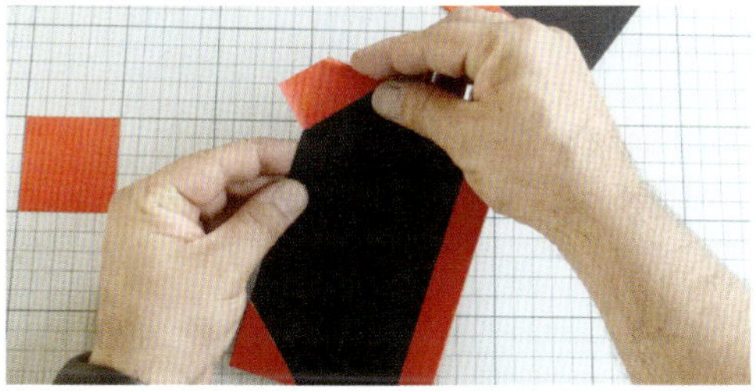

Von dem Teppichklebeband schneiden wir 5 cm ab und halbieren das Quadrat zu 2,5 x 5 cm großen Streifen, mit denen wir die Ecken wie abgebildet abkleben.

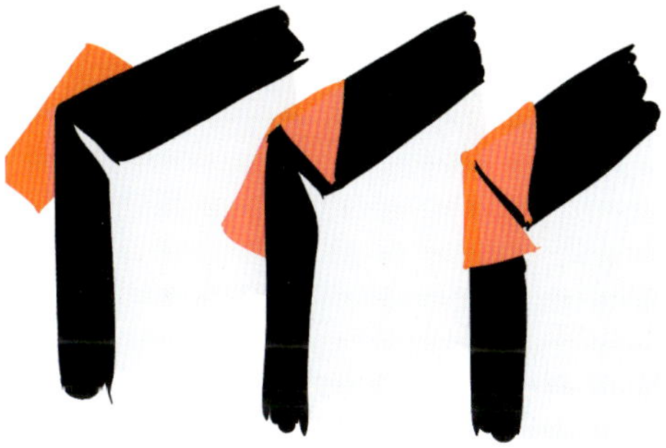

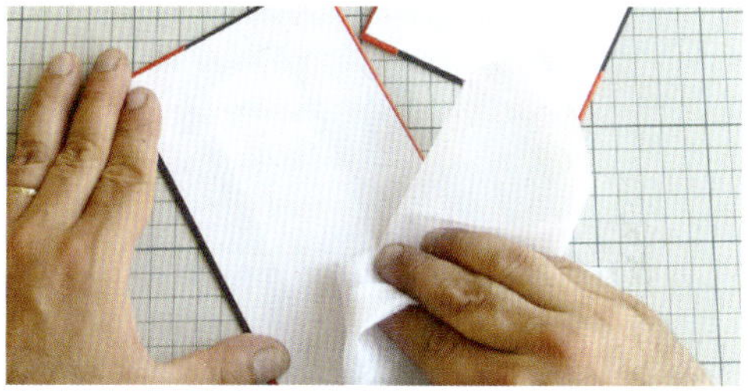

Wir schneiden uns ein Innenfutter aus Papier aus, das rundum 3 mm kürzer ist, und verkleben es mit verdünntem Leim und glätten es mit unserem Nylontuch.

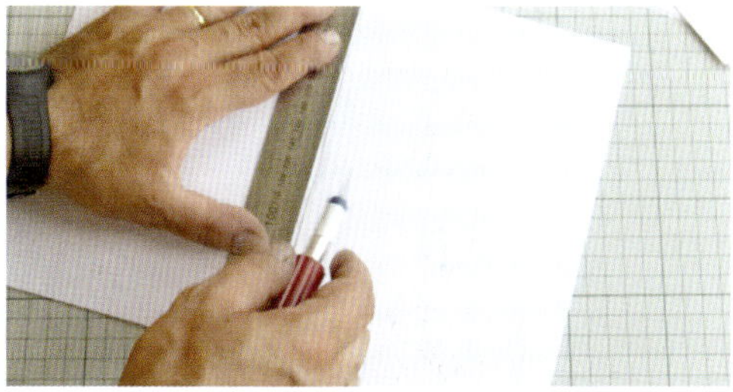

Jetzt kümmern wir uns um den Innenteil – um die Seiten für unser Notizbuch. Dazu halbieren wir alle 20 A4-Papierbögen einzeln oder in Lagen mit dem Schneidemesser.

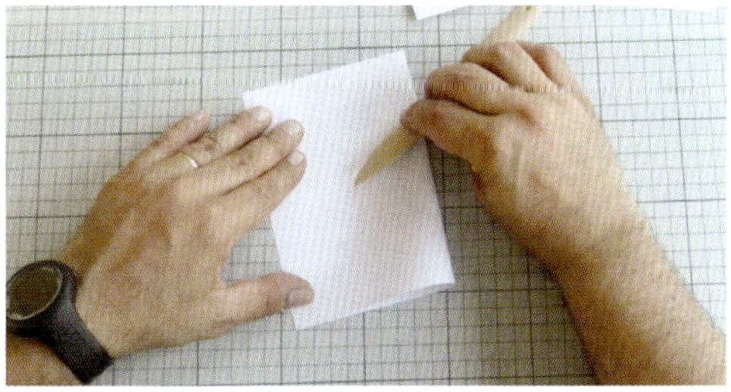

Wir halbieren die 40 halben Seiten. Jedes Blatt wird gefaltet und mit dem Falzbein glattgestrichen. Unsere Genauigkeit hierbei zahlt sich später aus.

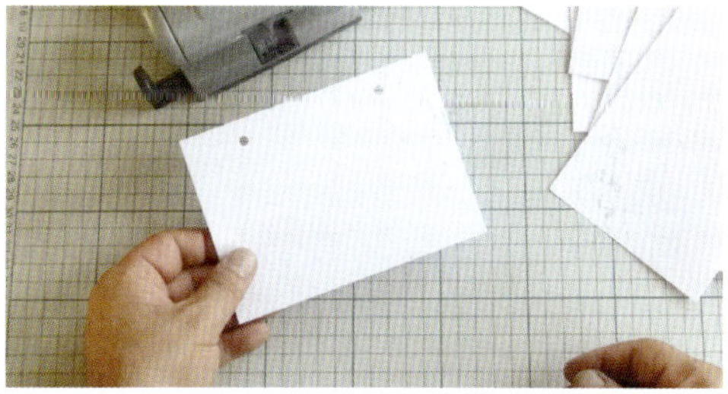

Danach sorgen wir für den Halt unserer Seiten, indem wir die gefalteten Bögen an der Falzkante einzeln oder, wenn möglich, in Lagen lochen.

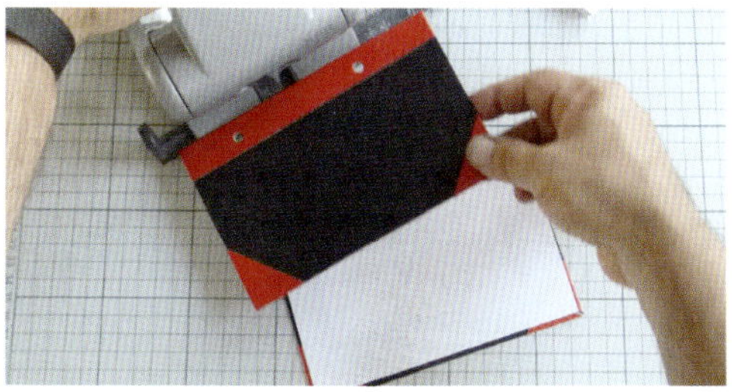

Danach folgt das erste Stück des Umschlags: Es wird mit der Vorderseite nach oben gelocht, wobei wir mittig lochen und auf der langen Teppichbandseite.

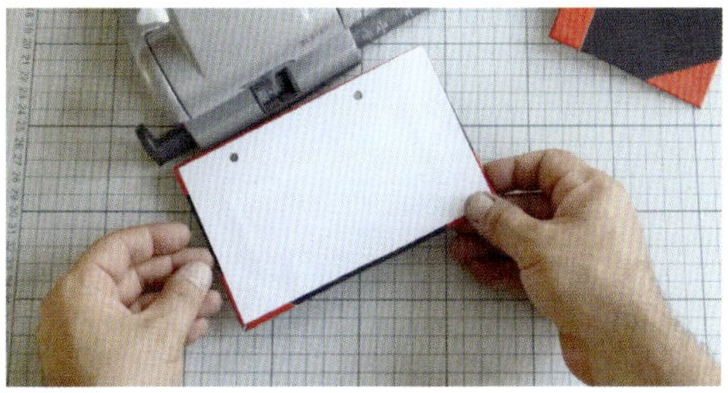

Das zweite Umschlagstück wird ebenfalls mittig an der Teppichbandseite eingelegt, jedoch umgedreht gelocht. Die Innenseite muss nach oben zeigen.

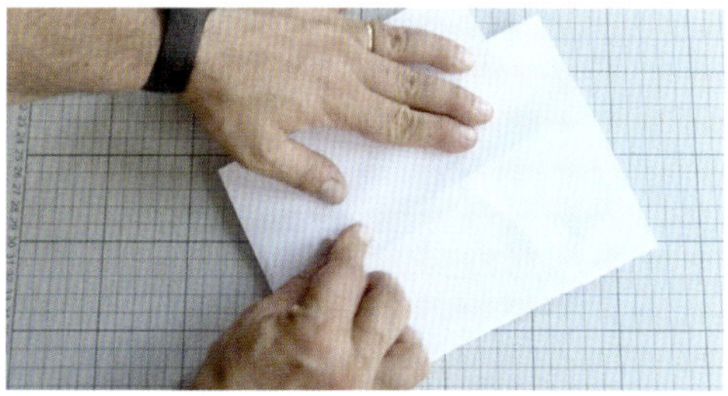

Dann wenden wir uns wieder dem Papier zu: Die gelochten Doppelseiten werden geschlossen und mit der Lochung am Falz aufeinandergelegt, mit einem Papier bedeckt und am Falz noch einmal geglättet.

# HERSTELLUNG NOTIZBUCH

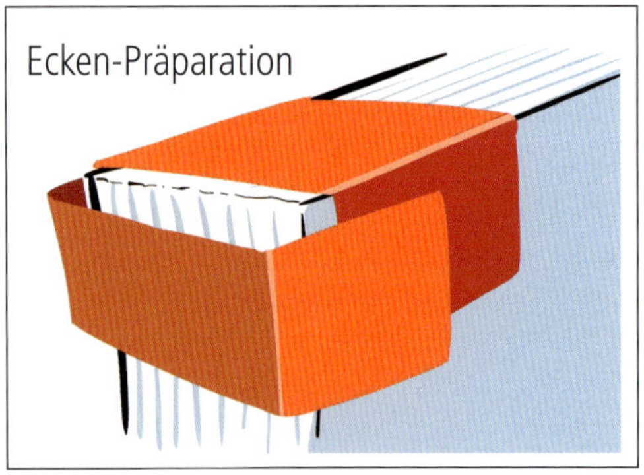


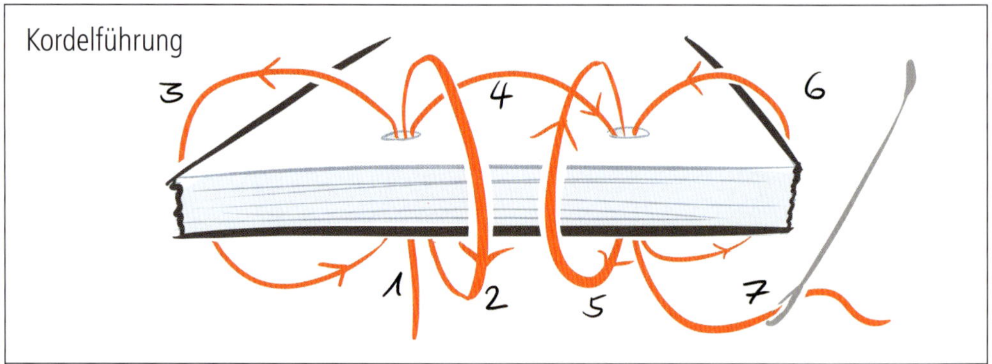


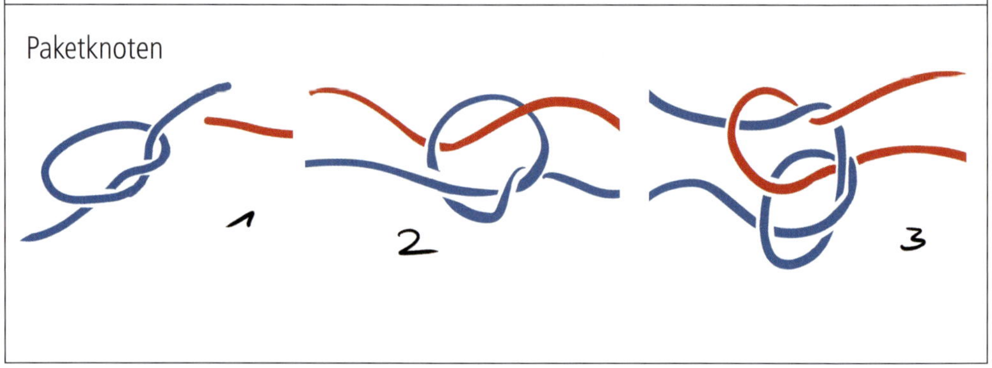


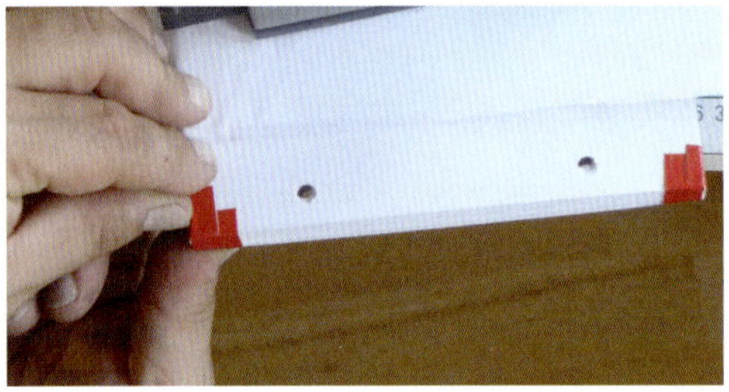

Jetzt legen wir den Stapel überstehend an eine Kante und beschweren ihn mit einem passenden, schweren Gegenstand. Die Ecken werden mit Teppichklebeband verklebt.

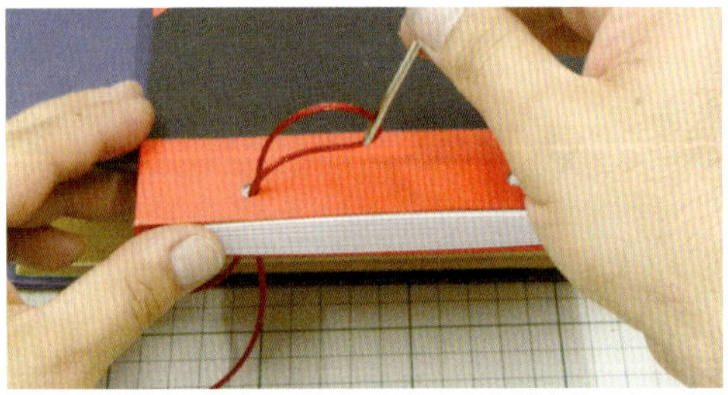

Wir fügen die Umschläge mit der Lochung richtig herum oben und unten dem Stapel hinzu, nehmen die Stopfnadel und die rote Kordel und beginnen zu binden.

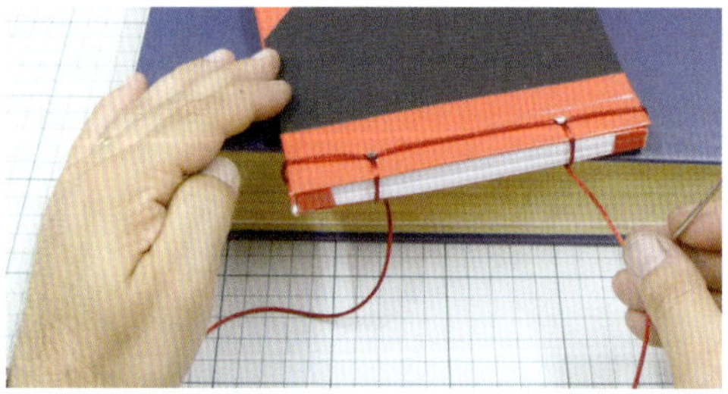

Wir ziehen die Stopfnadel genau in der Reihenfolge wie oben dargestellt durch beide Lochungen und über die Seitenränder und achten auf einen festen Zug.

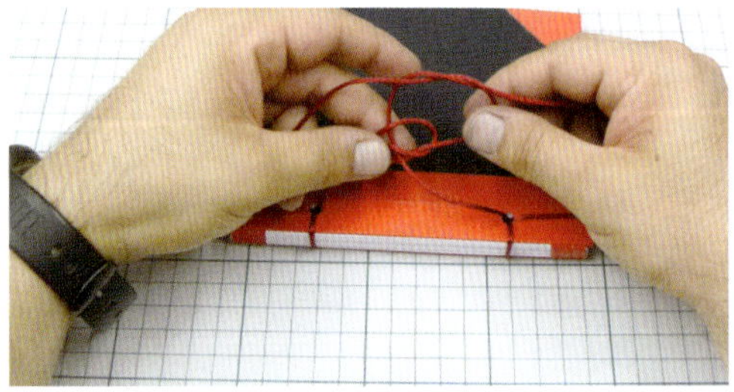

Mit dem Paketknoten fixieren wir unsere Bindung und sorgen dafür, dass sich unsere Seiten später nicht lockern.

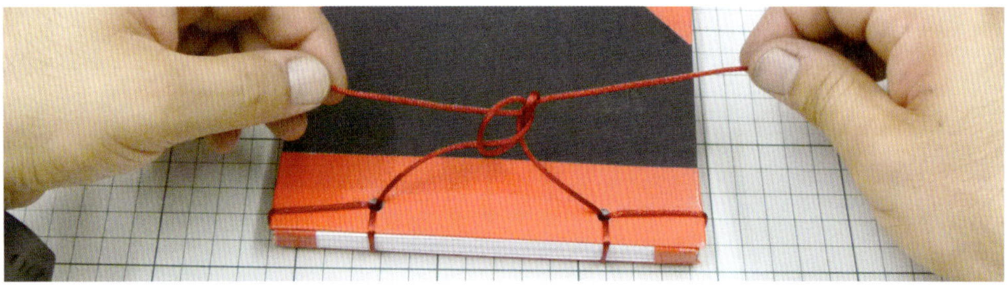

Dieser Knoten ist – obwohl sehr einfach – recht wirkungsvoll und hält gebundenes Material optimal zusammen. Überstehende Kordelreste werden abgeschnitten.

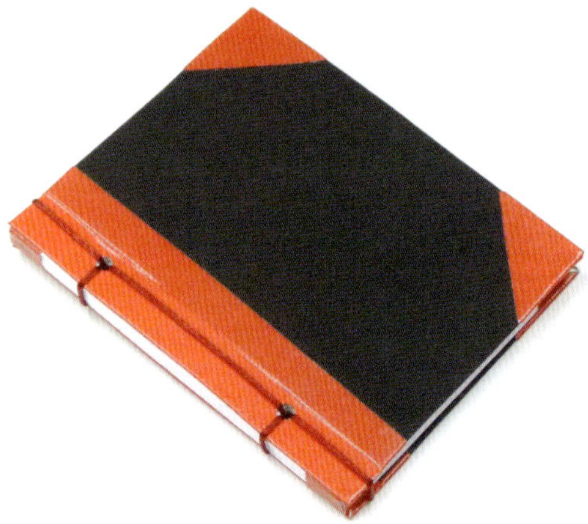

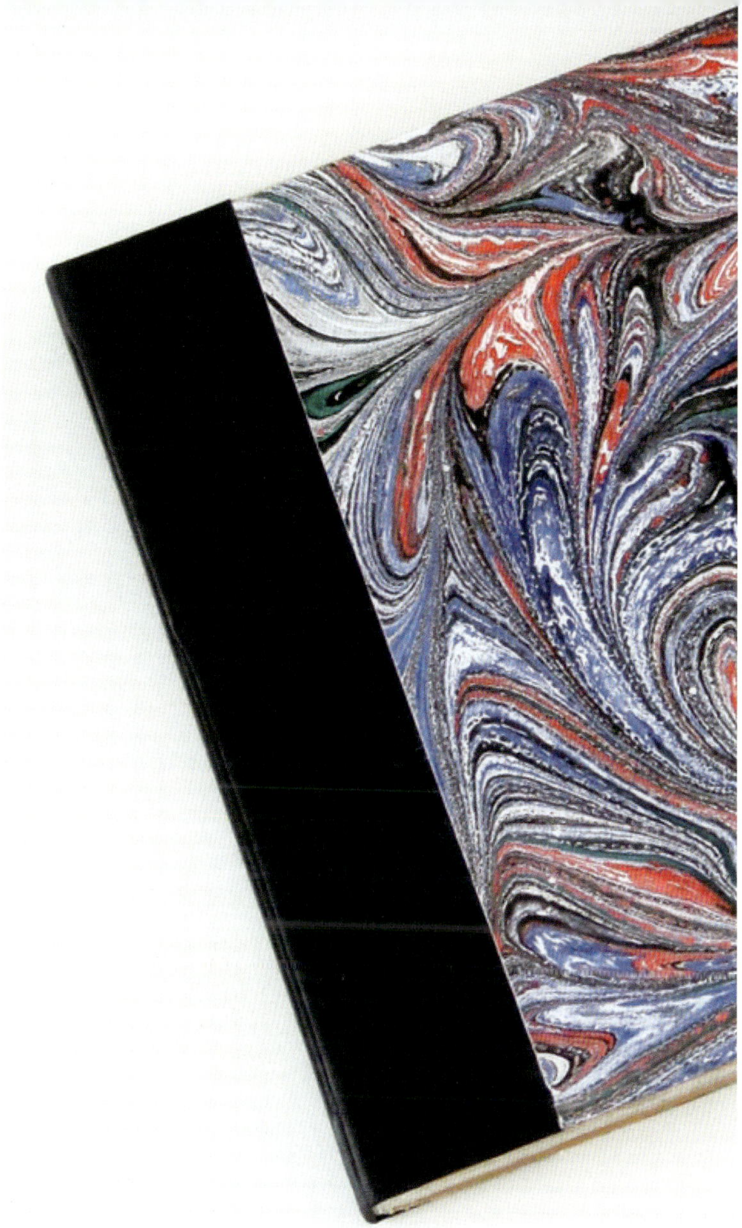

# EINBAND

**Die Tradition des Bucheinbands ist ebenso alt wie der Kodex selbst – erhielt jedoch erst im späten Mittelalter die entsprechende Würdigung. Dabei ist dieser letzte Schritt der Buchherstellung der nachhaltigste: Den Einband sehen wir jeden Tag im Bücherschrank und oft entscheidet dieser über Verbleib und Nichtverbleib eines Buches.**

Der Grund hierfür ist simpel: Die schreibenden Mönche mussten erst einmal viele Jahre lang ihre Schriftarbeiten selbst binden. Als die Nachfrage wuchs und sich die rege Betriebsamkeit zur Buchmanufaktur entwickelte, bei der auch Geld floss, benötigte man zusätzliche Helfer bzw. Handwerker, die sich auch auf das Buchbinden spezialisierten. Aber das umfasste nicht nur den klerikalen Buchmarkt. Zwischen dem 13. und 15. Jahrhundert stieg im bürgerlichen Milieu der Bedarf nach weltlicher Literatur. Daher gingen Buchbinder auch außerhalb der Klöster ihrem Gewerbe nach – vornehmlich in Handels- und Universitätsstädten. Oft wohnten und arbeiteten sie wegen der Steuerfreiheit in den Universitäten selbst, wo sie auf kleinstem Raum mit den Studenten zusammenlebten – konnten aber auch frei umherziehend den Beruf ausüben. Adelige und reiche Kaufleute hatten zum Teil eigene Bibliotheken mit kostbaren Büchern, die sie nicht aus der Hand geben wollten, und bildeten somit für umherziehende Buchbinder die zahlende Kundschaft.
Gegenwärtig arbeiten Buchbinder in größeren Druckereien oder der Druckweiterverarbeitungsindustrie, in der sie in der Buchserienproduktion tätig sind. Oder sie arbeiten in kleinen Werkstätten, in denen sie sowohl Unikate und Kleinstauflagen herstellen oder einzelne Bücher restaurieren.

Auf den nun folgenden Seiten lernen wir, wie wir unseren broschierten Lieblingsausstellungskatalog, dessen Umschlag schon recht abgegriffen ist und ziemlich lädiert aussieht, mit einem neuen, stabilen und schönen Leineneinband verschönern können. Natürlich können wir diese Schönheitsoperation auch an jedem anderen Buch vornehmen – dazu passen wir lediglich die Maße der Vorlage an.

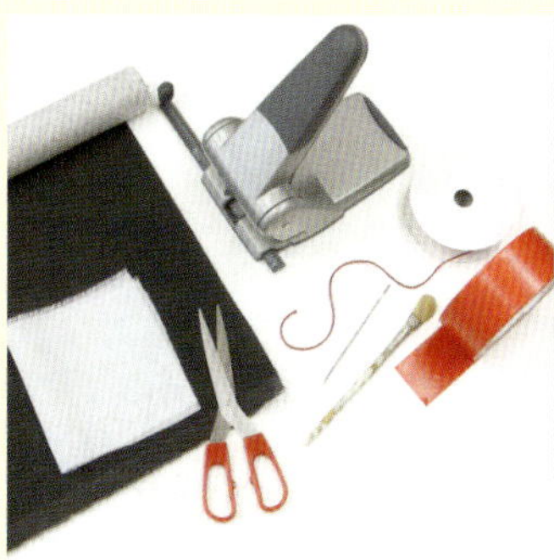

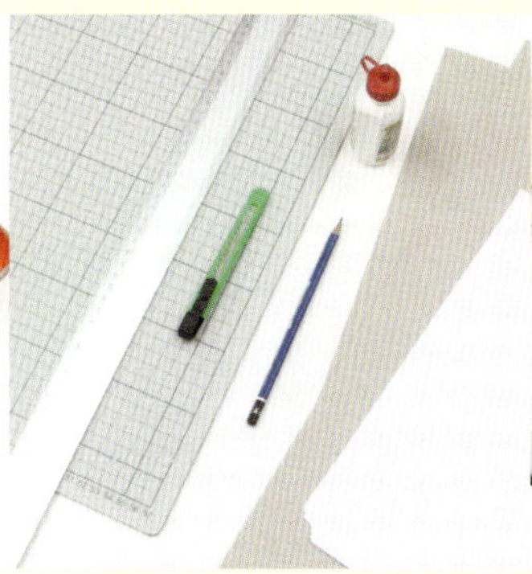

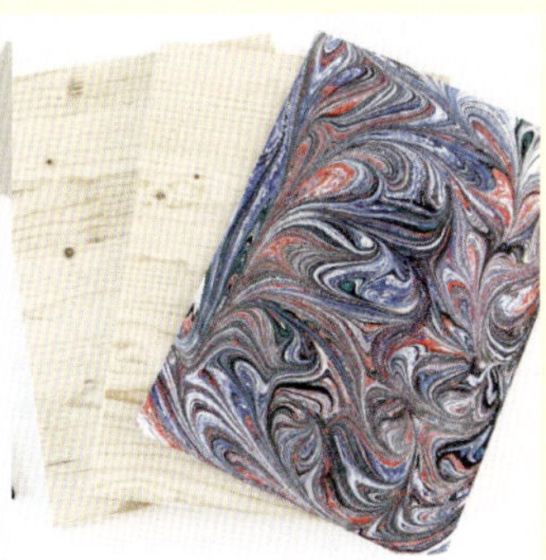

Hierzu benötigen wir:

- Lieblingsbuch mit beschädigtem Umschlag
- Tonpapier
- Marmorpapier
- Buchbinderleinen
- ein Stück Nylonstoff
- 2 mm dicker Graukarton
- Schneidematte
- langes Lineal
- Bleistift
- Schneidemesser
- Schere
- Holzleim
- alten Pinsel
- zwei Holzbretter, die etwas größer sind als das Buch

# HERSTELLUNG EINBAND

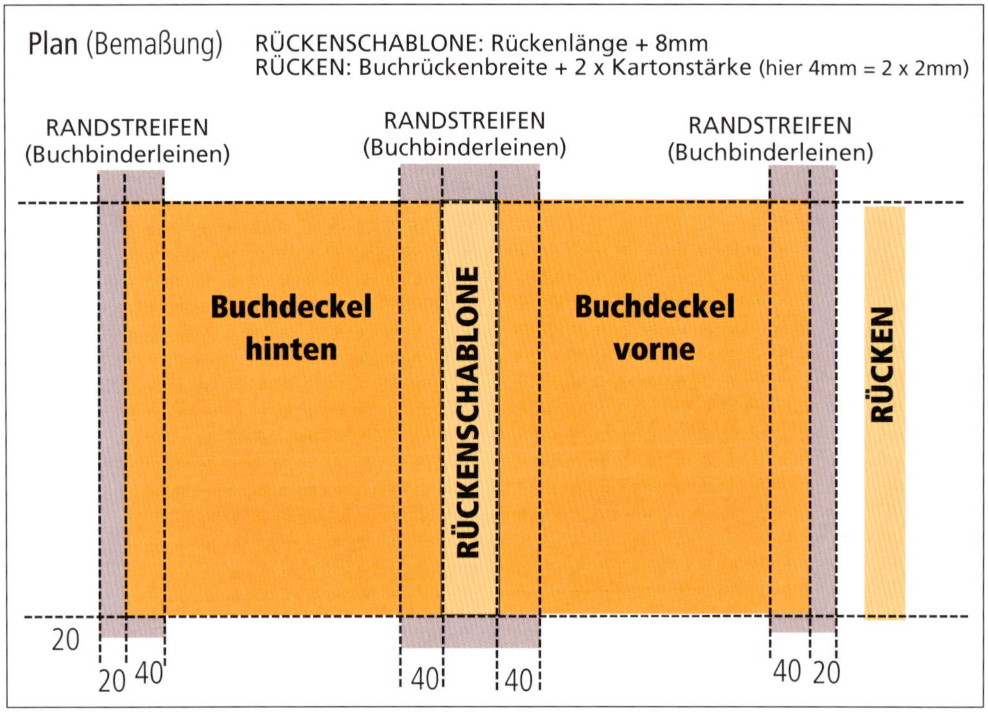


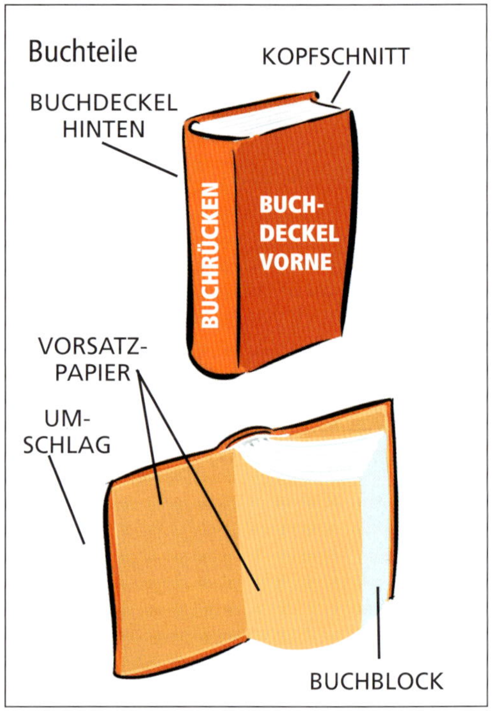


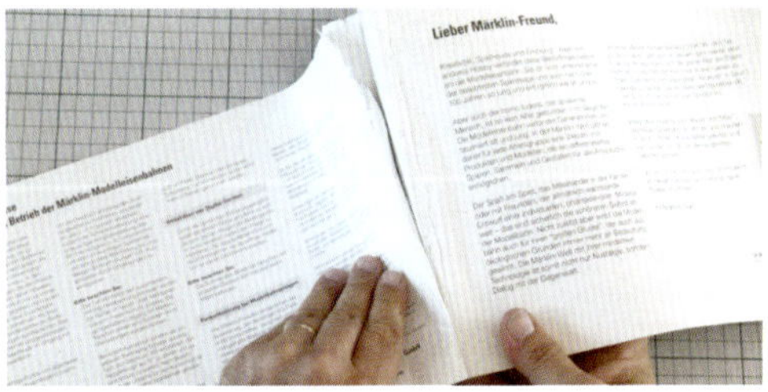
Wir entfernen sachte den beschädigten Umschlag unseres Lieblingsstückes und legen das Buch frei. Dazu benutzaen wir erst einmal nur die Hände.

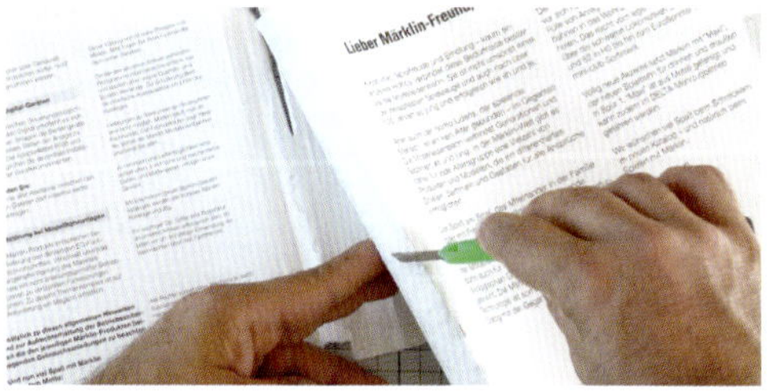
Die übriggeblieben Reste des verklebten Umschlags werden nun vorsichtig und leicht mit dem Teppichmesser weggeschabt und so weit wie möglich entfernt.

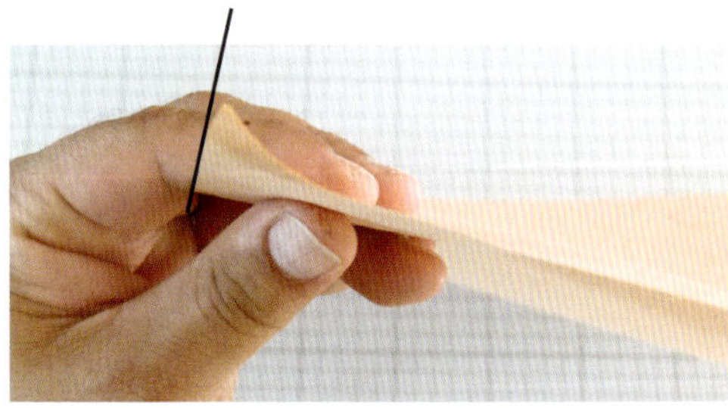
Wir nehmen das Tonpapier und ermitteln die Laufrichtung. Dazu feuchten wir eine Ecke an. Die Wölbung verrät uns die Ränder, die hier gerade bleiben.

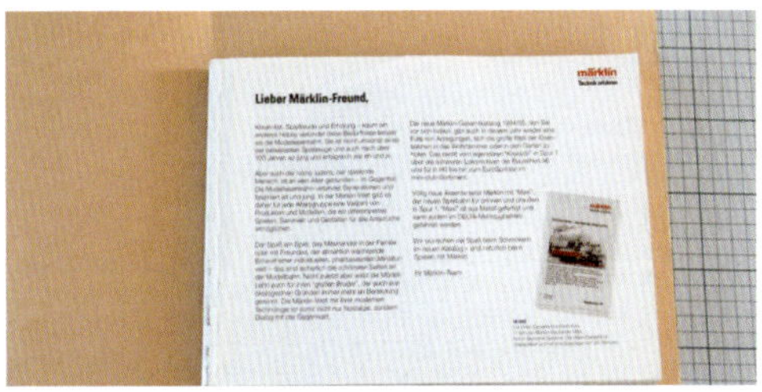
Wir legen das Buch auf das Tonpapier (die Laufrichtung ist die Gleiche wie beim Buch) und falzen es exakt am Klebebund des Buches entlang im rechten Winkel nach oben.

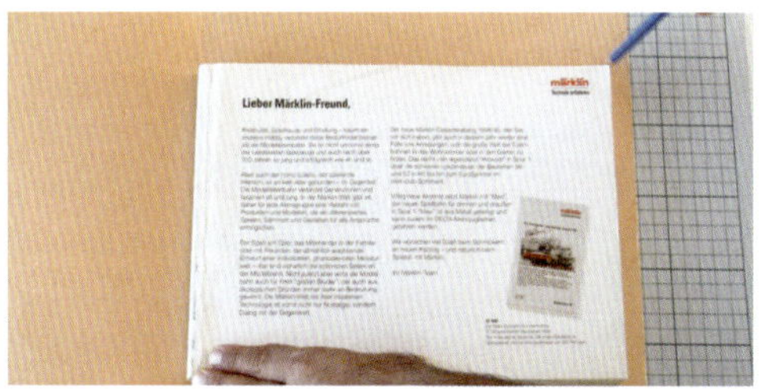
Dann zeichnen wir mit Bleistift sorgfältig die Umrisse nach, wobei der rechte Rand genau am Falzrand des Tonpapiers liegen muss.

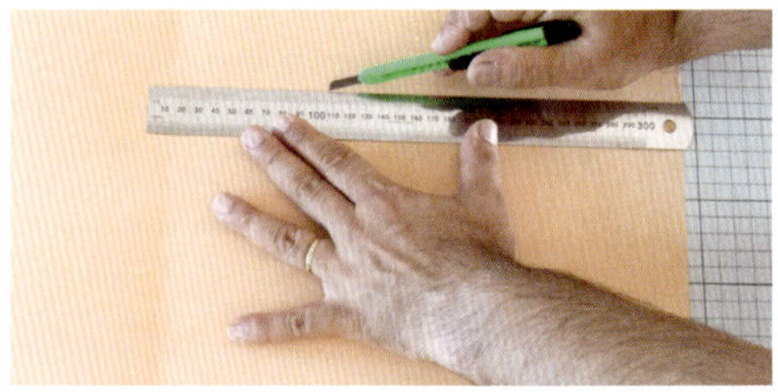
Anschließend schneiden wir das Stück vorsichtig aus dem Tonpapier aus. Dazu nehmen wir das Metalllineal und das Schneidemesser.

# HERSTELLUNG EINBAND

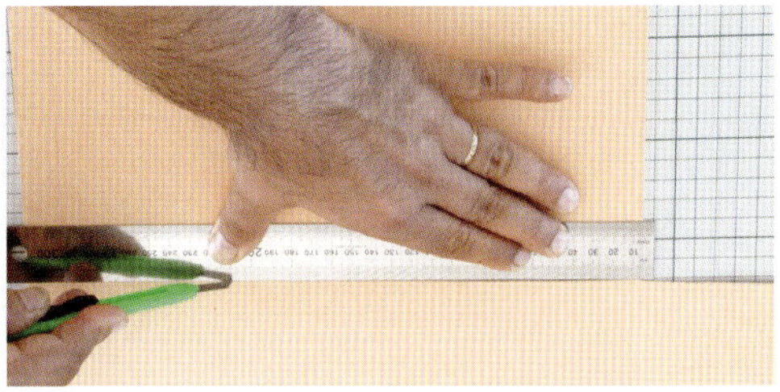

Das Gleiche machen wir jetzt ein zweites Mal mit der Rückseite unseres Buches: Wir schlagen das Buch um, platzieren es mit der Schnittkante am Kleberand.

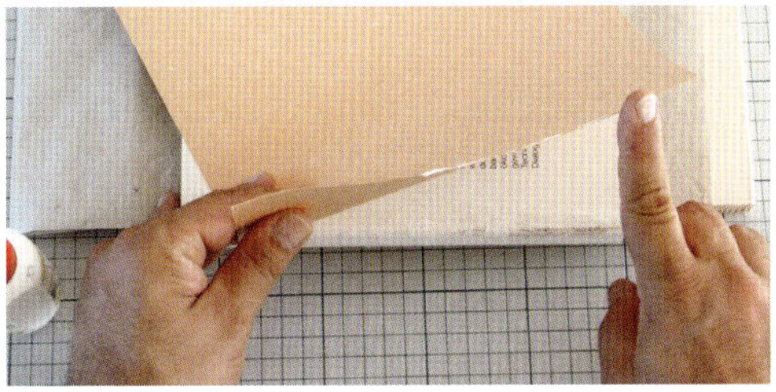

Wir verkleben das Tonpapier mit dem Buch. Wir legen das Buch überstehend auf ein Holzbrett und streichen mit dem Finger Weißleim auf die Falzkantenseite.

Beide Tonpapiere werden auf den richtigen Seiten – wie beim Vermessen – exakt und sauber am Buch verklebt. Dann legen wir für 10 Minuten alles zwischen Holz.

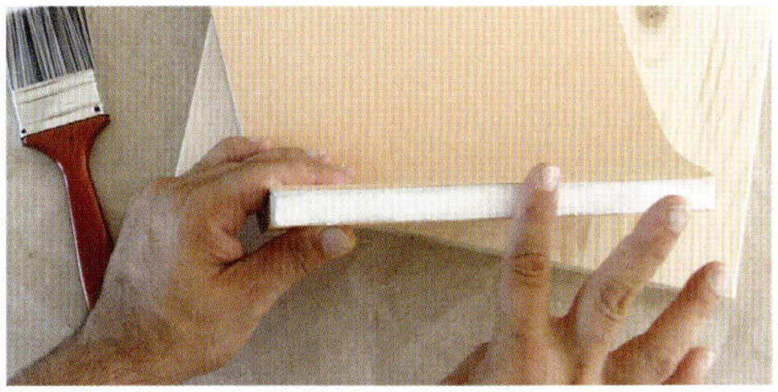

Anschließend verleimen wir den Klebebund unseres Buches neu. Mit dem Finger arbeiten wir den Holzleim in den Bund sanft ein und streichen alles glatt

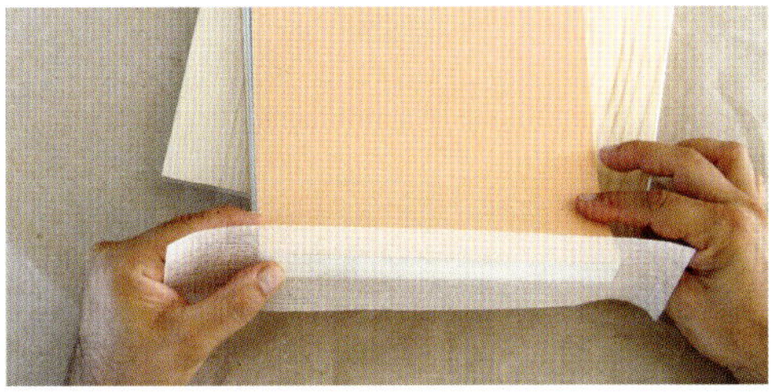

Danach bringen wir unser Gewebeband an, das wir mittig und auf die Verleimung auflegen. Die Ränder sollte man vorher auf die richtige Länge kürzen.

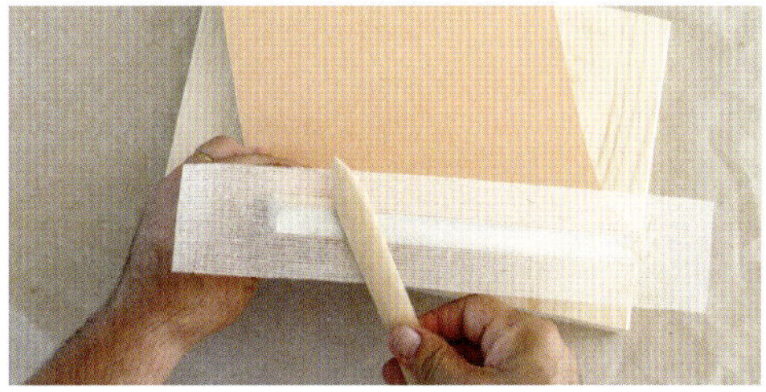

Das Gewebeband muss vom Leim vollständig bedeckt werden. Dann kann man mit dem Falzbein alles noch einmal gründlich glätten.

Nun ermitteln wir beim Einbandmaterial, dem 2-mm-Karton, die Laufrichtung durch Verbiegen: Die Seite, die sich leichter wölbt, ist die Laufrichtung.

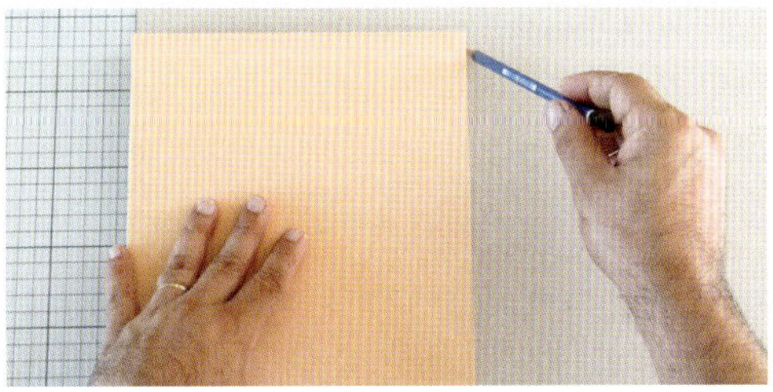

Wir legen das mit Tonpapier verklebte Buch an eine Kante des mit gleicher Laufrichtung bereitliegenden Kartons und zeichnen die Umrisse mit Bleistift nach.

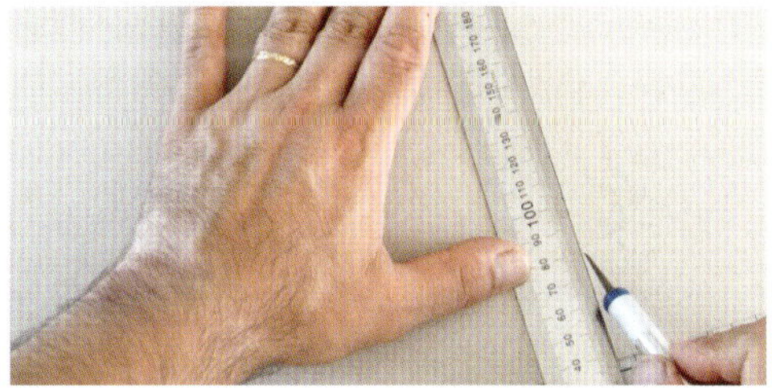

Dann machen wir das Gleiche mit der Buchrückseite (Laufrichtung beachten) und schneiden beide Stücke mit Metalllineal und Schneidemesser aus dem Karton.

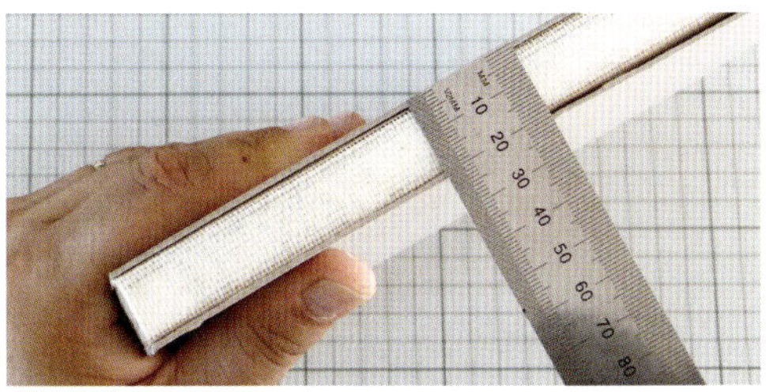

Wir legen die Kartonstücke nun dicht am Buch an und messen für die Breite des Rücken (s. Materialberechnung) den Abstand von Außenkante zu Außenkante.

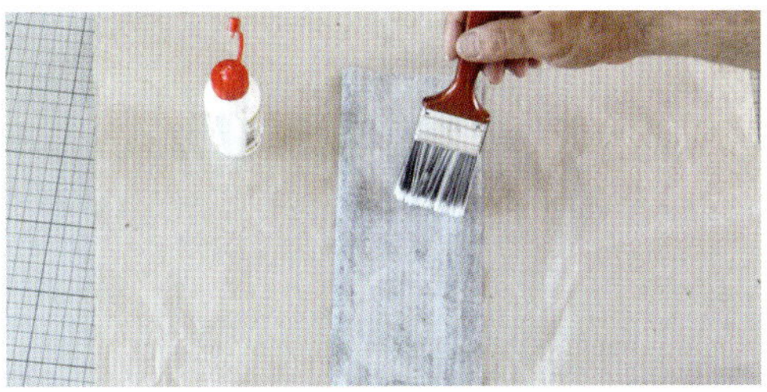

Aus dem Buchbinderleinen schneiden wir den Buchrücken gemäß unserer Materialberechnung aus und verleimen es mit dem Pinsel gründlich von innen nach außen

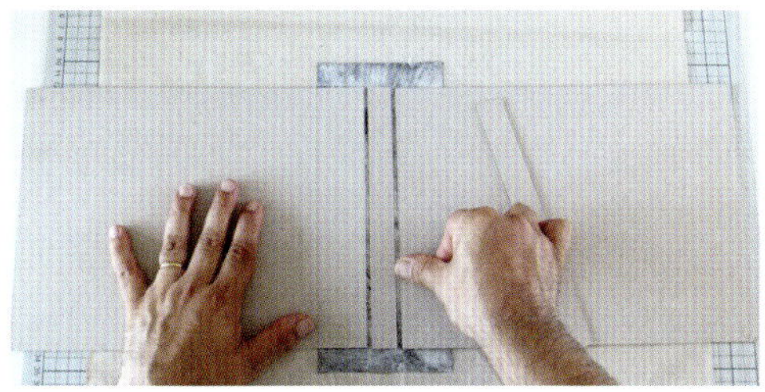

Wir fixieren Buchdeckel und Rückenschablone nahtlos auf dem geleimten Randstreifen und ersetzen dann die Rückenschablone durch den schmalen Rückenstreifen.

# HERSTELLUNG EINBAND

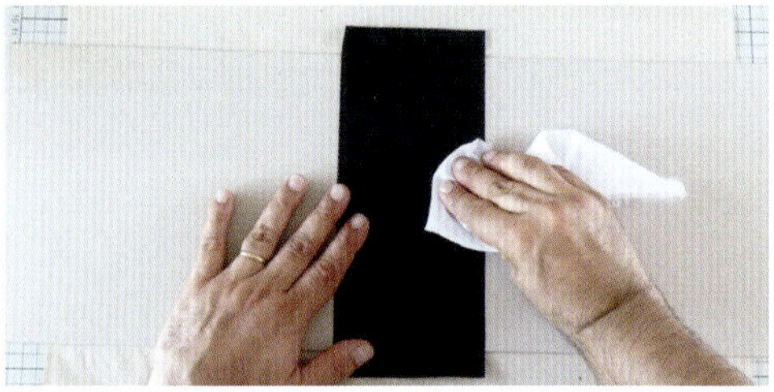

Jetzt drehen wir den dreiteiligen Roh-Einband um und benutzen wieder das Nylontuch zum Glätten und Entfernen von Luftblasen.

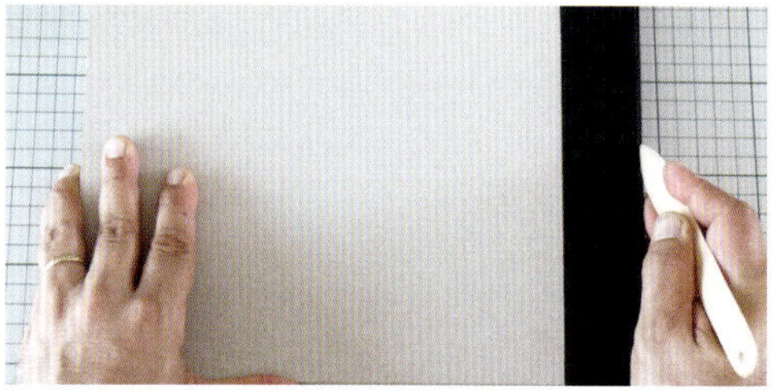

Wir legen das Buch kurzfristig ein und ziehen mit dem Falzbein vorsichtig und ohne Beschädigungen eine Vertiefung in die Abstände von Rücken und Buchdeckel.

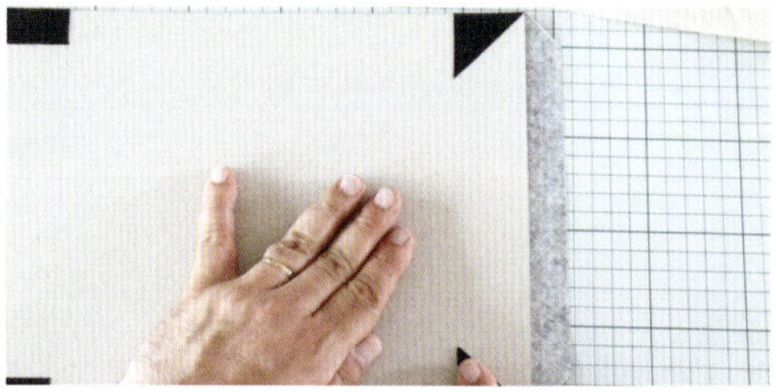

Danach bringen wir die Randstreifen an, verleimen diese, schneiden die Ecken ab, schlagen Überstehendes um und streichen alles fest.

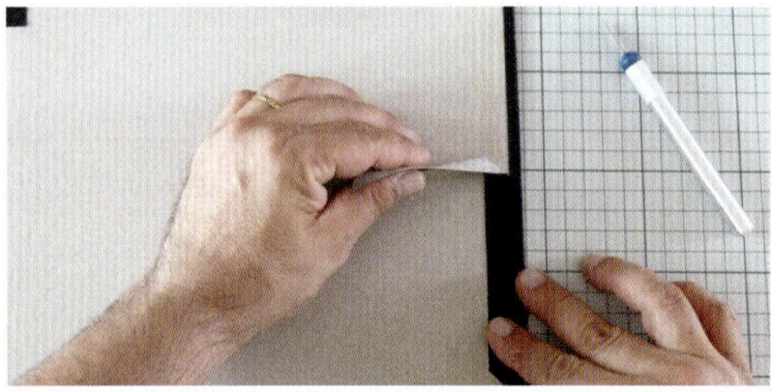

Dann wird das Leinen innen gesäubert: Vom Rand messen wir 3 mm nach innen, ziehen Linien und schneiden durch das Leinen, um es abzulösen.

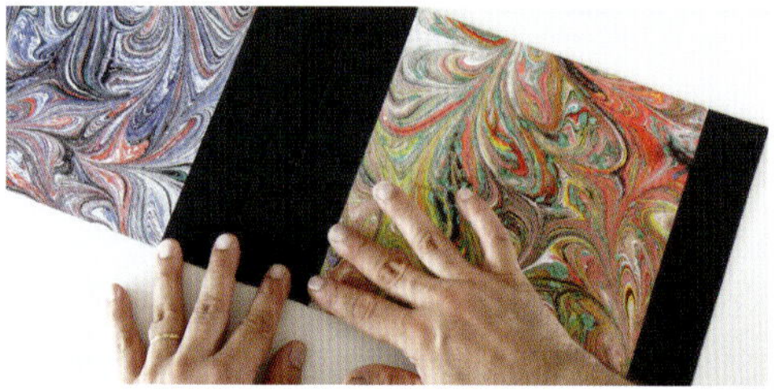

Das Marmorpapier wird so geschnitten, verleimt und verklebt, dass jeweils etwas am Leinenrand übersteht, das wir dann mit dem Schneidemesser abtrennen.

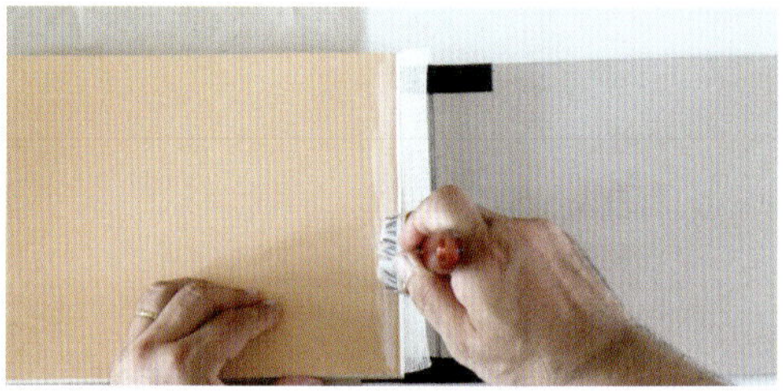

Nun legen wir das Buch richtig herum auf den Einband (die Seiten müssen die gleichen wie am Anfang sein) und verleimen auf beiden Seiten das Gewebeband.

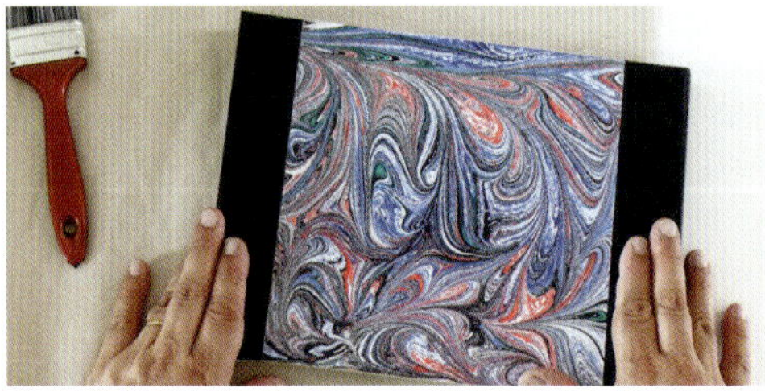

Um zu kontrollieren ob alles richtig sitzt, schlagen wir den Deckel zu. Das machen wir mit beiden Seiten und achten darauf, dass das Buch exakt platziert ist.

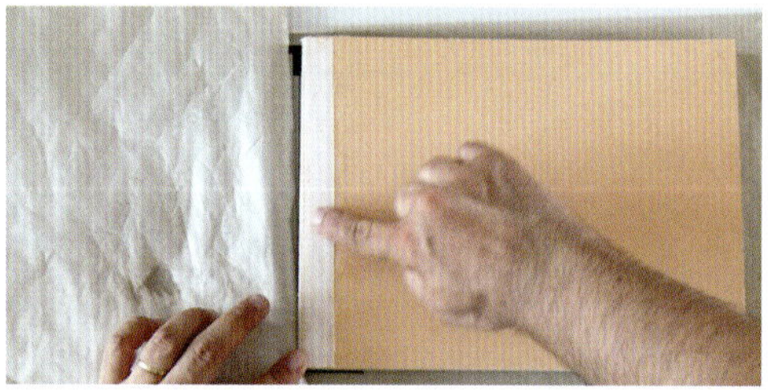

Dann entfernen wir den Einband, streichen das Gewebeband mit dem Finger glatt und benutzen das Falzbein, um alles fest anzureiben und anzudrücken.

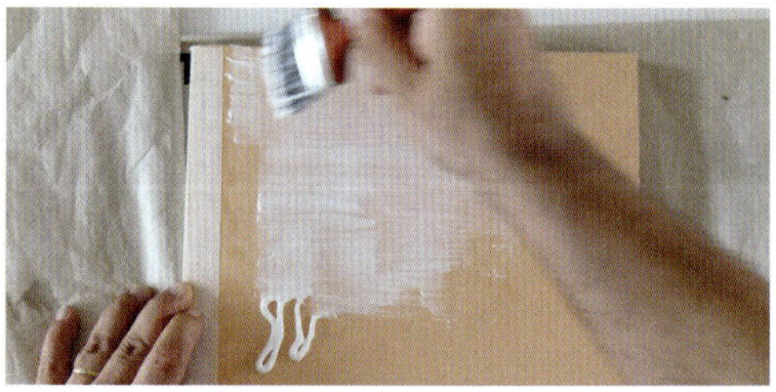

Nun wird das Tonpapier mit Holzleim dünn bestrichen. Wir gehen so vor, dass wir neben dem Gewebeband Leim auftragen und nach außen streichen.

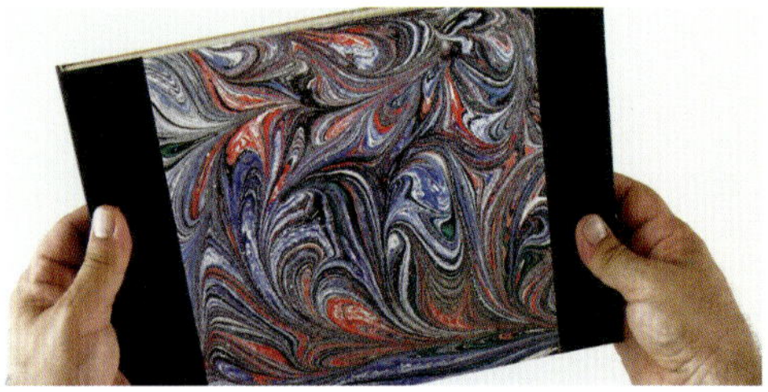

Wir setzen das verleimte Buch auf den Einband, drücken zu und kontrollieren, ob alles korrekt sitzt. Das Gleiche machen wir mit der anderen Seite.

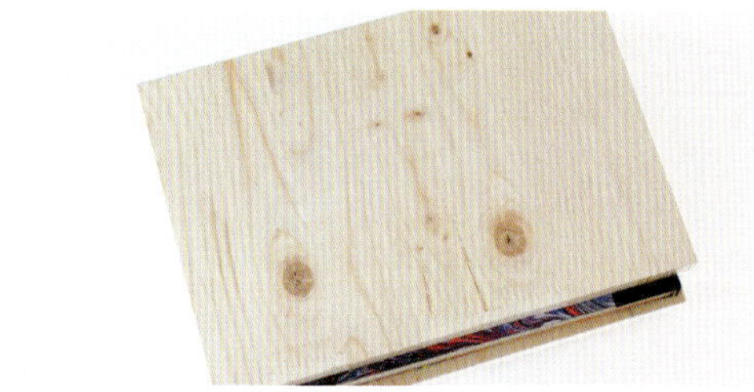

Der neue Bucheinband wird nun zwischen die beiden Holzbrettchen gelegt und eine Zeitlang so getrocknet und geglättet.

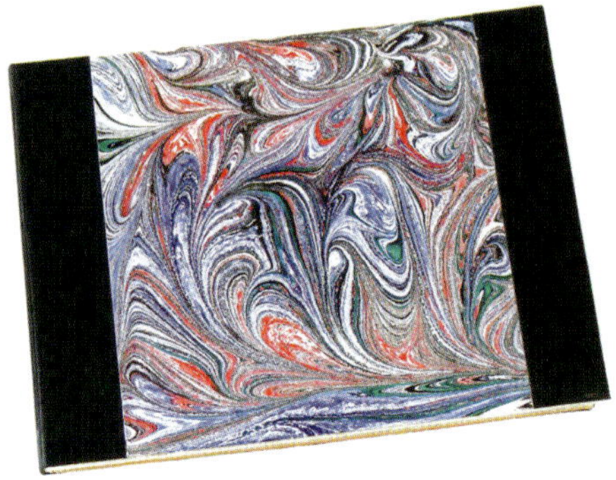

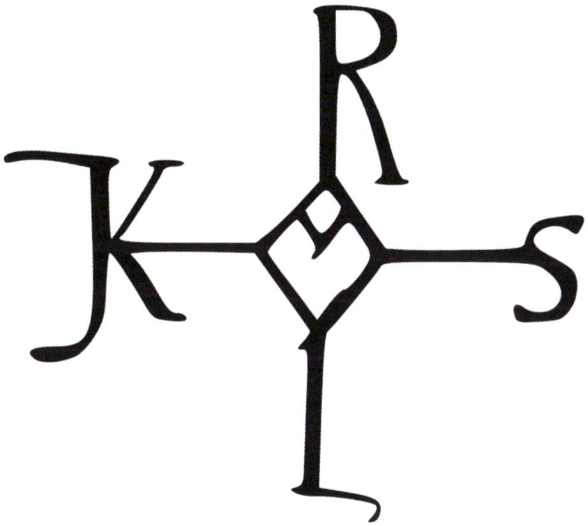

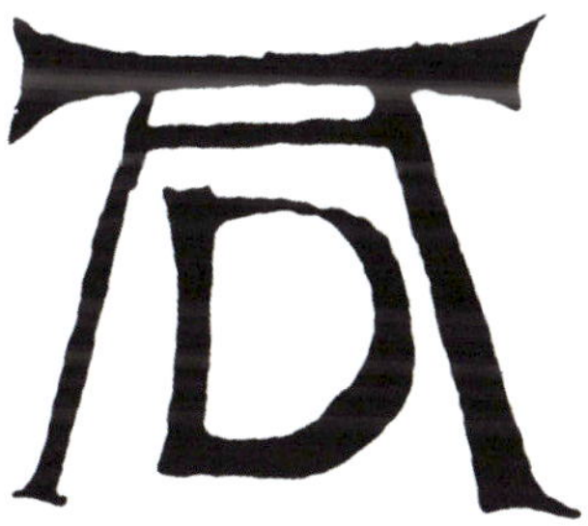

# MONOGRAMMSTEMPEL

**Karl der Große benutzte ein merkwürdiges Zeichen, das die Anfangsbuchstaben seines Namens darstellte und mit dem er wichtige Dokumente und Urkunden auszeichnete. Er war der Erste, der ein Namenszeichen einführte und ebnete dem Monogramm, wie wir es heute kennen, somit den Weg.**

Das Monogramm bestand, wie es der Name schon sagt, aus einem Einzelbuchstaben und hat sich erst im Laufe der Zeit zum Initialenzeichen – den Anfangsbuchstaben des Vor- und Nachnamens – geformt, wie wir es heute kennen: als Identifikationsmerkmal einer Person, Stadt, eines Landes oder eines Produktes. Funde antiker, griechischer Münzen bezeugen, dass die Initialen der Herrscher auf die Münzen graviert wurden, um bei der Bevölkerung allgegenwärtig zu bleiben. Im Mittellalter benutzten Herrscher, Aristokraten und geistliche Führer Monogramme auf Siegelstempeln, um sie als Siegelabdruck für wichtige Korrespondenz zu gebrauchen.

Künstler wie Albrecht Dürer begannen, ihre Werken mit Monogrammen auszuzeichnen, Handwerker wie Drucker, Graveure und Schmiede – sogar ganze Zünfte und Gilden – verwendeten sie nun, und irgendwann entdeckte auch der Handel das Monogramm als probates Mittel gegen Plagiate: Georges Vuitton, Sohn und Nachfolger des berühmten Gepäckmachers Louis Vuitton, setzte 1896 buchstäblich ein Zeichen und „erfand" das erste Logo der Markengeschichte – das berühmte, geschwungene „LV" in Jugendstil-Manier. Es wurde zu einem Zeichen für kultivierte Lebensart, und in gutbürgerlichen Haushalten wurde das Monogramm bald gerne auf Taschen, Bekleidung, Bettwäsche und Tüchern getragen.

In diesem Kapitel lernen wir, wie wir uns einen eigenen Monogrammstempel herstellen.

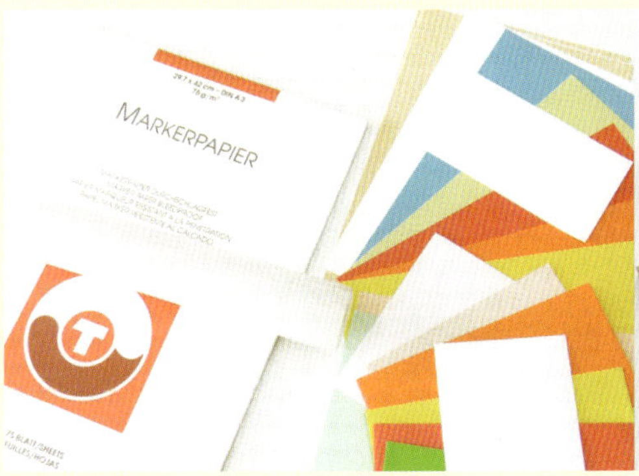


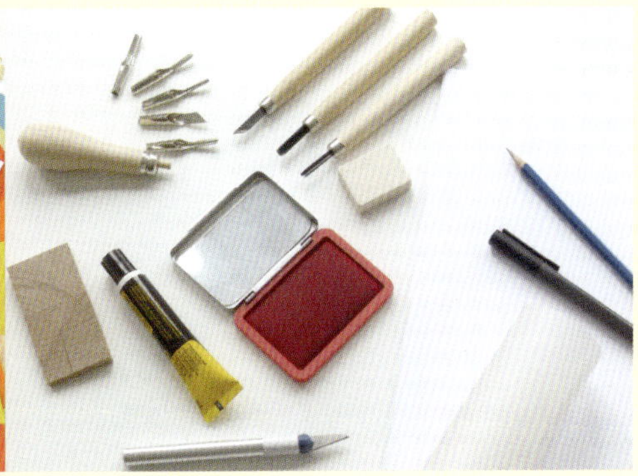

**Hierzu benötigen wir:**

- Layoutpapier
- Transparentpapier
- bunte Papierbögen/ Umschläge/Karten
- Bleistift
- wasserfesten Filzstift
- Schneidemesser
- Radiernadel
- Alleskleber
- breiten Radiergummi
- Linolschnitt-werkzeug
- kleines Holzstück
- Stempelkissen

# HERSTELLUNG MONOGRAMMSTEMPEL

Wir messen unseren Radiergummi richtig aus und legen für diese Größe Entwürfe mit unseren Initialen an. Den schönsten zeichnen wir noch einmal sauber nach.

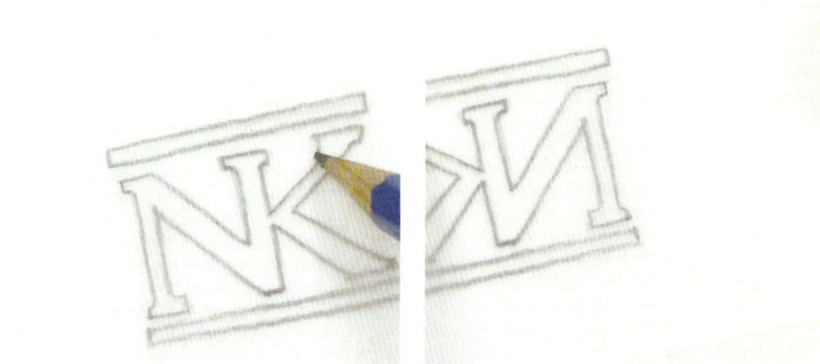

Dann nehmen wir uns ein Stück Transparentpapier und zeichnen die Konturen mit einem Bleistift nach. Anschließend drehen wir das Transparentpapier um und fahren mit einem weichen Bleistift erneut die Konturen nach.

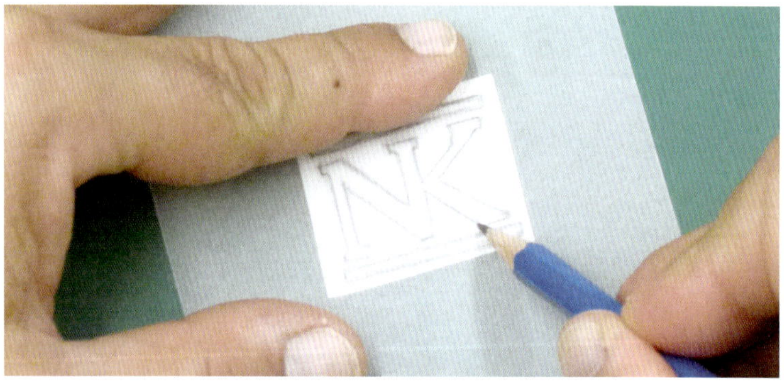

Nun legen wir das Transparentpapier wieder für uns lesbar auf den Radiergummi und fahren die Konturen ein drittes Mal entlang. Durch die weiche Bleistiftkontur von zuvor bleibt jetzt ein gut sichtbarer Umriss auf dem Radierergummi.

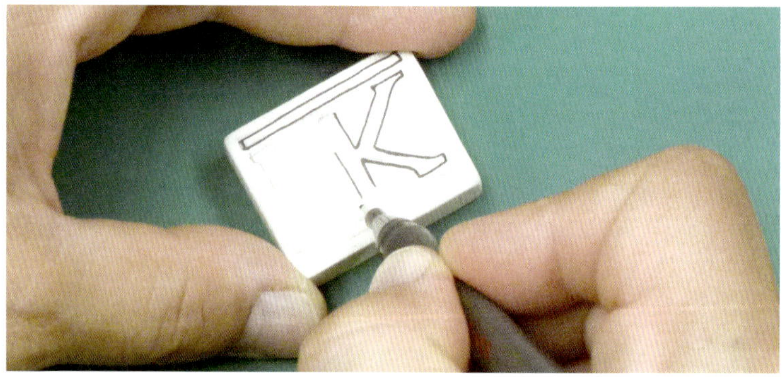

Damit können wir komfortabel unsere Konturen mit dem wasserfesten dünnen Filzstift nachfahren. Wir achten darauf, langsam und sauber zu arbeiten, weil das die verbindliche Schnittvorlage für den nächsten Schritt wird.

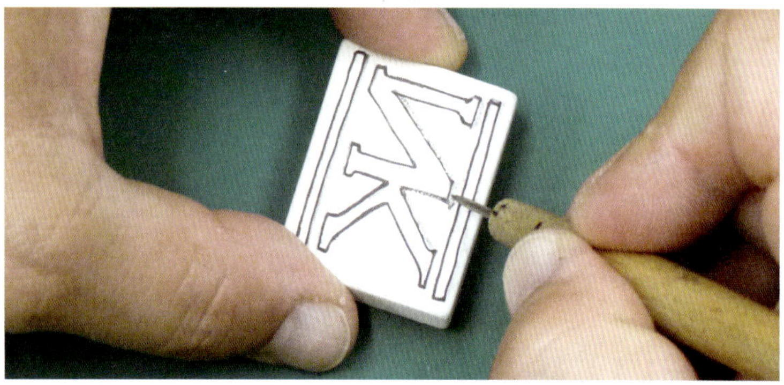

Mit der Radiernadel fahren wir dann ritzend vorsichtig an den äußeren Konturlinien entlang. Hierbei muss man besonders vorsichtig sein, denn der kleinste Fehler macht sich ganz am Ende beim Stempeln bemerkbar.

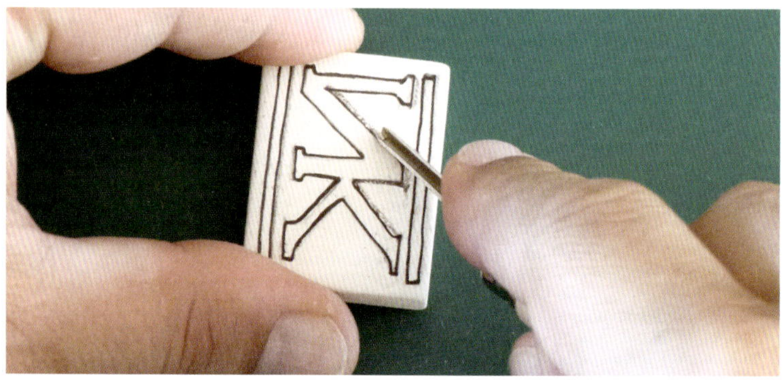

Haben wir das erledigt, nehmen wir uns das Linolschnittwerkzeug und verwenden eine V-förmige Klinge, mit der wir an der Ritzlinie beginnend eine Kerbe ausarbeiten. Das machen wir an allen Rändern, damit wir nichts versehentlich entfernen.

# HERSTELLUNG MONOGRAMMSTEMPEL

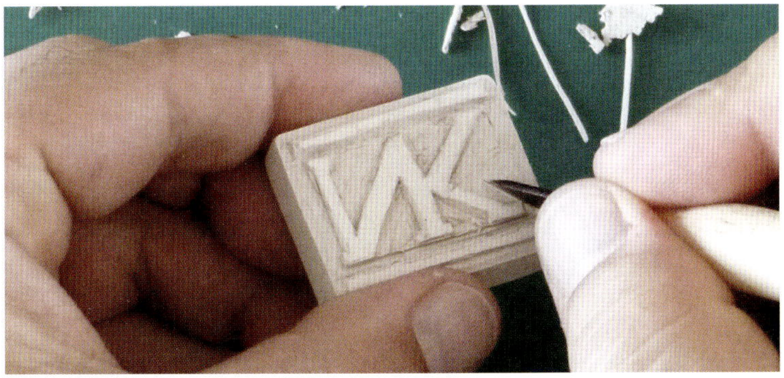

Haben wir diese Vorarbeit geleistet, beginnen wir mit der U-förmigen Schneideklinge breitflächig die Stellen des Radiergummis zu entfernen, die nicht mitgedruckt werden sollen. Wir müssen erneut aufpassen, nicht versehentlich in eine hochstehende Fläche zu ritzen.

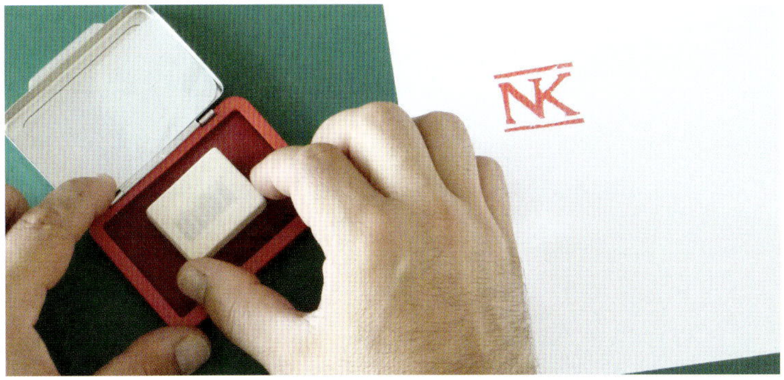

Haben wir alles sauber entfernt, machen wir unseren ersten Probedruck. Dazu drücken wir den Stempel mit der bearbeiteten Seite auf das Stempelkissen und bedrucken ein Probeblatt. Meistens steht das Druckbild jetzt auf dem Kopf.

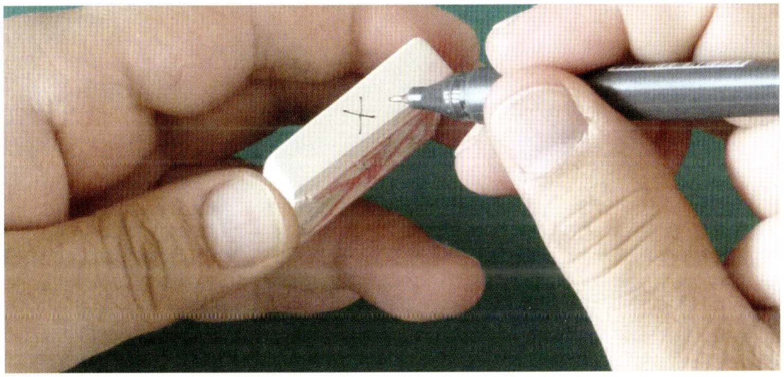

Um dies zu beheben, setzen wir für uns eine Markierung, z.B. ein Kreuz an der Seite der Oberkante des Druckbilds. Dann wissen wir immer genau, ob wir richtig herum drucken.

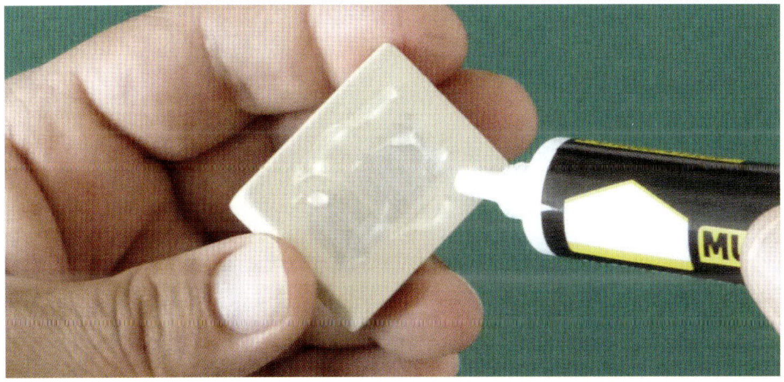

Damit wir keine roten Fingerspitzen vom Stempelkissen bekommen, schneiden wir unser Holzstückchen auf ein passendes Format, das etwas größer als der Radierer ist, und verkleben beides gut..

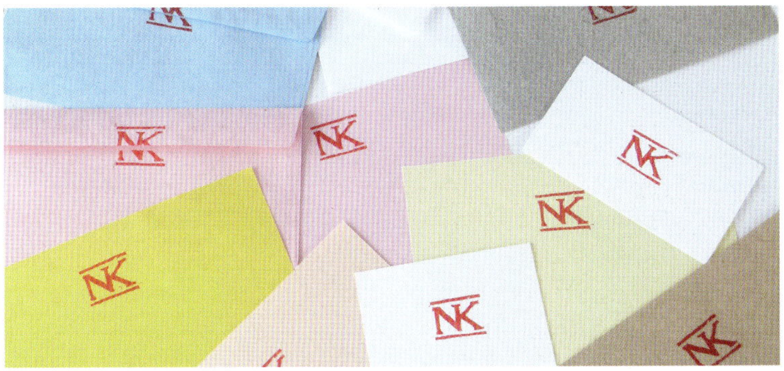

Wir lassen den Kleber etwas trocknen, bereiten in der Zwischenzeit Papierbögen, Umschläge, Karten, und was wir sonst noch mit unseren Initialen bedrucken wollen, vor, und versehen diese dann mit unserem Stempelabdruck.

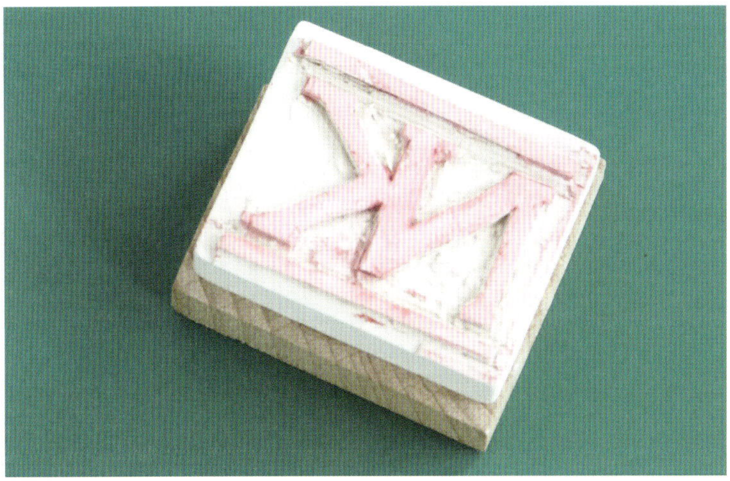

# LINOLDRUCK

**Fast ein Jahrtausend lang war der Holzschnitt das Nonplusultra für Abbildungen in druckgrafischen Erzeugnissen, jedoch mussten die aufwendigen Druckstöcke aus Holz wegen Materialverschleiß immer wieder aufs Neue geschnitzt werden. Mit der Erfindung eines Fußbodenbelags, dem Linoleum, bekam die Druckformherstellung im Hochdruck einen Riesenschub: Denn der Linoldruck wurde von Künstlern als dankbarer Ersatz für den Holzschnitt entdeckt. Heute gilt er als eigenständige Kunstform.**

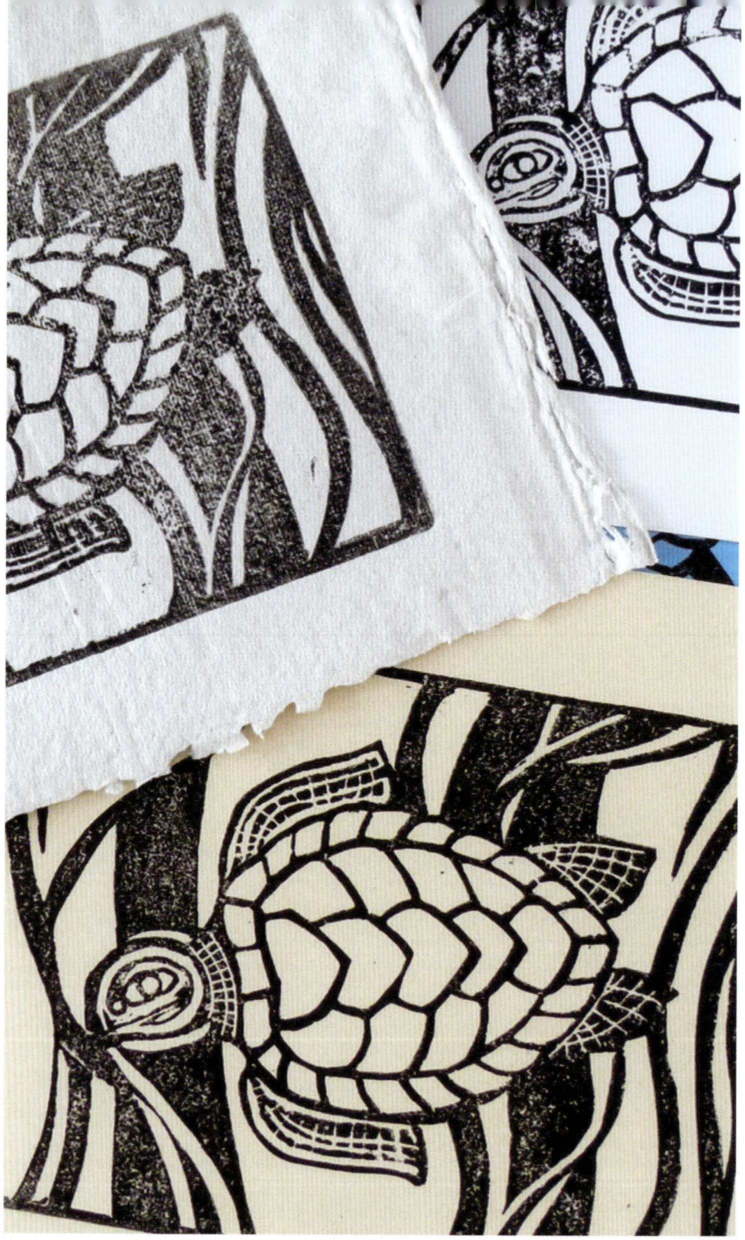

Das Vorbild des Linoldrucks, der Holzschnitt, hat eine lange Tradition. Schon in der Tang-Dynastie (618–907) im frühen China setzte man den Holzschnitt ein, um buddhistische Lehren zu verbreiten. Die chinesischen Drucker waren schon vor Johannes Gutenberg fleißig mit Reproduktionen beschäftigt. Allerdings hielten die Druckstöcke aufgrund des schnellen Materialverschleißes nicht gerade lange, und so mussten in mühevoller Fleißarbeit laufend neue Druckstöcke geschnitzt werden. Nachdem der Holzschnitt bis ins 15. Jahrhundert fast ausschließlich nur für religiöse Motive eingesetzt wurde, begannen die Japaner, sich für dekorative, farbenfrohe Bilder zu begeistern, die man sich für den Preis einer Mahlzeit kaufen- und zu Hause aufhängen konnte.

Die kulturelle Blütezeit erlebte der Holzschnitt  gegen Ende des 17. Jahrhunderts und entwickelte im Ukiyo-e eine fast 200 Jahre währende Kunstgattung, die bis heute ihren Reiz erhalten hat. Viele europäische Künstler des 19. und 20. Jahrhunderts waren von diesen prächtigen japanischen Farbdrucken begeistert, ließen sich inspirieren und schufen unter Zuhilfenahme des wesentlich einfacher zu handhabenden Linoldrucks Meisterwerke – wie z.B. M.C. Escher, Henri Matisse, Pablo Picasso, Roy Lichtenstein u.v.a.

Auf den nächsten Seiten lernen wir, ein Bücherzeichen – ein Exlibris – anzufertigen.

Hierzu benötigen wir:

- Linoleumplatten A5
- Linolschnittwerkzeug
- Schneidemesser
- Metalllineal
- Fön
- Bleistift
- wasserfester Filzstift
- Waschbenzin
- Kunststoffplatte
- Haftpads
- Linoldruckfarbe auf Ölfarbenbasis oder Wasserbasis
- Gummiwalze
- Holzlöffel
- Palettenmesser
- Kopierpapier
- verschiedene Papiere zum Bedrucken
- Lumpen
- Zeitungen

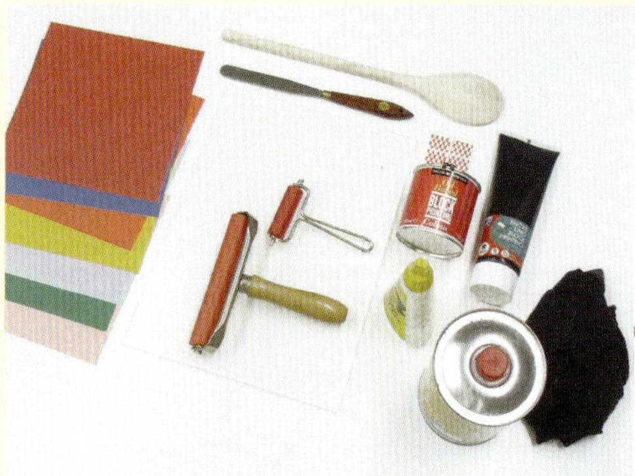

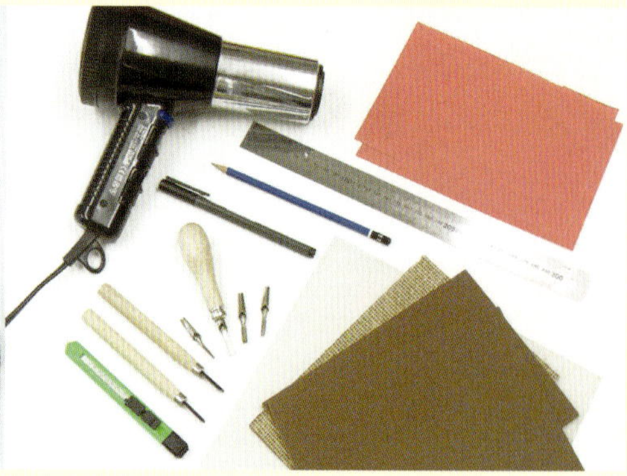

# BASISWISSEN

**Die Beschaffenheit**
Linoleum besteht aus einem Jutenetz, auf dem Leinöl, Korkmehl, Kalk, Harz und ggf. Farbpigmente aufgetragen sind. Linoleum wird in vielen Stärken angeboten, eignet sich aber erst ab 3 mm Stärke, da es sonst bricht.

**Das Werkzeug**
Zum Bearbeiten benötigt man eine Schneideunterlage und das typische Schneidewerkzeug: Schnitzmesser, Hohleisen und Geißfuß (U- und V-förmige Klingen in verschiedenen Größen), Glasplatte o.ä., Farbroller und Gummiwalze oder Linoldruckpresse, falls vorhanden.

**Die Schneidetechnik**
Schwarzlinienschnitt (wird auch überwiegend im Holzschnitt angewendet): Linien und Flächen werden als übriggelassene Grate, Stege und Inseln ausgespart und später als erhabene Teile eingefärbt und gedruckt.

Weißlinienschnitt: Linien werden wie in der Gravur eingeschnitten und bleiben im Druck weiß.

(**Tipp:** Wenn man das Linoleum erwärmt, lässt es sich sehr viel leichter bearbeiten).

**Die Druckfarbe und das Papier**
Im Handel bekommen wir günstige und gute Linoldruckfarben auf Öl- oder Wasserbasis. Im Grunde eignet sich fast jede Papiersorte, wobei dickeres Papier wegen der Saugfähigkeit vorzuziehen ist.

**Die Drucktechnik**
Die Farbe wird mit dem Farbroller auf eine Glasplatte o.ä. verteilt und anschließend auf das Linoleum gleichmäßig aufgewalzt. Anschließend platzieren wir das zu bedruckende Papier oder den Textilstoff auf die eingefärbte Platte und benutzen vorsichtig und zügig die Gummiwalze oder eine Druckerpresse, falls vorhanden.

U-förmige Klinge mit Schnittmuster

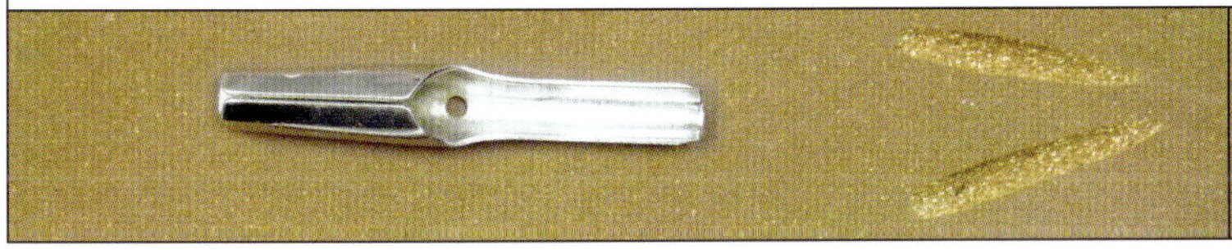

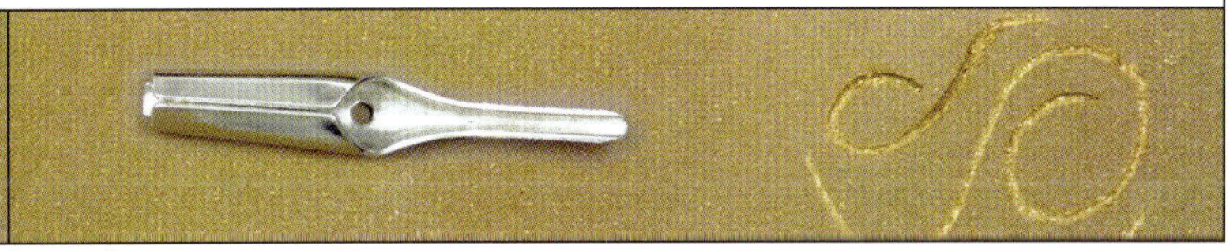

Schnittkanten

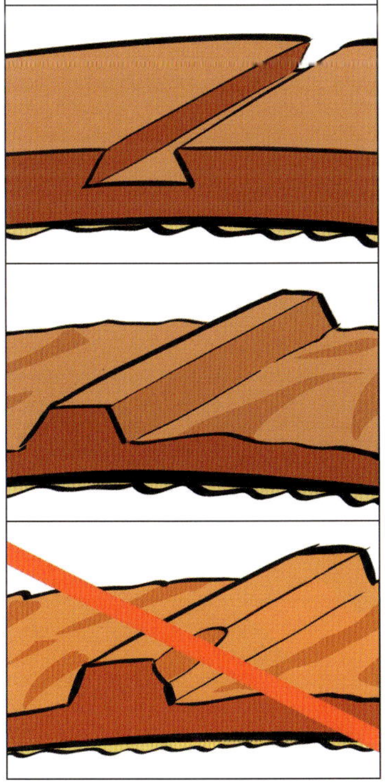

Kopiervorlage

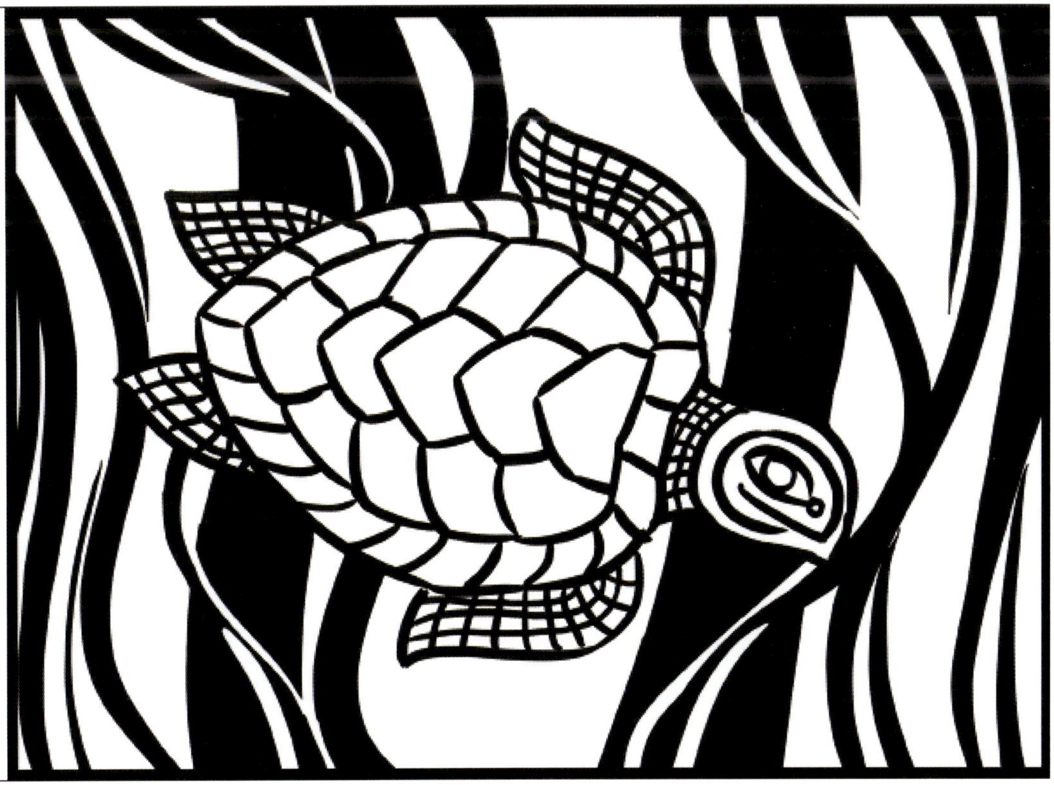

# ANLEITUNG LINOLDRUCK

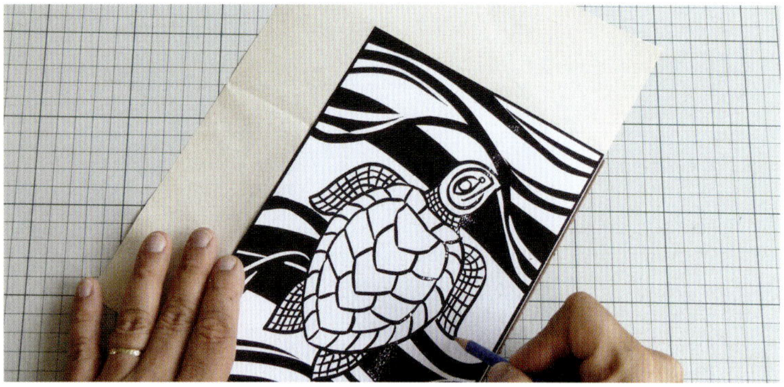

Nachdem wir unser Motiv entworfen haben, legen wir es auf eine Linoleumplatte, auf die wir vorher ein Blatt Kopierpapier gelegt haben, und übertragen das Motiv, indem wir die Konturen nachzeichnen.

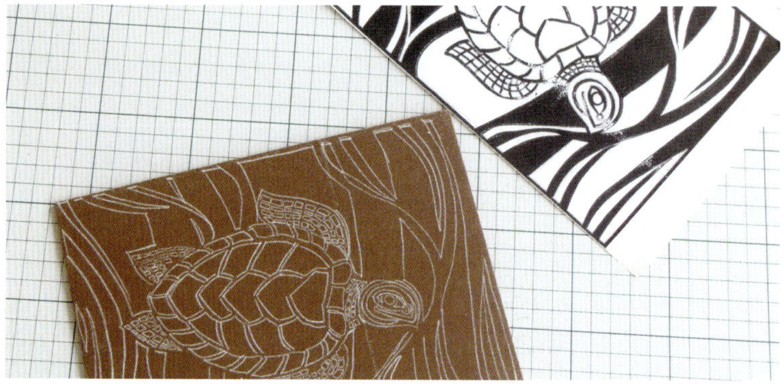

Es gilt hier besonders sauber zu arbeiten, weil Schnitt und alle Drucke maßgeblich davon betroffen sind. Haben wir alles für uns gut erkennbar übertragen, geht es zum nächsten Schritt. Helles Schneiderkopierpapier ist hierfür übrigens sehr gut geeignet.

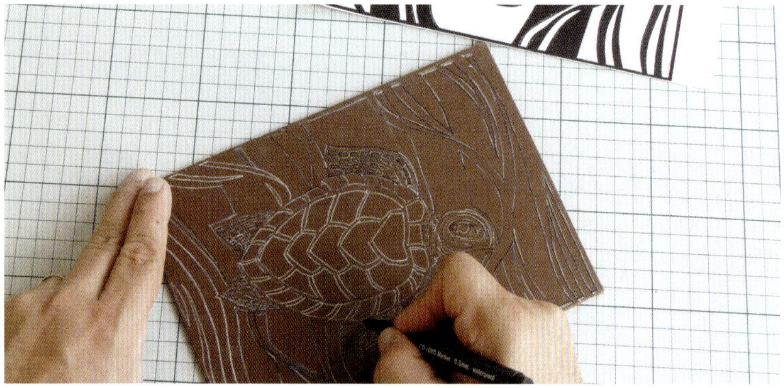

Jetzt zeichnen wir mit dem wasserfesten Filzstift alle Konturlinien nach. Wir achten darauf, genau und möglichst fehlerfrei zu arbeiten.

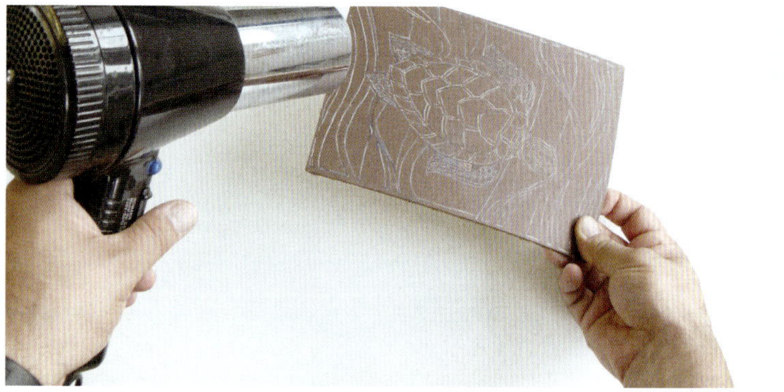

Wenn wir alle Linien vollständig mit dem Filzstift nachgefahren haben, geht es ans Schneiden. Wir wenden einen Trick an, mit dem sich das Linoleum gleich um einiges leichter verarbeiten lässt: Wir erhitzen es mit einem Heißluftfön.

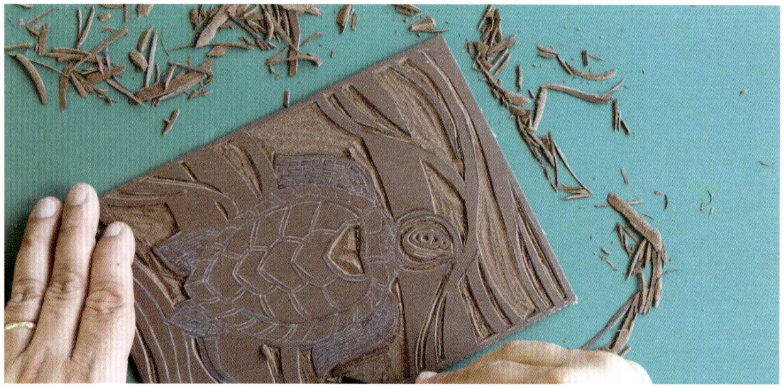

Wir beginnen an der Außenseite der Konturlinien, die verbleiben sollen (der Einfachheit halber haben wir die Stellen dunkel eingefärbt), mit der V-Klinge vorsichtig entlangzufahren.

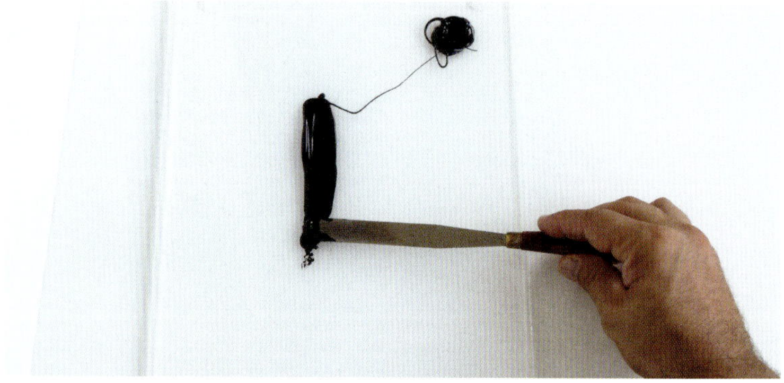

Wenn wir die Linoleumplatte vollständig bearbeitet haben, geben wir auf die Kunststoffplatte – die wir vorher mit Haftpads fixiert haben – etwa einen Teelöffel Farbe und verstreichen diese mit dem Palettenmesser einmal längs.

# ANLEITUNG LINOLDRUCK

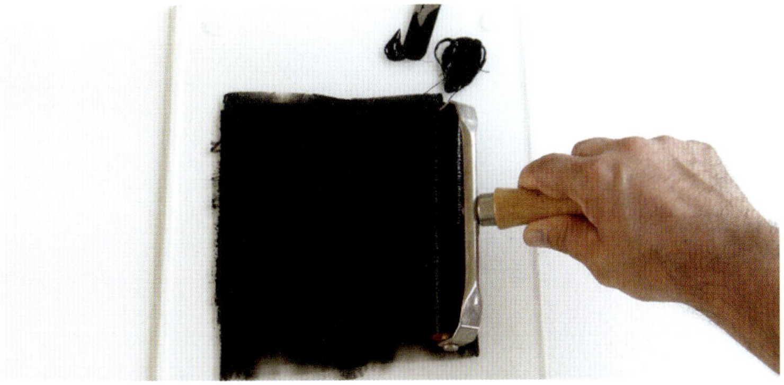

Dann nehmen wir die Walze und walzen die Farbe einige Male, sodass die Farbe sichtbar gleichmäßig verteilt ist. Das Ganze machen wir nochmal im 90-Grad-Winkel, dann haftet die Farbe wirklich gleichmäßig auf der Walze.

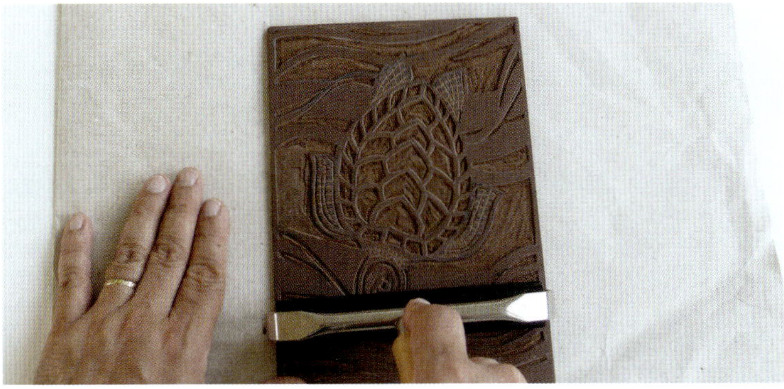

Wir setzen die Walze unten an der Kante der Linoleumplatte an und walzen die gesamte Fläche ausgiebig mit der Linoldruckfarbe ein. Die Fläche muss gut eingefärbt werden.

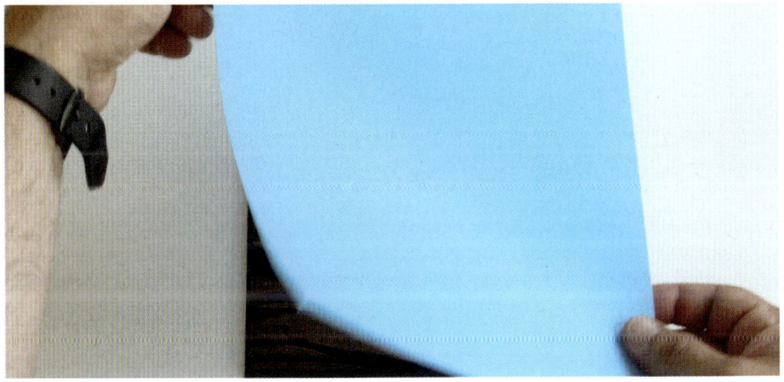

Dann nehmen wir uns einen Papierbogen und machen unseren ersten Probedruck. Wir legen das Papier vorsichtig auf, indem wir zuerst eine Ecke und dann das ganze Papier langsam auflegen.

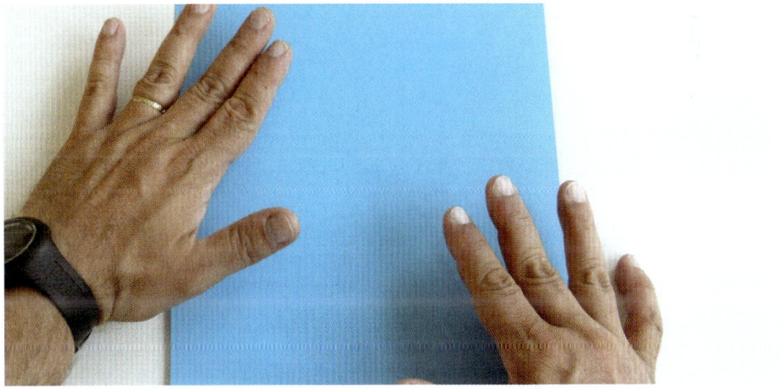

Der Papierbogen wird von uns mit den Fingern sanft angedrückt und angerieben, damit das Papier haftet und nicht aus Versehen verrutscht, wenn wir mit dem Holzlöffel weitermachen.

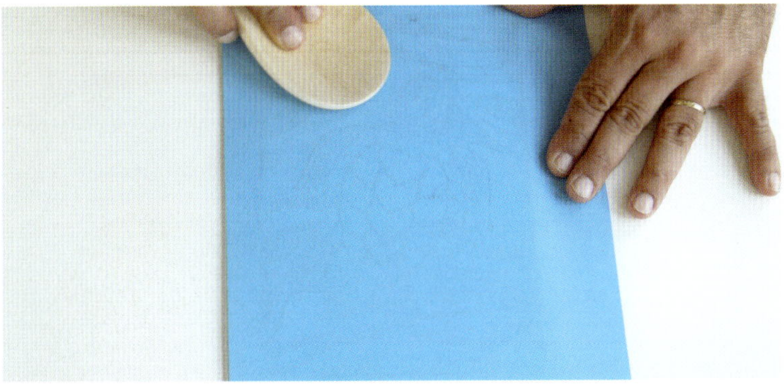

Mit dem großen Holzlöffel drücken wir nun in kreisenden Bewegungen auf die Rückseite des Papierbogens, damit sich die Druckfarbe intensiv in das Papier einarbeiten kann. Wir können hierfür auch eine saubere Gummiwalze verwenden.

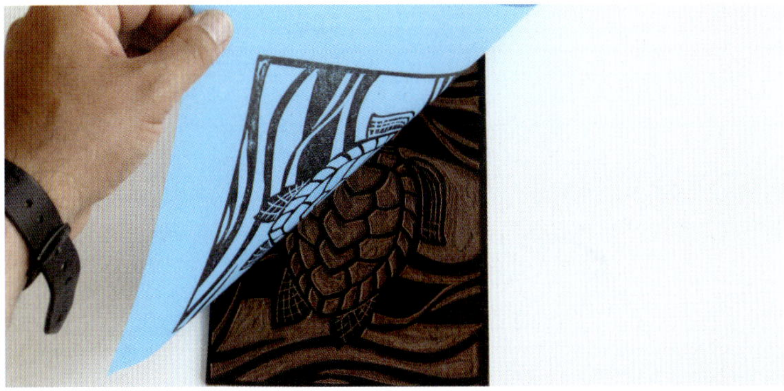

Wenn sich die Druckfarbe auf der Rückseite des Papiers deutlich abzuzeichnen beginnt, können wir das Papier vorsichtig abziehen und unseren Probedruck begutachten. Ggf. korrigieren wir etwas und fertigen dann alle weiteren Drucke an.

# ANLEITUNG LINOLDRUCK

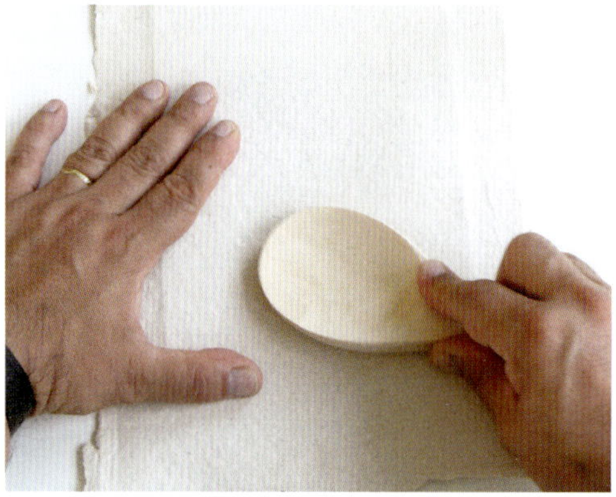

Hier nehme ich eines der handgeschöpften Papiere, das sich als Geschenk sehr gut eignet.

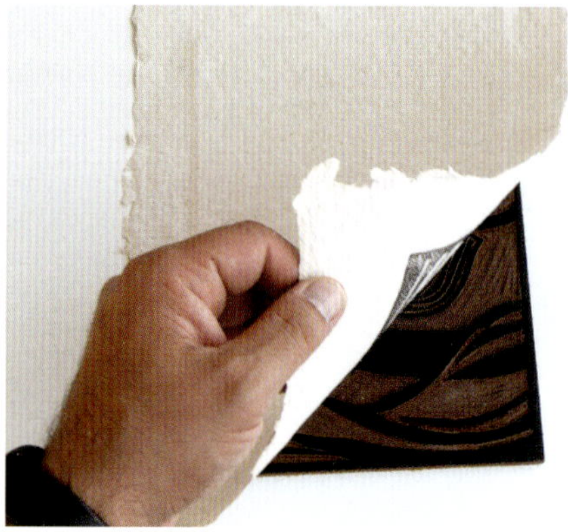

Dabei muss ich den Holzlöffel etwas fester andrücken, weil das Papier extrem aufsaugt.

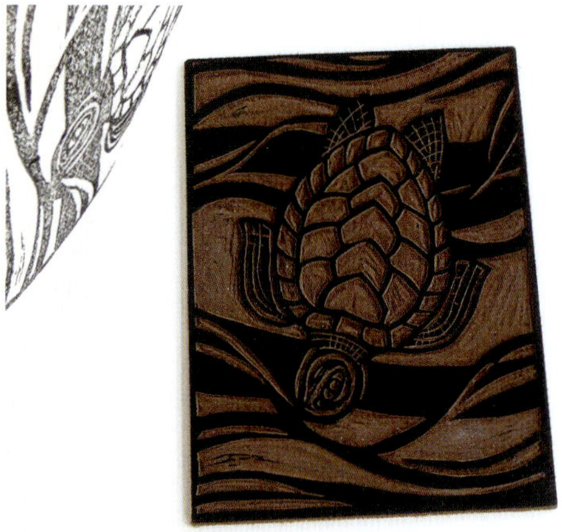

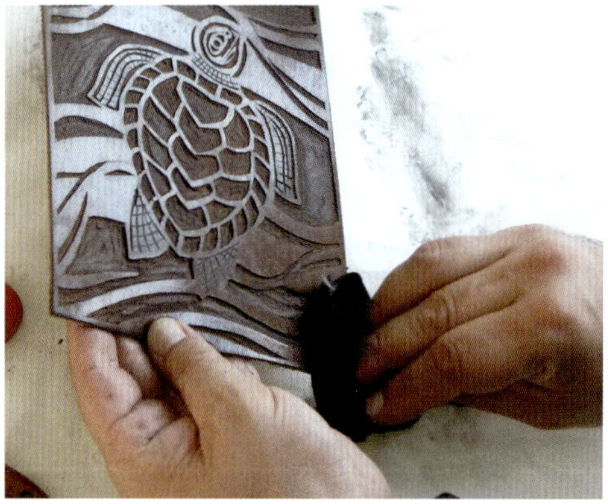

Wenn wir mit Drucken fertig sind, säubern wir unsere Linoleumplatte mit einem Lumpen und Waschbenzin.

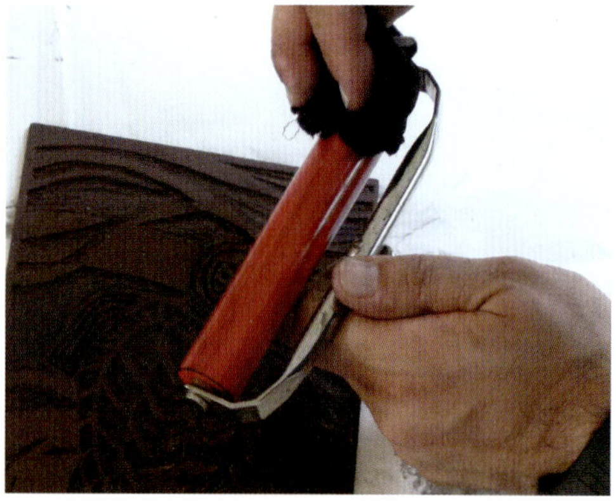

Das machen wir auch mit unserer Gummiwalze, die uns ja noch weitere Male gute Dienste leisten soll.

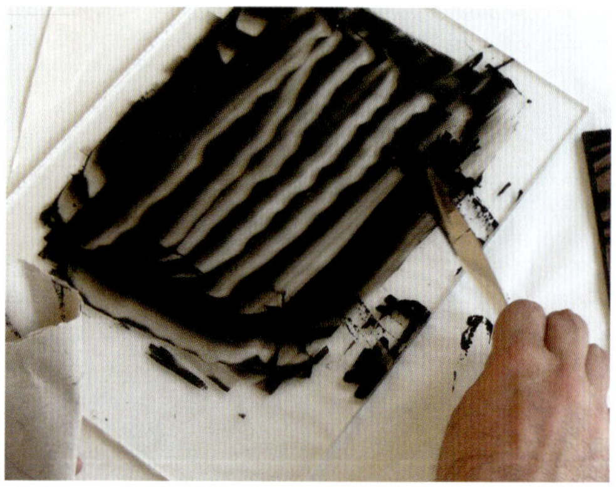

Die Farbe auf der Kunststoffplatte entfernen wir, indem wir das Gröbste mit dem Palettenmesser abschaben.

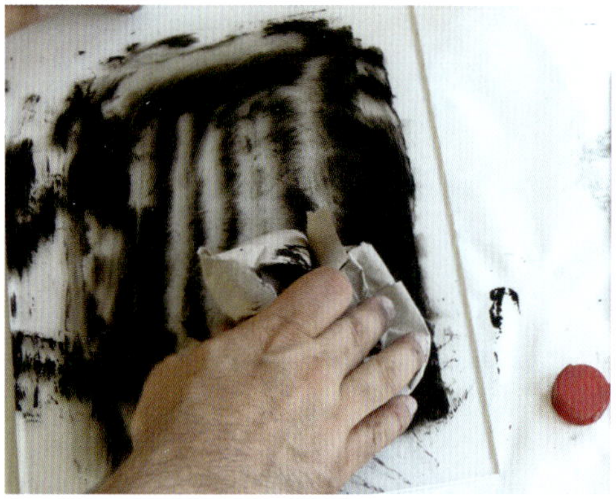

Dann nehmen wir Waschbenzin und altes Zeitungspapier und wischen den Rest damit sauber ab.

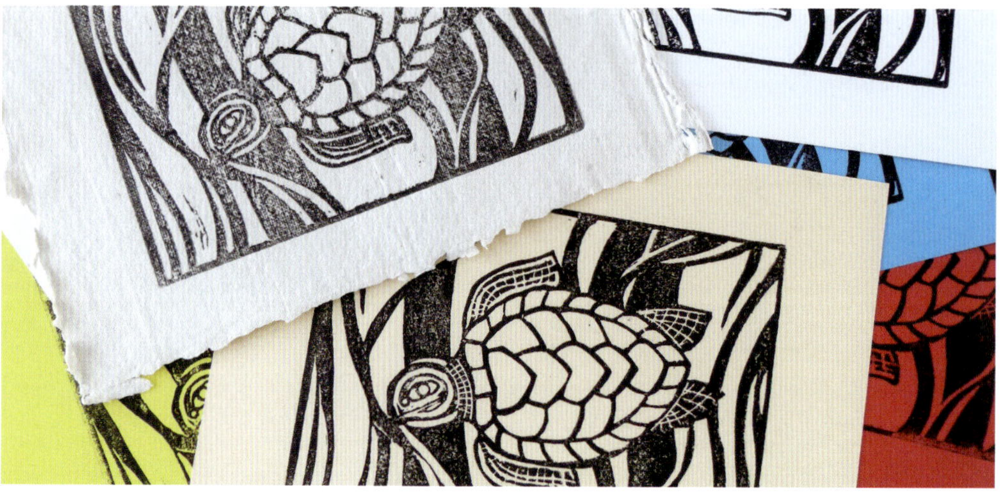

# DER AUTOR

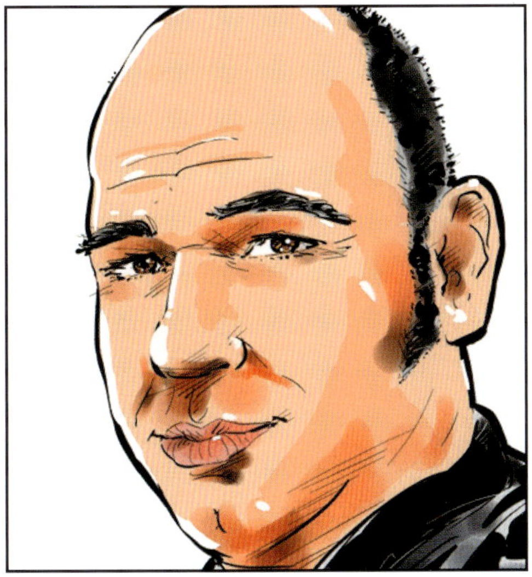

Der in Aachen lebende Autor Nuesret Kaymak, Jahrgang 1967, ist staatlich geprüfter Grafik-Designer. Er absolvierte die Johannes-Gutenberg-Schule in Stuttgart, u. a. bei Edgar Marra, Peter Landschütz, Karl-Heinz Lier, Studienprofessor Robert Förch und dem bekannten Schriftgrafiker Manfred Sayer. Seit 1992 arbeitet er als freier Grafiker und Illustrator. Er lebt mit seiner Ehefrau Alice am Rand von Aachen mitten im Grünen und blickt aus seinem Atelier jeden Tag auf vorbeigehende Pferde, Doggen und Katzen. Er lebt von Konzeptgrafiken, Cartoons und Trickfilmen, die er für Werbung, TV und Verlage anfertigt.

Man erreicht ihn unter
www.atelierkaymak.de

# QUELLENNACHWEIS

**Bibliographie**


Abercrombie, Henry / Ackroyd, Jane / Allsop, Doug, DuMonts Handbuch für Künstler. Techniken und Materialien, Köln 1986
Bennett, Jim, Calligraphy For Dummies, John Wiley & Sons 2007
Döbler, Hannsferdinand, Von der Keilschrift zum Computer, München 1974
Fazzioli, Eduardo, Gemalte Wörter, Wiesbaden 2004
Graham, Timothy / Clemens , Raymond, Introduction to Manuscript Studies, Cornell University Press 2007
Harris, David, The Art of Calligraphy, London 1998
Robertson, Bruce, Lettering and calligraphie workbook, Diagram Visual Information Limited 1997


**Webressourcen**


Blasonierung, http://de.wikipedia.org/wiki/Blasonierung
Bindery, http://en.wikipedia.org/wiki/Bindery
Book of Kells, http://en.wikipedia.org/wiki/Book_of_Kells
Bookbinding, http://en.wikipedia.org/wiki/Bookbinding
Bookbinding/Japanese side stitch,
http://en.wikibooks.org/wiki/Bookbinding/Japanese_side_stitch"
Buchdruck, http://de.wikipedia.org/wiki/Buchdruck
Calligraphy, http://en.wikipedia.org/wiki/Calligraphy
Color, http://en.wikipedia.org/wiki/Color
Genealogie, http://de.wikipedia.org/wiki/Genealogie
Geschichte des Buchdrucks, http://de.wikipedia.org/wiki/Geschichte_des_Buchdrucks
Handmade custom bound books, http://www.transientbooks.com/home.html
Heraldik, http://de.wikipedia.org/wiki/Heraldik
History of Japanese bookbinding, http://homepages.nildram.co.uk
History of paper, http://en.wikipedia.org/wiki/History_of_paper
History of printing, http://en.wikipedia.org/wiki/History_of_printing
History of Western typography, http://en.wikipedia.org/wiki/History_of_Western_typography
Japanese books, http://en.wikipedia.org/wiki/Japanese_books
Kanji, http://en.wikipedia.org/wiki/Kanji
Kodex, http://de.wikipedia.org/wiki/Kodex
Linocut, http://en.wikipedia.org/wiki/Linocut
Linoleum, http://en.wikipedia.org/wiki/Linoleum
Paper marbling, http://en.wikipedia.org/wiki/Paper_marbling
Papermaking, http://en.wikipedia.org/wiki/Papermaking
Printmaking, http://en.wikipedia.org/wiki/Printmaking
Siebmachers Wappenbuch, http://commons.wikimedia.org/wiki/Siebmachers_Wappenbuch
Stammbaum, http://de.wikipedia.org/wiki/Stammbaum
Traditional Chinese bookbinding, http://en.wikipedia.org/wiki/Traditional_Chinese_bookbinding

Sowie:
Digital Collections at Stanford
Early Manuscripts at Oxford University
Oxford Digital Library
Trinity College Library, Dublin

# BILDNACHWEIS

Folgende Fotos zur Anwendung in diesem Band von

Alice Kaymak:
Seiten 1, 12, 15-17, 20, 21, 23-25, 28, 29, 33-36, 38-49, 57, 61-63, 65-67, 87-94

Folgende Bilder zu Kultur und Geschichte in diesem Band:

Seite 2:
„Miniature Pattern", Unknown ©visipix.com

Seite 6:
„Sumerian clay plate ca. 2500 BC", Museum, Hohentübingen Germany © visipix.com
„Egypte louvre" © User: Guillaume Blanchard, 2004 - public domain - wikipedia
„An English deed hand-written on fine vellum with large pine resin seal - dated 1638" © Randy Benzie, 2005 – public domain – wikipedia
„The German soldiers burning the library of the university of Louvain", Unknown © visipix.com
„P. Oxy. XXII 2331" – The Heracles Papyrus (Oxford, Sackler Library, Oxyrhynchus Pap. 2331), a fragment of 3rd century Greek manuscript of a poem about the Labors of Heracles. © User: Dsmdgold, 2005 – public domain – wikipedia
„Egyptian art", Unknown © visipix.com
„Ein schreibender Mönch", Carl Schleicher (nach 1871) © User: FA2010, 2011 – public domain - wikipedia

Seite 7:
„St Matthew at his desk with his Symbol the Angel", Unknown, Germany ©visipix.com

Seite 8:
„Schriftzug Antiqua" © Manuel Strehl – GNU Free Documentation License – wikipedia
„Book of Hours – St Anne teaching her daughter, the Virgin Mary, to read", Unknown, Italy © visipix.com
„Aldus Manutius", 16./17. Jhd. © Roger Koslowski – public domain – wikipedia
„Edward Johnston (1872–1944) calligrapher" from the collection to Holburne Museum of Art, Bath, England © Unknown – public domain – wikipedia

Seite 12:
„Humanistische Kursive" © Manuel Strehl – GNU Free Documentation License – wikipedia
„Coat of arms of Philip the Good", Unknown © visipix.com

Seite 17:
„Textura Quadrata" © Manuel Strehl – GNU Free Documentation License – wikipedia
„St Barbe and her simbol the tower", Unknown © visipix.com

Seite 21:
„Book of Kells/Integral facsimile edition/Matthew", Unknown, Irland, um 800 AD © visipix.com
„Unziale" © Manuel Strehl – GNU Free Documentation License – wikipedia

Seite 25:
„Weihaltar der dea Vagdavercustis gestiftet von Titus Flavius Constans (Präfekt der Prätorianergarde) 165 n. Chr., Römisch-Germanisches Museum Köln" © 2010 – User: HGNU – Free Documentation License Creative Commons Attribution-ShareAlike 3.0 Unported - wikipedia
„Capitalis Monumentalis" © Manuel Strehl – GNU Free Documentation License – wikipedia

Seite 29:
„Page 194 of The Universal Penman, first published 1740–1741. An example of George Bickham's English roundhand lettering and engraving skills.", 1740–1741 © George Bickham – public domain – wikipedia
„Copperplate" © Manuel Strehl – GNU Free Documentation License – wikipedia

Seite 35:
„Chinese character" in Hanzi, Kanji, Hanja or Hán Tu" © 2007 – User: Kjoonlee, User: Tomchen1989 – Arphic Public License – Wikipedia

Seite 36:
„oracle", 2006 © Erin Silversmith – public domain – wikipedia
„oracle", 2006 © User: Chanueting – public domain – wikipedia
„oracle", 2006 © User: Liaocyed – public domain – wikipedia

Seite 42:
„Neuland" © User: Atanamir – public domain – wikipedia

Seite 46:
„Farbkreis nach Johannes Itten 1961" © 2008 – User: Malte-Ahrens - GNU Free Documentation License – wikipedia

Seite 50:
„Initials S– Meister des Gero-Codex" © visipix.com

Seite 57:
„The Stowe Armorial – The armorial is a 1.4m diameter heraldic painting of the 719 quarterings of the Temple, Nugent, Brydges, Chandos and Grenville families, including ten variations of the English Royal arms, the arms of Spencer, De Clare, Valence, Mowbray, Mortimer and De Grey. The painting is signed and dated P. Sonard 1806." © public domain – wikipedia

Seite 65:
„Wordmark of Coca-Cola, trademarked by The Coca-Cola Company, but because the logo is simply "Coca-Cola", there is no proof as to who originally wrote it." © public domain – wikipedia („Coca-Cola" or „Coke" is a registered trademark of The Coca-Cola Company since 1944)
Seite 87:
„Monogramm Karls des Großen", 790 AD © Karl der Große – public domain - wikipedia
„Dürers Monogramm", 1489 © Albrecht Dürer – public domain – Wikipedia

Alle anderen Illustrationen in diesem Band von Nuesret Kaymak

Nusret Kaymak